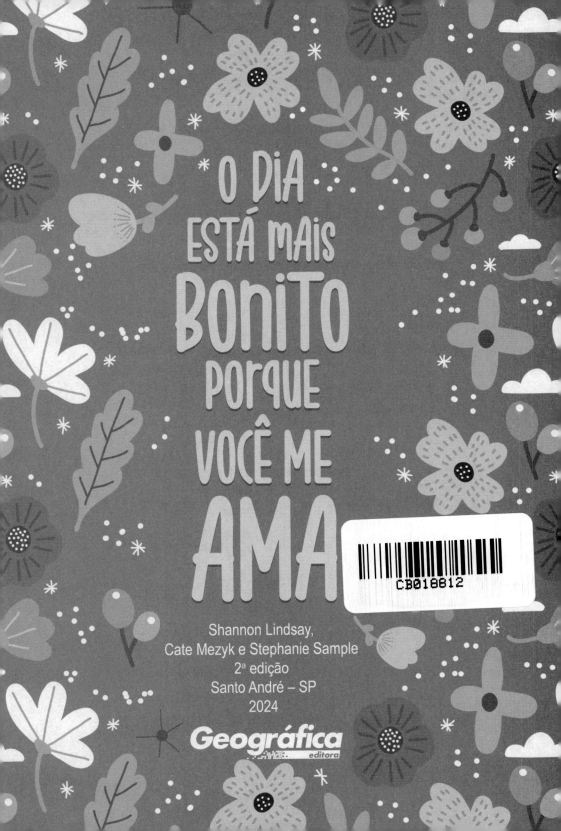

Esse livro foi publicado nos Estados Unidos pela BroadStreet Publishing, 2745 Chicory Road, Racine, WI 53403 com o título original It's a Good Morning Just Because You Love Me © 2016, BroadStreet Publishing. Traduzido sob permissão.

© Geográfica Editora
Todos os direitos desta obra pertencem a Geográfica Editora © 2024
O conteúdo desta obra é de responsabilidade de seus idealizadores.
www.geografica.com.br
Quaisquer comentários ou dúvidas sobre este produto escreva para:
produtos@geografica.com.br

Editor responsável
Marcos Simas
Maria Fernanda Vigon

Tradução
Julia Ramalho

Preparação de texto
Roberto Assis

Capa e Diagramação
Rick Szuecs

Revisão
João Rodrigues Ferreira
Carlos Buczynski
Nataniel dos Santos Gomes
Arthur Pinto Souza
Angela Baptista

SIGA-NOS NAS REDES SOCIAIS

 geograficaed   geoeditora

 geograficaeditora   geograficaeditora

Geográfica editora

L751d   Lindsay, Shannon
         O dia está mais bonito porque você me ama / Shannon Lindsay, Cate Mezyk e Stephanie Sample. Traduzido por Julia Ramalho. – Santo André: Geográfica, 2017.

         384p. ; 16x23cm.
         ISBN 978-85-8064-214-8
         Título original: It's a good morning just because you love me.

         1. Livro de meditação. 2. Livro devocional. 3. Oração. I. Mezyk, Cate. II. Sample, Stephanie. III. Ramalho, Julia. IV. Título.

                                 CDU 242

O SENHOR é misericordioso e compassivo, paciente e transbordante de amor. O SENHOR é bom para todos; a sua compaixão alcança todas as suas criaturas.

SALMOS 145.8-9

Introdução

Escolha acreditar que hoje será um bom dia!

Os desafios da vida podem esgotar rapidamente as nossas forças. Contudo, para aqueles que colocaram a sua esperança no Senhor, existe uma constante fonte de renovo.

Deixe que estes versículos, devocionais e orações sejam um incentivo para que você dedique um tempo a Deus todos os dias. Deleite-se nas promessas encontradas nas páginas da Bíblia e descubra a alegria que existe em estar na presença de Deus. Permita que o conhecimento do seu amor infalível renove as suas forças e coloque um sorriso em seu rosto.

Por causa do amor de Deus, hoje é, literalmente, um dia mais bonito!

JANEIRO

Como são felizes aqueles que escolhes e trazes a ti para que vivam nos teus átrios! Transbordamos de bênçãos da tua casa, do teu santo templo!

SALMOS 65.4

1º de janeiro

Novinha em folha

Portanto, se alguém está em Cristo, é nova criação. As coisas antigas já passaram; eis que surgiram coisas novas!
2CORÍNTIOS 5.17

Quando aceitamos a Cristo como nosso Salvador, podemos recomeçar como se fosse a primeira vez. A nossa antiga e desbotada vida e os nossos comportamentos egoístas são esquecidos, e somos feitas novas criaturas. Puxa! Você não se sente grata por isso? Todas nós passamos por aqueles dias que gostaríamos de poder apagar: lembranças de escolhas ruins e decisões tomadas de maneira errada.

Todos os dias, temos a oportunidade de nos apresentar diante do nosso Rei, de cabeça erguida, sabendo que fomos perdoadas e purificadas. Não existe nenhuma lista com os nossos pecados e defeitos nem lembranças dos nossos piores erros. Em vez disso, encontramos o doce amor do nosso Pai, fluindo abundantemente sobre nós e nos renovando.

Senhor, eu estou, mais uma vez, fascinada com a profundidade do teu amor por mim. Obrigada pela dádiva do teu perdão e por me tornares uma pessoa nova em folha.

2 de janeiro

SIMPLESMENTE ORE

Ele ora a Deus e recebe o seu favor; vê o rosto de Deus e dá gritos de alegria, e Deus lhe restitui a condição de justo.
JÓ 33.26

Podemos, facilmente, nos sentir sobrecarregadas de expectativas. Desejamos nos encaixar e desfrutar aquele senso de pertencimento, mas as tendências parecem sempre mudar, então fica difícil saber quais são os padrões a que devemos corresponder: família, trabalho, amigos, sociedade, mídias sociais... quem decide o que é, ou não, aceitável?

Observe atentamente o versículo acima. O que devemos fazer para sermos aceitas por Deus? Devemos nos comportar perfeitamente, vencer todos os nossos hábitos pecaminosos e nunca faltar a um culto da igreja? Não, precisamos apenas orar. Nós oramos a Deus, e ele nos acolhe. Não importa o estado em que nos encontremos, seja ele bom ou ruim, não faz diferença para o Senhor. Ele nos vê, nos ouve e nos convida para estarmos em sua maravilhosa presença.

Pai, ajuda-me a me lembrar de que o único padrão que importa é o teu, e que, simplesmente ao orar, eu já o alcanço. Obrigada por tu me amares como sou.

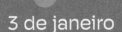

3 de janeiro

Mostra-me a tua glória

O SENHOR disse a Moisés: "Farei o que me pede, porque tenho me agradado de você e o conheço pelo nome." Então disse Moisés: "Peço-te que me mostres a tua glória."
ÊXODO 33.17-18

O céu está cinza. A chuva cai, e o seu cabelo está péssimo. A louça da noite anterior está acumulada na pia, e uma montanha de correspondências ocupa a mesa. Em todos os lugares para onde você olha, a beleza parece não estar presente.

Feche seus olhos. Diga o nome dele. *Jesus.* Agora, abra os olhos e veja novamente. Percebe aquele pedacinho de céu azul, aquele raio de luz escapando entre as nuvens? Observe as gotas de água que repousam sobre as plantas. Lembre-se da refeição saborosa que criou toda aquela bagunça na pia. As correspondências podem continuar acumuladas e o seu cabelo, desarrumado, mas existe beleza à sua volta, sempre, e ela está a uma única palavra de distância: *Jesus.* Deixe que a glória dele dirija o seu olhar.

Senhor, quando me concentro em ti e declaro o teu nome, consigo enxergar a beleza que existe ao meu redor. Obrigada pela surpresa e pelo prazer de poder descobrir beleza em lugares inesperados.

4 de janeiro

Aquele que dá toda boa dádiva

Toda boa dádiva e todo dom perfeito vêm do alto, descendo do Pai das luzes, que não muda como sombras inconstantes.
TIAGO 1.17

Conte as suas bênçãos. Repetimos isso com tanta frequência, que talvez o seu significado tenha se perdido. Mas, falando sério, você já fez isso? Por onde começamos? De acordo com esse versículo da carta de Tiago, todas as coisas boas que temos em nossa vida são bênçãos. Toda boa dádiva. Você está pronta? Comece.

Hoje talvez seja um "daqueles dias", e talvez você esteja tendo dificuldade para começar. A sua casa, o seu trabalho e a sua vida social estão parecendo mais um fardo do que uma bênção. Não há problema. Comece pela maior bênção de todas:

Pai, tu és aquele que dá toda boa dádiva. Mesmo nos dias em que não consigo enxergar nada de bom, eu ainda consigo enxergar o Senhor. Sempre terei o meu Pai celestial, imutável, enviando bênçãos como raios de luz.

5 de janeiro

Peça qualquer coisa

Esta é a confiança que temos ao nos aproximarmos de Deus: se pedirmos alguma coisa de acordo com a vontade de Deus, ele nos ouvirá. E se sabemos que ele nos ouve em tudo o que pedimos, sabemos que temos o que dele pedimos.
1JOÃO 5.14-15

Lembre-se de uma ocasião em que você desejou alguma coisa, talvez de seus pais, ou até de seu chefe, mas teve medo de pedir. Por que você teve medo? Talvez tivesse receio de não merecê-la. Ou, quem sabe, você a quisesse, apesar de saber que não seria algo necessariamente bom para a sua vida. Quer você seja uma pessoa adulta que deseja ter um dia de folga do trabalho, quer seja uma adolescente que quer chegar mais tarde em casa no fim de semana, pode ser difícil ter coragem de pedir o que deseja, especialmente quando não tem certeza absoluta se, de fato, deve recebê-lo.

Tenha ânimo por meio das palavras presentes na primeira carta de João, e saiba que, quando coloca o seu relacionamento com Deus em primeiro lugar, você pode pedir qualquer coisa a ele. Qualquer coisa! Quando o que mais desejamos é estar dentro da vontade de Deus, ele nos concede, de bom grado, os nossos outros desejos.

Deus, tu és o meu mais profundo desejo. Conforta a minha alma saber que posso apresentar ao Senhor as minhas necessidades, os meus sonhos e os meus desejos secretos. Com ousadia, coloco os meus desejos aos teus pés. Sei que a resposta será exatamente a que preciso.

6 de janeiro

CHORANDO COMO UM BEBÊ

Assim como uma mãe consola seu filho, também eu os consolarei; em Jerusalém vocês serão consolados. Quando vocês virem isso, o seu coração se regozijará.
ISAÍAS 66.13-14

Poucas imagens trazem mais paz do que a de uma mãe consolando amorosamente o seu bebê. Imagine a ternura do seu abraço e a delicadeza da sua voz. Foi essa imagem que Deus usou como exemplo para explicar a Isaías como ele nos consola. Portanto, permita que ele faça isso. Pare de lutar e deixe que o Senhor a console.

Não há problema em chorar como um bebê. Não há problema em simplesmente fecharmos os olhos e nos aconchegarmos no colo do Pai. Ele deseja que façamos isso! Ouça o som da voz dele; ouça o quanto ele a ama. Permita-se embalar por ele e deixe-o preenchê-la com a alegria divina.

Pai, eu preciso de ti. Eu preciso que tu me abraces, me ames e me digas que tudo ficará bem. Ajuda-me a descansar em teus braços e a parar de lutar. Sussurra em meu ouvido: "Eu estou aqui, filha. Eu estou aqui."

7 de janeiro

Abrigo seguro

O meu Deus é a minha rocha, em que me refugio; o meu escudo e o meu poderoso salvador. Ele é a minha torre alta, o meu abrigo seguro. Tu, SENHOR, és o meu salvador, e me salvas dos violentos.
    2SAMUEL 22.3

Em algumas fases da vida, parece que somos atacadas por todos os lados. Quando encontramos abrigo contra as flechas vindas de um lado, vêm as lanças do lado oposto. Quando o Antigo Testamento foi escrito, essas batalhas eram literais: as flechas eram flechas de verdade.

Hoje, as flechas vêm em forma de extratos bancários, pressões no trabalho e pais doentes, mas a nossa fonte de refúgio continua sendo a mesma. Deus é o seu abrigo seguro. Sempre que correr em direção a Deus, ele estará lá. Você será defendida, protegida e liberta de qualquer situação que enfrentar. O seu livramento pode não ser da forma que você imagina, mas se confiar no Senhor, ele virá.

Meu Deus, tu és a minha Rocha. Tu és a minha segurança, a minha maior defesa e a minha única salvação. Eu me firmo em tua promessa, descanso em teu amor e aguardo pela tua libertação.

8 de janeiro

Maravilhoso Conselheiro

Tu me farás conhecer a vereda da vida, a alegria plena da tua presença, eterno prazer à tua direita.
SALMOS 16.11

Quando estamos nos últimos anos escolares, nos perguntamos o que queremos fazer de nossa vida — em que faculdade estudar, que área de estudo seguir e, até mesmo, que amizades devemos manter. O diretor da escola tem uma sala na qual podemos facilmente encontrá-lo. A porta geralmente fica aberta, e podemos conseguir sábios conselhos. Nós saíamos de lá nos sentindo mais leves e certas a respeito de nosso próximo passo. O processo é bastante simples.

Jesus nos ofereceu o Espírito Santo, um Conselheiro maravilhoso. Quando lhe apresentamos as nossas perguntas, ele não apenas nos diz quais devem ser os nossos próximos passos; faz mais do que isso: ele nos enche de alegria. Quando o Senhor guia o nosso caminho, nós seguimos com confiança e alegria, de uma promessa a outra.

Espírito Santo, que tu sejas o meu guia. Eu escolho viver junto a ti; eu confio no caminho que tu tens para mim, e aguardo ansiosamente pela plenitude da tua alegria.

9 de janeiro

Garantia da vida inteira

Apesar disso, esta certeza eu tenho: viverei até ver a bondade do SENHOR na terra. Espere no SENHOR. Seja forte! Coragem! Espere no SENHOR.
SALMOS 27.13-14

Você entregaria o seu coração a alguém se soubesse que ele o partiria, ou aceitaria um emprego se soubesse que logo seria demitida? Provavelmente não. Se estivesse com uma doença grave, você certamente não começaria um tratamento se soubesse que ele não seria eficiente. É a esperança que nos convida a nos comprometermos. Não temos garantia de que nosso coração jamais será magoado, que teremos uma carreira longeva numa única empresa ou uma recuperação total de nossa saúde, mas é a possibilidade de que essas coisas aconteçam que nos faz seguir em frente.

Há, contudo, uma garantia na qual podemos apostar a nossa vida. Deus é bom. Ele deseja coisas boas para cada um de nós, e se esperarmos nele, nós as teremos. Agarre-se a essa promessa. Creia e aguarde o seu cumprimento.

Senhor, eu creio em ti. Eu coloco a minha esperança em ti e espero — por toda a minha vida — no Senhor. As tuas promessas são verdadeiras, a tua Palavra é a minha coragem e o teu amor, a minha força.

10 de janeiro

Dançando de alegria

Mudaste o meu pranto em dança, a minha veste de lamento em veste de alegria, para que o meu coração cante louvores a ti e não se cale. SENHOR, meu Deus, eu te darei graças para sempre.
SALMOS 30.11-12

Uma mãe solteira e abandonada encontra o amor verdadeiro, propósito e cura. Esse é um filme ao qual a maioria de nós assistiria. Quem não gosta de uma boa história de restauração? Quando Deus cura as nossas feridas e restaura situações perdidas, o nosso coração é inundado de esperança. Se Deus pode restaurar a vida dela, ele certamente pode consertar a minha.

É verdade. Aqueles que choram dançarão em vestes de alegria. As vozes silenciadas pela tristeza cantarão louvores. E você, independentemente do que esteja enfrentando hoje, estará lá. Dançando de alegria, cantando de todo o coração.

Senhor, como um mágico cheio de graça, tu mudas as situações. Tu restauras o que está quebrado e resgatas o que foi perdido. Eu te louvo pela tua bondade. Ouve a minha voz e alegra-te com a minha dança — é tudo para o Senhor.

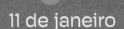

11 de janeiro

Verdadeiramente maravilhoso

Mediante a palavra do SENHOR foram feitos os céus, e os corpos celestes, pelo sopro de sua boca. Ele ajunta as águas do mar num só lugar; das profundezas faz reservatórios.
SALMOS 33.6-7

"Estes biscoitos estão maravilhosos!" "Nossa, você está maravilhosa hoje!" Nós usamos tanto a palavra *maravilhosa*, que talvez tenhamos nos esquecido de seu verdadeiro significado. Os biscoitos, embora possam estar deliciosos, provavelmente não inspiram uma reverência avassaladora. A sua amiga pode estar linda, mas você não está maravilhada e boquiaberta com a sua beleza.

Só Deus é capaz de causar essas reações. Releia os versículos citados acima em voz alta e reflita sobre o seu significado. Pense sobre tudo o que ele já fez e ainda fará. Esse é Deus, o seu Pai! Ele ajunta as águas do mar com as próprias mãos, e, ainda assim, é capaz de saber exatamente quantos fios de cabelo você tem na cabeça. Ele conhece, de antemão, cada passo que você dá. Ele se alegra com a sua vida, e isso sim é realmente maravilhoso.

Senhor Deus, eu estou fascinada por ti. Quando penso no Universo, criado pelo teu sopro, e no oceano, que cabe dentro de tuas mãos, eu mal consigo conter o meu deslumbramento. E o fato de que tu me amas — com todas as minhas imperfeições — é mais do que serei capaz de compreender. Tu és, verdadeiramente, o único digno do meu louvor.

12 de janeiro

Apenas para ti

Nenhum rei se salva pelo tamanho do seu exército; nenhum guerreiro escapa por sua grande força. O cavalo é vã esperança de vitória; apesar da sua grande força, é incapaz de salvar. Mas o SENHOR protege aqueles que o temem, aqueles que firmam a esperança no seu amor.
SALMOS 33.16-18

Algumas das vozes mais lindas jamais serão ouvidas no rádio. Muitos atletas incríveis nunca participarão de competições de alto nível, e inúmeros empresários talentosos abrirão empresas que não darão certo. Os dons, a preparação e os recursos não são garantias de que os nossos planos darão certo. E, quando eles não dão certo, nós perguntamos: "Deus, Tu me deste um dom nesta área, então, onde está o meu sucesso?"

As pessoas que nos ajudam, as nossas habilidades e os nossos recursos não são o segredo. Somente Deus decide se, quando e como seremos bem-sucedidos, e pode não ser nada parecido com o que imaginamos. Quando as coisas que "deveriam" dar certo não dão, devemos mudar a nossa perspectiva — para a de Deus. Talvez a sua voz seja só para ele, ou para consolar alguém que você ama. As suas habilidades atléticas podem ter o propósito de fazer de você um treinador de algum esporte. O sucesso e a sua medida são decididos apenas por Deus.

Deus, eu sou grata pelos dons que o Senhor me concedeu, e eu os entrego a ti. Medirei o meu sucesso, não pelos padrões do mundo, mas pelo prazer que eu sinto em ti. Vou correr, cantar, dançar e sonhar apenas para o Senhor.

13 de janeiro

Venha, e seja curada

Pois em ti está a fonte da vida; graças à tua luz, vemos a luz.
SALMOS 36.9

Quando sente sede, você procura um deserto ou uma fonte de água? Quando tropeça, andando no escuro, você procura a luz ou fecha os olhos? Quando precisamos de consolo, nós procuramos alívio. Quando precisamos de iluminação, buscamos a luz.

Deus é tudo isso. Ele é todas as coisas. Ele é a fonte de água para a nossa sede e a luz para o nosso caminho. O Senhor satisfaz a nossa fome, responde às nossas perguntas e cura as nossas feridas. Tudo o que precisamos fazer, a única coisa necessária, é buscá-lo. Ele só pode saciar a nossa sede se bebermos de sua fonte. Para vermos a luz, precisamos entrar nela. Abra a sua boca; beba abundantemente. Abra os seus olhos e veja. Entre na presença de Deus e seja curada.

Pai, eu tenho vagado por este deserto há tanto tempo, com meus olhos fechados por causa da areia. Leva-me a tua presença! Eu coloco as minhas necessidades, perguntas e dúvidas aos teus pés. Com os meus olhos abertos, eu me banho em tua luz.

14 de janeiro

CONSOLAÇÃO TRANSBORDANTE

Bendito seja o Deus e Pai de nosso Senhor Jesus Cristo, Pai das misericórdias e Deus de toda consolação, que nos consola em todas as nossas tribulações, para que, com a consolação que recebemos de Deus, possamos consolar os que estão passando por tribulações. Pois assim como os sofrimentos de Cristo transbordam sobre nós, também por meio de Cristo transborda a nossa consolação.

2CORÍNTIOS 1.3-5

Nós buscamos muitas coisas neste mundo, quando precisamos de consolo. Algumas vezes buscamos consolo na comida, em um banho quente, em um ambiente com ar-condicionado, na família, nos amigos, na televisão, em um bom livro... a lista é interminável.

A Palavra de Deus diz que o nosso Pai misericordioso é a fonte de todo o consolo. Ele promete nos consolar de todos os nossos problemas. Com que frequência procuramos consolo em outros lugares, quando o nosso verdadeiro Consolador é Aquele que nos criou e conhece todas as nossas necessidades?

Ó Pai, oro para que hoje eu procure o Senhor como minha fonte de consolo. Oro para que tu me ensines a receber toda a minha consolação de ti, e que, em troca, eu possa ser um consolo para as outras pessoas.

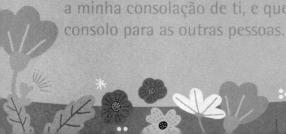

15 de janeiro

ALÉM DO QUE PODEMOS VER

Desde os confins da terra eu clamo a ti, com o coração abatido; põe-me a salvo na rocha mais alta do que eu.
SALMOS 61.2

Você já caminhou por um labirinto? Embora você possa ser boa em resolver labirintos em papel, movendo-se entre arbustos e plantações de milho, não há como evitar encontrar um ou dois becos sem saída. Se ao menos houvesse um lugar alto para subir e enxergar melhor o caminho... O que fazer, então? Peça ajuda; siga a voz de alguém que consegue ver mais que você.

Quando a vida parecer um labirinto e você se sentir cansada de dar de frente com paredes, clame a Deus. Siga o som da voz dele para encontrar a próxima saída. Permita que a mão do Senhor a levante — para além do alcance de seus olhos — para mostrar o caminho à sua frente. Ele está ao seu lado, ouvindo e esperando para guiá-la.

Senhor, como é maravilhoso saber que eu posso buscar a ti quando estou perdida. A tua voz é o meu farol, e a tua mão me levantará. Tu me mostras aquilo que eu, sozinha, não seria capaz de perceber e, por isso, eu te agradeço e te louvo.

16 de janeiro

Eu quero desejar

Ó Deus, tu és o meu Deus, eu te busco intensamente; a minha alma tem sede de ti! Todo o meu ser anseia por ti, numa terra seca, exausta e sem água.
SALMOS 63.1

Qual é o seu desejo mais profundo e verdadeiro? Existe algo — ou alguém — pelo qual você seria capaz de enfrentar um deserto para conquistá-lo? Poucas pessoas podem dizer honestamente que anseiam por Deus tão profundamente quanto o rei Davi, mas não permita que esse versículo a deixe constrangida ou faça com que você acredite que não é "espiritual o bastante". É muito provável que não ansiemos por Deus de forma tão desesperada assim, simplesmente porque nunca desfrutamos da mesma intimidade que o "homem segundo o coração de Deus" tinha com o Pai.

Em vez de sentir-se culpada por não ter a mesma paixão de Davi, permita que esse versículo se apresente como um convite, como um vislumbre da profundidade de relacionamento que podemos ter com o nosso Pai. Imagine a comunhão e a enorme alegria que inspiraram um clamor tão desesperado pela presença de Deus. Peça ao Senhor que o deixe sentir um gostinho disso em sua própria vida.

Senhor, sei que os desejos do meu coração jamais poderão comparar-se com a glória de te conhecer intimamente. Eu quero desejar a tua presença como o rei Davi, Pai! Afasta de mim os desejos mundanos e enche-me com um desejo por ti.

17 de janeiro

MELHOR DO QUE A VIDA

O teu amor é melhor do que a vida! Por isso os meus lábios te exaltarão.

SALMOS 63.3

Todas nós já vimos uma sobremesa, uma joia ou um vestido lindo "de morrer". O significado dessa expressão, claro, é que se trata de algo delicioso, lindo e perfeito. Significa que são guloseimas, bugigangas e roupas maravilhosas. É óbvio que ninguém está, de fato, disposto a se jogar na frente de um trem para conseguir um pretinho básico perfeito. Só existe uma coisa realmente melhor do que a vida, e é a vida com o Criador.

Será que nós, verdadeiramente, cremos nisso? É *possível* acreditar nisso nesta vida terrena? É mais fácil crermos quando a vida não está tão boa. Porém, mesmo quando as coisas vão bem e a vida não poderia estar melhor, como é maravilhosa a promessa que temos em Deus de que aquilo que nos aguarda é *muito melhor* do que qualquer coisa que podemos pedir ou imaginar aqui na terra! O seu amor nunca falha, e nada pode ser comparado a ele. Independentemente da fase que estejamos vivendo ou do dia que tivemos hoje, vamos reconhecer essa linda verdade presente na Palavra de Deus.

Senhor, nada se compara ao teu amor. Nos meus piores dias, eu encontro conforto na tua promessa. Nos melhores, eu fico maravilhada com a verdade de que há muito mais à minha espera no céu. Tu és maior que a vida, és melhor que a vida e és o amor da minha vida. Como eu te louvo! Ah, como eu te amo!

18 de janeiro

Faz-me ganhar o dia

Satisfaze-nos pela manhã com o teu amor leal, e todos os nossos dias cantaremos felizes.
SALMOS 90.14

Busque o *Senhor* em primeiro lugar. Por que essa sugestão é tão recorrente, tanto na Bíblia, quanto entre os seguidores de Cristo? Se você começa, regularmente, os seus dias na presença do Senhor, então sabe como ele é maravilhoso em nos fazer ganhar o dia. Se você ainda não possui esse hábito, comece amanhã. Você verá como a doce presença de Deus alterará os seus dias.

Antes mesmo que o dia tenha uma oportunidade de desapontá-la, antes que o inimigo encontre uma maneira de distraí-la, busque o Senhor em primeiro lugar. Convide-o para participar de todos os momentos do seu dia. Sinta-o em suas interações e diálogos. Perceba como ele enxerga com ternura cada pessoa com quem você encontra. Convide-o para ajudá-la a tomar decisões. Observe como ele a coloca, de forma consistente, no caminho do amor. Permita que ele carregue os seus fardos e note como surgirá, de dentro do seu ser, uma canção de júbilo. Permita que essa canção tome conta do seu coração.

Jesus, eu te convido para fazeres o meu dia. Que as minhas palavras, ações e pensamentos sejam teus. Substitui as minhas irritações e frustrações por tua paciência e compaixão. Enche-me com o teu amor, para que tudo o que eu fizer possa refleti-lo às outras pessoas. Enche o meu coração com a tua canção, para que eu possa cantá-la sobre todos que puderem ouvi-la.

19 de janeiro

DELE

Reconheçam que o SENHOR é o nosso Deus. Ele nos fez e somos dele: somos o seu povo, e rebanho do seu pastoreio.

SALMOS 100.3

Calma. Vamos analisar o que está sendo dito aqui juntas, linha por linha. *Reconheçam que o Senhor é o nosso Deus.* "Eu reconheço", nós dizemos. Mas será que vivemos como se realmente reconhecêssemos isso? Ele é *Deus.* Soberano, perfeito, Deus sobre todas as coisas. Como seria o nosso dia se tivéssemos plena consciência disso? Quão leves os nossos fardos se tornariam se soubéssemos que é ele quem os carrega?

Ele nos fez e somos dele. Como eu disse, nós afirmamos saber disso, porém, será que vivemos como se fosse realmente verdade? Nós somos *dele.* Quantas vezes — muitas vezes — nos comportamos como se pertencêssemos apenas a nós mesmas! Ouvimos o Senhor dizer: "Por aqui, minha querida", e continuamos seguindo o nosso próprio caminho. Enquanto isso, ainda nos perguntamos por que a vida é tão difícil. Quão mais fácil seria a nossa jornada se simplesmente decidíssemos segui-lo?

Pai, eu reconheço, neste dia, que tu és Deus. Abro mão de minhas lutas e entrego a ti os meus fardos. Eu me desvio do caminho das minhas próprias escolhas e corro alegremente em direção ao teu pasto. Sou completamente tua. Obrigada por iluminar o meu caminho. Obrigada por me receberes em teus braços.

20 de janeiro

Prostrada

Agora estou prostrado no pó; preserva a minha vida conforme a tua promessa.
SALMOS 119.25

Como você se sente ao ler o versículo acima? A sua reação revela bastante sobre a condição do seu espírito. Se você sentiu empatia e compaixão pelo salmista, mesmo que os tempos sejam difíceis, você ainda é forte o bastante para reconhecer que existe dificuldade maior do que a sua. Talvez as coisas em sua vida estejam bem melhores do que você imagina.

Se, no entanto, essas palavras tocaram profundamente a sua alma, fazendo com que sentisse como se elas tivessem brotado do seu próprio coração, então, querida, você está prostrada. Enquanto a sua alma se prostra no pó, tome cuidado para não permanecer ali. Levante suas mãos em direção a Deus. Segure-se nas muitas promessas presentes na Palavra dele. Ele a encherá de vida novamente e a sustentará. Ele tem planos lindos para a sua vida. Creia nisso, e sinta o seu espírito ser edificado.

Querido Deus, do pó, prostrada e me apegando aos menores sinais de esperança, eu clamo a ti e tu respondes. Tu me edificas e curas o meu corpo. Tu falas a tua verdade e fazes a minha alma renascer. Obrigada, Pai, pela tua Palavra vivificante.

21 de janeiro

TEUS CAMINHOS

Desvia os meus olhos das coisas inúteis; faze-me viver nos caminhos que traçaste.

SALMOS 119.37

Pense em um alimento que você gostava quando era criança, mas que não agrada mais o seu paladar, ou em uma brincadeira tão infantil e simplória que você mal pode acreditar que conseguia gastar tantas horas de sua atenção dedicada àquilo. Quando crianças, nós sequer notávamos quando algum doce tinha açúcar demais, enquanto agora contorcemos o rosto quando provamos algo mais açucarado do que o necessário. O Jogo da Velha só é divertido se você começar, e mesmo assim só se jogar uma vez ou duas. Com a maturidade, vem o discernimento.

Examine a sua vida atual aos olhos de Deus. Existem coisas que clamam por sua atenção, mas que, quando observadas à lente da eternidade com o Pai, perdem o significado? Será que um pouco da insatisfação que sentimos em nossa vida diária poderia ser eliminada se simplesmente perdêssemos o gosto pelas coisas que, no fim das contas, não têm mesmo nenhuma importância?

Senhor, eu oro estas palavras sobre a minha vida: não permitas que os meus olhos contemplem coisas vãs! Quero seguir o teu olhar e ver o que tu vês. Sei que o teu caminho é de vida, e é a vida — a verdadeira vida — que eu desejo.

22 de janeiro

Durante o sofrimento

Este é o meu consolo no meu sofrimento:
A tua promessa dá-me vida.
SALMOS 119.50

A vida no vale não é fácil. Nas fases de sofrimento, os nossos pés se tornam pesados, e o caminho parece rochoso e difícil. Colocar um pé à frente do outro para dar um passo a mais exige todo o nosso esforço. Além disso, o sofrimento não deixa espaço para mais nada. Apegue-se a estas palavras em meio aos dias difíceis.

Esquerda. *A tua promessa dá-me vida.* Direita. *A tua promessa dá-me vida.* Esquerda. *A tua promessa dá-me vida...*

Senhor, eu estou no vale. Ele é fundo, escuro e longo. Os meus pés estão pesados e a minha alma, seca. Não consigo vê-lo, mas sei que tu estás aqui. Estou sofrendo, mas a tua promessa é o meu consolo. Ela sustenta a minha vida. E, hoje, isso é o suficiente.

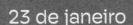

23 de janeiro

A BÊNÇÃO NO SOFRIMENTO

Foi bom para mim ter sido castigado, para que aprendesse os teus decretos.
SALMOS 119.71

Em meio ao sofrimento, versículos como esse parecem inacreditáveis, e sentimos que é impossível nos identificarmos com eles. *Como eu poderia, algum dia, enxergar algo de bom nessa situação? Eu fico feliz pelo salmista, mas não me vejo, jamais, sendo grata por esse sofrimento.*

Outra maneira de interpretarmos essas palavras é como um incentivo. O rei Davi sofreu. Enquanto escrevia esse salmo, ele correu risco de morrer, foi severamente disciplinado pelas suas escolhas erradas e teve seu coração completamente humilhado. Se ele foi capaz de escrever essas palavras, quem sabe um dia a nossa situação, embora pesada no tempo presente, também possa se revelar uma bênção.

Senhor Deus, eu não vou fingir que gosto de sofrer. Tu saberias que estou mentindo. Não sou forte o bastante para agradecer pelas lições dolorosas enquanto ainda as estou aprendendo, porém, sei que tu me amas e que desejas apenas coisas boas para a minha vida. Eu me apego a essa verdade e espero ansiosamente pelo dia em que serei capaz de enxergar a bênção nesse sofrimento.

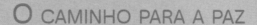

24 de janeiro

O CAMINHO PARA A PAZ

Os que amam a tua lei desfrutam paz,
e nada há que os faça tropeçar.
SALMOS 119.165

Se houvesse uma fórmula simples para a paz, você a seguiria? De acordo com esse versículo, ela existe. A paz pertence àqueles que amam a lei do Senhor. Como isso é possível? Seguir regras não é algo exigente e desgastante?

Sim, seguir regras é desgastante, mas, felizmente, não é a mesma coisa que amar a lei. Amar a lei de Deus é confiar na vontade dele para a nossa vida e desejar agradá-lo acima de todas as coisas. Quando esse é o foco do nosso coração, não precisamos seguir uma lista e cumprir todos os seus itens. Ele manterá o nosso coração em conformidade com o dele — portanto, podemos ter certeza de que os nossos passos estarão seguros.

Senhor, quanto mais desejo viver segundo a tua vontade, mais aprendo a confiar nela. Ajuda-me a ver a tua lei como um caminho para a paz, e não permitas que eu tropece em minha jornada.

25 de janeiro

OBTENHA SABEDORIA

O conselho da sabedoria é: Procure obter sabedoria; use tudo o que você possui para adquirir entendimento.
PROVÉRBIOS 4.7

Assine aqui. Circule a resposta certa. Pare. Em um mundo difícil de viver, não é ótimo quando temos instruções claras? A Palavra de Deus possui muita poesia e simbolismo, contudo, às vezes a mensagem não exige qualquer interpretação. São as mensagens que o Pai quer que compreendamos. Enquanto um milhão de coisas clama pela nossa atenção, as que mais importam são aquelas que estão ditas da maneira mais clara.

Releia o versículo acima. Se você deseja ser sábia, a primeira coisa que precisa entender é isto: você *deseja* ser sábia! Obter sabedoria é algo muito importante; na verdade, é o segredo para todas as outras coisas. Ao longo do seu dia, hoje, quaisquer que sejam as difíceis decisões que você precisar tomar, saiba que quando for algo realmente importante, você saberá.

Amado Pai, abre os meus olhos para as oportunidades de amadurecimento em sabedoria hoje; o mundo é um lugar confuso, mas o teu caminho é claro. Obrigada por tornares fáceis de compreender as coisas que eu mais preciso saber.

26 de janeiro

Alicerçada na rocha

> Caiu a chuva, transbordaram os rios, sopraram os ventos e deram contra aquela casa, e ela não caiu, porque tinha seus alicerces na rocha.
> MATEUS 7.25

A tempestade se tornou uma metáfora consistente para as situações difíceis e, considerando o versículo acima, é fácil perceber o porquê. Os problemas se derramam sobre nós, as calamidades surgem em nossa vida e as adversidades nos derrubam — às vezes, de uma só vez. É nesses momentos que muitas vezes descobrimos se a nossa base é, de fato, sólida. Quando confiamos em nossas próprias forças, ou até mesmo nas pessoas para nos oferecer alguma estabilidade, podemos ser facilmente abaladas quando a tempestade chega.

Uma vida estruturada sobre a fé em Deus, edificada sobre a Palavra e atrelada à justiça de Deus, é sólida e capaz de suportar até mesmo a mais forte das tempestades. Podemos até ser um pouco abaladas, com algumas janelas quebradas, ou, até mesmo, com um buraco no telhado, mas estaremos de pé. Se tivermos Cristo como nossa fundação, forte e determinada, permaneceremos de pé.

Senhor Jesus, eu edifico a minha casa sobre ti. A tua Palavra, o teu sacrifício e a tua graça são os pilares da minha vida. Por isso ser verdade, sei que, independentemente do que eu enfrentar, não esmorecerei. Eu declaro e creio nessa verdade hoje, Jesus, em teu nome.

27 de janeiro

Como o Senhor me vê

Respondeu Maria: "Sou serva do Senhor; que aconteça comigo conforme a tua palavra." Então o anjo a deixou.
LUCAS 1.38

Em uma primeira leitura, ou até mesmo depois de muitas leituras dessa passagem, nós nos impressionamos com a obediência de Maria. Confrontada com a ordem extraordinária de carregar o Filho de Deus — quando ainda era uma jovem virgem —, ela concorda, sem hesitar. Quando, porém, observamos mais atentamente, vemos outra coisa se destacar: a sua esperança. "Que aconteça comigo conforme a tua palavra."

O Senhor nos vê — a cada uma de nós. Ele conhece todas as suas qualidades. Todo o seu potencial está diante dele como uma linda promessa. Ele fala de você como um pai orgulhoso, exaltando os seus dons. Tome posse das palavras de Maria hoje; faça delas a sua própria oração.

Deus Pai, que todas as coisas que tu disseste sobre mim se realizem. Capacita-me e incentiva-me a explorar cada desejo que tu colocaste em meu coração, para que eu possa desenvolver e usar todos os meus talentos para a tua glória. Ajuda-me a crer em como tu me vês, e ajuda-me a me enxergar da mesma maneira.

28 de janeiro

AMOR DEMAIS

Enquanto apedrejavam Estêvão, este orava: "Senhor Jesus, recebe o meu espírito." Então caiu de joelhos e bradou: "Senhor, não os consideres culpados deste pecado." E, tendo dito isso, adormeceu.
ATOS 7.59-60

Se estivesse nas mãos de uma multidão assassina, você acha que as suas últimas palavras seriam uma oração em favor das pessoas que a estavam apedrejando? Mesmo durante o seu último suspiro, Estêvão exemplificou o tipo de vida que Jesus deseja que os seus seguidores tenham. Mas que mandamento difícil: orar por nossos inimigos? Mesmo?

Não somos exortados a orar por aqueles que nos perseguem pelo bem deles, mas sim pelo nosso. Por estar cheio do Espírito Santo, o coração de Estêvão continha um grau de amor humanamente impossível e um nível de paz que nunca seremos capazes de imaginar. Nem mesmo a dor daquele apedrejamento pôde conter o seu espírito. Pela forma como morreu, Estêvão mostrou aos seus assassinos — e também mostra a nós — uma linda maneira de viver.

Senhor, enche-me com uma paz como a que Estêvão tinha. Permite que eu esteja tão envolvida em teu amor que, independentemente do que a vida lançar sobre mim, eu sinta apenas a tua presença. Enche meu coração com tanto amor, que seja impossível de ser contido, de forma que ele se estenda até àqueles que me queiram mal.

29 de janeiro

O MELHOR AINDA ESTÁ POR VIR

Todavia, como está escrito: "Olho nenhum viu, ouvido nenhum ouviu, mente nenhuma imaginou o que Deus preparou para aqueles que o amam."
1 CORÍNTIOS 2.9

Pense na coisa mais linda que você já viu. Tente lembrar, ou escute novamente, a música mais bonita que você já ouviu. Imagine o dia mais perfeito possível. Maravilhoso, não?

Mais maravilhoso ainda é saber que essas lembranças e pensamentos não são nada — *absolutamente nada* — quando comparadas com o que Deus tem para nós. Nada que tenhamos visto, ouvido ou sonhado chega perto. E a melhor parte? Já está tudo preparado. Um banquete glorioso nos aguarda para cada sensação que teremos. Isso é o quanto nós somos amadas, e é isso que está por vir.

Senhor, nos dias em que eu precisar de um pouco mais de esperança, faz-me lembrar desse versículo. Lembra-me do quanto tu me amas e de todas as bênçãos maravilhosas que tu desejas derramar sobre a minha vida. Nos dias em que eu precisar, que a tua esperança se derrame como chuva.

30 de janeiro

VOCÊ TEM DONS

> Se todo o corpo fosse olho, onde estaria a audição? Se todo o corpo fosse ouvido, onde estaria o olfato? De fato, Deus dispôs cada um dos membros no corpo, segundo a sua vontade.
> 1CORÍNTIOS 12.17-18

Algum cantor, palestrante ou dançarino talentoso já lhe despertou um desejo de fazer o que eles fazem em alto nível? Ou, alguma obra de arte já lhe causou a vontade de criar uma beleza como aquela com suas próprias mãos? Esses sentimentos são naturais; a beleza é inspiradora! Se, contudo, nos apegarmos ao desejo de possuir os dons de outras pessoas, correremos o risco de nos esquecer — ou de nunca descobrir — os nossos próprios dons.

Dedique algum tempo para refletir sobre o que a torna especial. Se isso a deixa constrangida, ou se você não tem certeza da resposta, tente se lembrar de algum momento em que se sentiu cheia de vida e que tudo pareceu funcionar perfeitamente. O que você estava fazendo? Comece por aí, e peça a Deus que lhe mostre como fazer isso para a glória dele.

Pai, tudo o que tem origem em tuas mãos é bom e especial, inclusive eu. Ajuda-me a me lembrar disso, especialmente nos dias em que parecer que todos têm mais a oferecer do que eu. Acende em mim um fogo para explorar, desenvolver e usar o que me é exclusivo para glorificar a ti.

UMA OBRA MAIOR

Três vezes roguei ao Senhor que o tirasse de mim. Mas ele me disse: "Minha graça é suficiente para você, pois o meu poder se aperfeiçoa na fraqueza."

2CORÍNTIOS 12.8-9

O seu filho entra para o time, quebra uma perna e passa o resto da temporada no banco de reservas. Um de seus pais adoece, e, apesar de suas orações, Deus não parece desejar curá-lo. Você se inscreve para correr uma maratona por sua instituição de caridade preferida, porém, em seguida, rompe um ligamento durante o seu treinamento. O que está acontecendo? Deus deseja nos ver sofrer?

Deus não deseja mal algum a ninguém. Ele, no entanto, usa as nossas aflições para demonstrar o seu poder e multiplicar a nossa capacidade. Se você não tivesse rompido um ligamento, seria apenas mais uma corredora durante a maratona de domingo. Contudo, de muletas, mancando durante todo o percurso, você pode atrair a atenção da mídia e, graças a um vídeo viral com sua entrevista, ter a oportunidade de compartilhar a sua causa com milhões de pessoas. Da próxima vez que você se encontrar em uma posição de fraqueza e vulnerabilidade, preste atenção à maneira como Deus usa as suas circunstâncias para fazer uma obra maior.

Senhor Deus, ajuda-me a enxergar as minhas dificuldades com a clareza e a fé de Paulo! A tua graça é suficiente, e se essa fraqueza é a tua vontade para mim neste momento, que eu seja capaz de me orgulhar nela para glorificar o Senhor.

FEVEREIRO

Conforme a tua misericórdia, lembra-te de mim, pois tu, SENHOR, és bom.

SALMOS 25.7

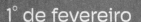

1º de fevereiro

Toma o meu coração

"Quando vocês ficarem irados, não pequem." Apaziguem a sua ira antes que o sol se ponha, e não deem lugar ao Diabo.
EFÉSIOS 4.26-27

Às vezes, nos arrepiamos ao lermos um versículo como esse. "É fácil dizer isso, mas se ele soubesse o que ela fez comigo..." E, além disso, como podemos impedir as nossas emoções? Ótimas notícias: não podemos. Sentir-se irada não é pecado; nenhum sentimento é pecado. É a maneira como lidamos com eles que pode nos aprisionar em uma espiral de atitudes destrutivas e de culpa.

Irar-se é uma coisa; contudo, escolher permanecer assim — tramando vingança, fazendo fofocas e tendo de viver com a vergonha de nossas escolhas — é algo diferente. Jamais convidaríamos, conscientemente, o Diabo para fazer parte de nossa vida. Quando, porém, nos apegamos à negatividade, será exatamente isso que estaremos fazendo. Use a advertência de Paulo como incentivo para abrir mão de sua ira contra alguém e desfrute da leveza que sentirá em seu coração como consequência disso.

Pai, o meu coração te pertence. Toma-o! Eu quero ser controlada pelo teu Espírito e não pelas minhas emoções. Ajuda-me a abandonar qualquer tipo de ira e a revelar qualquer ressentimento oculto, para que eu possa ser liberta e experimentar toda a alegria de uma vida em tua presença.

2 de fevereiro

Entregue a Deus as suas preocupações

Não andem ansiosos por coisa alguma, mas em tudo, pela oração e súplicas, e com ação de graças, apresentem seus pedidos a Deus. E a paz de Deus, que excede todo o entendimento, guardará o coração e a mente de vocês em Cristo Jesus.
FILIPENSES 4.6-7

Como essa passagem é uma das mais conhecidas das Escrituras, é possível que deixemos passar despercebida a grandiosa promessa contida na segunda metade dela. A paz inimaginável de Deus protegerá o seu coração e a sua mente. Isso é incrível!

Tudo o que precisamos fazer — a única coisa — é entregar as nossas preocupações a Deus. Em troca, ele nos concederá a paz do próprio Jesus; uma paz que sequer somos capazes de compreender. Será possível que seja tão simples assim? Com certeza. Mas isso significa que é algo fácil? A preocupação é teimosa e podemos nos tornar tão acostumadas com ela, que sequer percebemos a sua presença. Para nos livrarmos desse sentimento, precisaremos nos esforçar bastante e dedicar muita energia a esse propósito. Mas, espere, leia o segundo versículo novamente. Como esse esforço valerá a pena quando recebermos a sua recompensa — a paz de Cristo!

Senhor Jesus, eu venho tantas vezes a ti em busca de ajuda, mas não deixo minhas preocupações aos teus pés. Obrigada por tu me lembrares da troca que posso fazer por essas preocupações — a tua paz! Guarda o meu coração e a minha mente, Jesus, e livra-me de todas as minhas ansiedades.

3 de fevereiro

REIVINDIQUE A SUA PAZ

Sei o que é passar necessidade e sei o que é ter fartura. Aprendi o segredo de viver contente em toda e qualquer situação, seja bem alimentado, seja com fome, tendo muito, ou passando necessidade. Tudo posso naquele que me fortalece.
FILIPENSES 4.12-13

Você consegue se imaginar sentindo o mesmo nível de felicidade ao saber que perdeu seu emprego, ao saber que foi promovida ou que teve um aumento de salário? A implicação desses versículos é absolutamente extraordinária.

A boa notícia é que todas nós podemos experimentar isso. O contentamento que vem de conhecer Cristo é uma fonte ilimitada; há mais do que o suficiente para qualquer situação. Na verdade, quanto mais o reivindicamos, de mais força, paz e felicidade desfrutaremos. Quer você esteja enfrentando um dia de fartura ou de necessidade, reivindique a sua paz e compartilhe com os outros a esperança que receberá em troca.

Jesus, descobri o segredo da felicidade e eu a desejo! Convido-te a tomar os meus sentimentos e a derramar contentamento em todas as áreas da minha vida, para que, independentemente das circunstâncias que eu esteja enfrentado, eu tenha força e possa experimentar nada mais do que a tua alegria.

4 de fevereiro

Mesmo sem ver

Mesmo não o tendo visto, vocês o amam; e apesar de não o verem agora, creem nele e exultam com alegria indizível e gloriosa.
    1PEDRO 1.8

Como você se apaixonou por Jesus? Ao contrário do amor humano, um dos maiores mistérios da fé é o fato de podermos conhecer com tanta certeza e amar tão profundamente aquele a quem nunca vimos. Contudo, podemos fazer isso. E nós o fazemos.

Uma das maiores recompensas da fé é a "alegria indizível e gloriosa" que o Espírito Santo coloca em nosso coração quando cremos. Você já reivindicou a sua alegria hoje?

Pai, enquanto medito sobre o quanto sei que tu és real, permite que o teu Espírito me preencha mais uma vez com a alegria indizível e gloriosa que vem de ti.

5 de fevereiro

BUSQUE FAZER O BEM

Tenham cuidado para que ninguém retribua o mal com o mal, mas sejam sempre bondosos uns para com os outros e para com todos.
1TESSALONICENSES 5.15

Para uma criança pequena, um empurrão de um colega merece outro empurrão como resposta. Uma palavra cruel, outra pior de volta. As crianças não podem evitar; a autodefesa é uma reação instintiva ao ataque. O que esses pequenos não sabem, mas logo aprendem, é que, independentemente de quem ataque primeiro, as duas pessoas são punidas. Em nossos momentos de maior fraqueza, esse impulso natural pode tentar tomar conta de nossa vida adulta também. "O que ela disse? Ah, é mesmo? Deixe-me contar uma coisa sobre o casamento dela..."

Eis o problema. Quando autorizamos esse tipo de reação negativa ao nosso coração, permitimos que ela faça morada em nós e convide os seus amigos — a amargura, a solidão e a raiva — para habitar em nós também. Eles se espalham, ocupando cada vez mais espaço, expulsando a nossa paz, a nossa paciência e a bondade de Jesus. Por isso, devemos ser "sempre bondosos uns para com os outros e para com todos", não porque, caso contrário, seremos punidos, mas para que o nosso coração seja preenchido pelos dons vivificantes do Espírito.

Espírito Santo, que a minha vida se preencha com o teu fruto! Enche-me com amor, alegria, paz, paciência, amabilidade, bondade, fidelidade, mansidão e domínio próprio, para que, independentemente do que aconteça comigo, eu possa reagir da maneira correta. Tu és tudo o que desejo em meu coração; livra-me de todo o resto.

6 de fevereiro

Sim, por favor

Conscientes disso, oramos constantemente por vocês, para que o nosso Deus os faça dignos da vocação e, com poder, cumpra todo bom propósito e toda obra que procede da fé.
2TESSALONICENSES 1.11

É possível tirarmos muitos incentivos dessa oração maravilhosa feita por Paulo em favor dos tessalonicenses! Você faz parte de um grupo de mulheres que ora e estuda a Bíblia em conjunto? Se não, ore para que o Pai a guie até um grupo assim e, então, mantenha os seus olhos e o seu coração abertos. Se você faz parte de um grupo de mulheres, então sabe como é lindo estar sempre presente nas orações de alguém e ter sempre alguém nas suas. Orar por outras pessoas tira o foco excessivo que colocamos em nós mesmas e nos abençoa de maneiras únicas e surpreendentes.

Mais encorajador ainda é o conteúdo da oração de Paulo: para que sejamos "dignos da vocação" e para que cumpramos "todo bom propósito e toda boa obra que precede da fé". Sim, por favor!

Ah, Senhor, sim, por favor! Eu quero ser digna da vocação e equipada para fazer todo o possível para te glorificar. Oro para que eu seja capaz de fazer tudo para expressar, compartilhar e aumentar o meu amor por ti. Oro o mesmo para todas as mulheres que estiverem lendo isto. Faz de nós uma fonte de luz e bondade neste mundo. Abençoa tudo o que fizermos e aumenta a nossa fé.

7 de fevereiro

MAIS VALIOSA QUE O OURO

Assim acontece para que fique comprovado que a fé que vocês têm, muito mais valiosa do que o ouro que perece, mesmo que refinado pelo fogo, é genuína e resultará em louvor, glória e honra, quando Jesus Cristo for revelado.

1PEDRO 1.7

Diversas vezes, nós perdemos muito tempo em nossa vida tentando responder aos "porquês" dos momentos mais difíceis. A maioria das respostas que procuramos não nos é revelada até o dia em que nos encontraremos com o Senhor no céu, mas passagens como essa nos oferecem incentivo enquanto esperamos. Sabemos que o ouro é precioso — tão precioso que é um padrão universal para medir toda a riqueza que existe no mundo. Na passagem acima, lemos que a fé que resiste aos tempos difíceis é muito mais valiosa do que todo o ouro do mundo.

Quando nos apegamos firmemente às promessas de Deus, independentemente das dificuldades que enfrentamos, recebemos uma recompensa de valor inestimável: o louvor, a honra e a glória do próprio Jesus. Isso não significa que as nossas dificuldades sejam testes *designados* por Deus, contudo, o seu resultado — uma fé que resiste ao fogo — é *usado* por ele para nos abençoar além da nossa imaginação.

Senhor, eu te convido para usares a minha dor, presente e futura, como uma demonstração da minha fé. Permita que os meus problemas fortaleçam a minha confiança em ti; permita que as dificuldades aumentem a minha segurança no Senhor. Quando for provada a tua fidelidade — como sempre —, que o meu amor por ti aumente ainda mais.

8 de fevereiro

TODO O CAOS

Lancem sobre ele toda a sua ansiedade, porque ele tem cuidado de vocês.
  1PEDRO 5.7

Pressões, frustrações e injustiças acabam sempre se acumulando. Felizmente, quase sempre percebemos quando essas coisas começam a se amontoar. Ligamos para uma amiga e abrimos o cofre das nossas emoções. "Eu preciso desabafar", nós dizemos. Sentimos, de fato, alívio quando liberamos um pouco da pressão, mas as situações que nos fizeram sentir assim continuam sendo nossas, e somos nós que precisamos lidar com elas.

O Senhor está sempre disponível, e — como um amigo querido — podemos desabafar com ele sempre que desejarmos. Se, contudo, formos ao encontro de Deus apenas para isso, então perdemos uma de suas maiores bênçãos. Ele deseja que lhe entreguemos os nossos fardos completamente. Por mais que seus amigos e familiares se importem com você, eles não querem — nem podem — assumir as suas contas, os seus filhos rebeldes ou o seu patrão exigente. Somente Jesus se importa tanto assim. Somente Jesus nos convida a entregar todo o caos de nossa vida. Por que, então, não fazemos isso?

Meu Senhor, meu confidente, tu conheces as minhas lutas e sabes exatamente quando elas se tornam pesadas demais. Tu me amas; tu desejas aliviar o meu fardo. Não sei por que insisto em carregar tudo sozinha, recusando a tua ajuda. Ajuda-me a compreender a profundidade do teu amor e a permitir que tu assumas o controle da minha vida.

9 de fevereiro

À LUZ DE CRISTO

> Nele estava a vida, e esta era a luz dos homens. A luz brilha nas trevas, e as trevas não a derrotaram.
> JOÃO 1.4-5

A menos que esteja tentando dormir, qual é a primeira coisa que você procura quando está no escuro? Luz. Um interruptor, uma lanterna, uma maneira de enxergar em meio à escuridão. Figurativamente falando, o princípio é o mesmo. Quando enfrentamos escuridão emocional de qualquer tipo, precisamos apenas procurar a luz. O versículo de hoje, expresso de maneira tão eloquente pelo apóstolo João, nos lembra a principal fonte de luz — Jesus, a luz de toda a humanidade.

Nenhuma escuridão — quer seja o medo, a dor, o pecado ou a perda — pode vencer a luz da Palavra de Deus. O amor de Deus nunca falha, as suas promessas duram para sempre e a sua graça é nossa. Não importa o que enfrentamos ou o que fizemos, nada pode nos afastar da sua luz.

Senhor Jesus, tu és a própria luz. Lindo e iluminado, tu derramas verdade sobre toda mentira, esperança sobre o desespero e graça sobre o pecado — vencendo completamente a escuridão. Tu não podes ser vencido, e, em ti, eu também não.

10 de fevereiro

Digna

Disse Jesus: "Nem ele nem seus pais pecaram, mas isto aconteceu para que a obra de Deus se manifestasse na vida dele."
JOÃO 9.3

Nos dias de Jesus, as pessoas acreditavam que aqueles que enfrentavam dificuldades estavam recebendo castigo por causa de seus pecados. Ao encontrarem um cego de nascimento, os discípulos de Jesus fizeram tal suposição e perguntaram ao Senhor por quais pecados aquele homem estava recebendo punição. Antes de restaurar a visão daquele homem, Jesus explicou que aquilo não se tratava de um castigo. Ele era cego para que as pessoas — daquela época e de todos os tempos — pudessem ter um vislumbre do incrível poder de Deus.

A dor e o sofrimento não são nada agradáveis e até podem parecer um castigo. Em meio a tais situações, somos tentados a pensar: "Por que Deus não manifesta o seu poder por intermédio da vida de outra pessoa?" No entanto, considere isto: se você pudesse perguntar ao homem curado por Jesus, se todos aqueles anos de cegueira passaram a valer a pena depois que ele foi tocado e curado pelo Filho do próprio Deus, e ter visto a face iluminada de Jesus depois de tantos anos vivendo na escuridão, o que você acha que ele responderia?

Senhor, sei que os meus problemas não são um castigo. Tu levaste o meu pecado de uma vez por todas naquela cruz. Ajuda-me a permanecer aberta às tuas obras. Se for necessário que eu sofra por algum tempo, que eu possa fazer isso de bom grado, sabendo que o toque das tuas mãos e a visão da tua face são motivos dignos de qualquer dificuldade terrena que eu possa enfrentar.

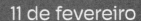

11 de fevereiro

Conduzida pelo coração

O Senhor conduza o coração de vocês ao amor de Deus e à perseverança de Cristo.
2TESSALONICENSES 3.5

As crianças têm o hábito divertido (e, às vezes, aterrorizante) de correr na frente dos pais, apenas para se darem conta de que, na verdade, não sabem para onde estão indo. Quando finalmente percebem isso, elas param de correr. E esperam. Quando vamos a um lugar novo, precisamos de direção.

Essa bênção escrita em 2Tessalonicenses é uma maravilhosa lembrança desse princípio e de como ele se aplica ao nosso coração. Com que frequência você corre à frente de Deus em busca de relacionamentos, realizações e respostas? Ao se apressar adiante, sem olhar para os lados, correndo ansiosamente, uma hora você finalmente percebe que se encontra em um território desconhecido. Deixe a ficha cair. *Eu não sei para onde estou indo.* Pare e espere. Permita que o Senhor conduza o seu coração e o preencha com o amor dele. Deixe que ele a agracie com a paciência de Cristo, acrescentando significado à sua jornada.

Senhor, o meu coração precisa de direção. Acho que sei para onde estou indo e do que preciso, mas muitas vezes acabo perdida, confusa e insegura. Enche-me com o teu amor, Deus. Dá-me a tua paciência, Jesus. Conduz o meu coração e me leve a ti.

12 de fevereiro

Ele será encontrado

"Eu me deixarei ser encontrado por vocês", declara o SENHOR, "e os trarei de volta do cativeiro. Eu os reunirei de todas as nações e de todos os lugares para onde eu os dispersei, e os trarei de volta para o lugar de onde os deportei", diz o SENHOR.
JEREMIAS 29.14

Perdido. É uma palavra desagradável. Ficar perdida é irritante, e perder alguma coisa é muito ruim. Perder alguém: insuportável. Perder Deus? Impensável. Embora eles tenham sido enviados para muito longe, durante longos anos, Jeremias 29 contém as lindas palavras de consolo de Deus para a sua amada Israel: "Eu me deixarei ser encontrado por vocês (...) e os trarei de volta do cativeiro."

Muitos cristãos enfrentam fases em que parece que Deus está muito distante, ou até mesmo perdido. O alívio que sentimos ao encontrar algo que perdemos não é nada — absolutamente nada — comparado à indescritível alegria de unir-se novamente ao Senhor. Ele será encontrado! Ele quer o seu bem. Ele a ama, e se você continuar buscando a face de Deus e reivindicando as bênçãos dele, ele a levará de volta para casa.

Pai, há dias em que temo ter perdido o Senhor. Sei que isso não é verdade, mas nesses dias eu não consigo sentir a tua presença e encontrar a tua paz. Não quero estar longe de ti, Senhor. Encontra-me, Pai. Aproxima-te de mim. Leva-me para casa.

13 de fevereiro

LIVRE PARA DESCANSAR

O temor do SENHOR conduz à vida: quem o teme pode descansar em paz, livre de problemas.
   PROVÉRBIOS 19.23

O contentamento e a libertação dos problemas parecem maravilhosos, mas o que significa temer a Deus? Nós não fomos cobertas pelo sacrifício de Jesus, perdoadas de nossos pecados, adotadas na família de Deus e bem-vindas ao céu? O que temer? Pense no oceano: vasto e profundo, lindo e abundante, porém inegavelmente perigoso. Se uma pessoa for tola o bastante para pular no meio dele, poderá não sobreviver. O temor dentro desse contexto não significa esperar o pior, mas sim respeitar o grande poder.

Quando respeitamos a profundidade e a força do oceano, somos sábias o suficiente para permanecermos dentro do barco. Podemos descansar tranquilos no convés, intocadas pelas criaturas das profundezas do mar. Quando respeitamos a soberania plena de Deus, ficamos menos propensas aos problemas que surgem quando nos entregamos a tentações, o que nos deixa livres para descansar nos braços dele.

Senhor, eu sou fascinada por ti. Quando penso sobre o teu poder e sobre tudo o que fizeste e ainda farás, não consigo fazer outra coisa além de me prostrar diante de ti. Que a minha mente medite constantemente sobre a tua grandeza. Mantém-me em teus braços — segura, viva e cheia de paz.

14 de fevereiro

Falando a verdade

Melhor é a repreensão feita abertamente do que o amor oculto. Quem fere por amor mostra lealdade, mas o inimigo multiplica beijos.

PROVÉRBIOS 27.5-6

Você está com raiva, magoada, decepcionada e confusa. *Como ela pôde dizer aquilo? Por que ele fez isso?* Ela nem sabe que você ouviu. Ele não faz ideia de que você sabe. Você sabe que deveria conversar sobre isso — confrontá-los, mas não se sente confortável fazendo isso. Só de imaginar a conversa, você se sente mal. Então, simplesmente se afasta.

Talvez a única coisa mais difícil do que ouvir o que não gostaríamos, seja ter de dizer algo que não desejamos falar a quem amamos. Contudo, se não fizermos isso, se não oferecermos a essas pessoas a oportunidade de se desculparem e acertarem as coisas, será que podemos, então, realmente dizer que as amamos? O confronto mostra que nos importamos. A verdade, mesmo quando dolorosa, sempre virá de alguém que nos ama verdadeiramente.

Senhor, ajuda-me a reconhecer possíveis mágoas em meu coração e concede-me a coragem para dizer a verdade e curar os meus relacionamentos. Aproxima-me de pessoas que me amem o suficiente para me dizer a verdade, mesmo quando essa verdade for difícil de ser ouvida.

15 de fevereiro

Siga em frente

Quer você se volte para a direita quer para a esquerda, uma voz atrás de você lhe dirá: "Este é o caminho; siga-o."
ISAÍAS 30.21

Será que eu deveria mudar de emprego? Ele é o homem da minha vida? Já está na hora de ter um bebê? O que devo fazer? Essas questões lhe soam familiares? Tomar decisões, principalmente as mais importantes, é muito mais fácil quando sentimos certeza e segurança. Se, ao menos, houvesse uma enorme placa com uma seta brilhante nos indicando a decisão certa: "Me escolha!" Deus nos deu o livre-arbítrio; nós temos o direito de fazer as nossas próprias escolhas, mas certamente não devemos esperar encontrar essas setas.

No entanto, isso não significa que ele não nos guia. Se lermos com atenção a sua Palavra, encontraremos indicações importantes sobre a direção de Deus. A voz — a voz de Deus — estará atrás de nós. Lembre-se de quando você aprendeu a andar de bicicleta. Onde você preferia que seu instrutor estivesse? Do outro lado do quarteirão balançando os braços e gritando: "Aqui! Venha até aqui!", ou correndo ao seu lado, incentivando e lhe passando confiança ao pé do seu ouvido? "Isso, muito bem! Você está indo bem! Continue! Siga em frente!"

Obrigada, Pai. Agora eu posso ver. Em vez de ficar sentada, esperando que tu me digas para onde devo ir, preciso me levantar — em direção a algum lugar, a qualquer lugar — e ouvir a tua voz. Tu estás comigo, mantendo-me segura e guiando os meus passos. Ajuda-me a ouvir a tua voz, Senhor, e enche-me de coragem para seguir a tua direção.

16 de fevereiro

VOCÊ É ETERNA

Quando você atravessar as águas, eu estarei com você; quando você atravessar os rios, eles não o encobrirão. Quando você andar através do fogo, não se queimará; as chamas não o deixarão em brasas.
ISAÍAS 43.2

Esta vida nos tentará. Talvez você esteja atravessando um rio agora: submersa até o peito, encharcada e mal conseguindo se equilibrar em meio à correnteza. Este mundo nos machucará. Talvez, hoje mesmo, você esteja sentindo o cheiro da fumaça e o calor do fogo queimando os seus pés. Coisas acontecem — coisas difíceis —, e ninguém está imune a elas.

Não estamos imunes, mas, como filhas de Deus, estamos protegidas. Ele está no rio também, guiando-a até o outro lado. Ele está ao seu lado em meio ao fogo, guardando e protegendo você das chamas quentes. Esses versículos não prometem uma imunidade contra a dor e o sofrimento; o nosso Pai está protegendo nossa eternidade. O seu coração jamais será destruído. A sua alma jamais será consumida. Você pertence a ele. Você é eterna.

Senhor, eu tenho medo porque me esqueço de que esta vida passará. Sofro porque me esqueço de quem me mantém firme e segura. Mesmo quando o rio me tirar o fôlego, ele nunca será capaz de me levar. Mesmo que o fogo toque a minha pele — e eu admito que isso me deixa assustada —, ele não me queimará. Eu sou eterna, porque sou tua.

17 de fevereiro

Lembre-se da mão do Senhor

Vejam, estou fazendo uma coisa nova! Ela já está surgindo! Vocês não a reconhecem? Até no deserto vou abrir um caminho e riachos no ermo.
ISAÍAS 43.19

Quando caminhamos por uma trilha bem definida em um parque nacional, não imaginamos o trabalho empenhado na criação desse caminho. Se, contudo, sairmos por um instante que seja de tal trilha, passamos a dar valor ao tamanho do esforço e às incontáveis horas dedicadas à remoção dos ramos, galhos e raízes que, antes, ocupavam aquela trilha. Quando abrimos a torneira, não pensamos sobre a fonte da água, nem nos lembramos dos muitos lugares do mundo em que uma única torneira representaria um verdadeiro milagre para comunidades inteiras.

A obra de Deus em nossa vida, embora muito complexa, também pode passar despercebida. Dedique algum tempo durante esta manhã para refletir sobre cada obstáculo retirado por Deus de sua vida para que ela fosse viável, como é hoje. Maravilhe-se ao reconhecer como Deus é poderoso e que pode remover qualquer obstáculo e sustentá-la simplesmente porque ele deseja fazer isso. Simplesmente porque o Senhor a ama. Ele é maravilhoso.

Pai, tu és incrível. Quando paro e penso em minha própria vida e nos milhões de obstáculos removidos por ti, além do teu sustento contínuo, fico impressionada. Como eu sou amada e como tu cuidas de mim! Obrigada, Deus, por tudo o que fizeste e ainda farás.

18 de fevereiro

SEGUNDO A TUA VONTADE

Antes do amanhecer me levanto e suplico o teu socorro; na tua palavra depositei minha esperança.
SALMOS 119.147

Uma pessoa que gosta de acordar cedo é capaz de se identificar com essas palavras. Já para aquelas que apreciam dormir até mais tarde, levantar antes do amanhecer pode parecer complicado. Como, então, aqueles que amam dormir um pouco mais podem ler esse versículo e reivindicar o poder e a promessa nele presentes?

Eles devem fazer isso assim que acordarem. Quando abrirem os olhos, o seu primeiro pensamento deve estar no Senhor. Antes que qualquer pessoa ou qualquer coisa possa preencher os seus pensamentos com obrigações, preocupações ou mesmo entretenimento, eles devem se apresentar de maneira autêntica e honesta diante de Deus. Eles devem buscar a Palavra de Deus e ouvir a voz do Senhor. Dessa forma, encontrarão esperança na presença de Deus, antes que qualquer outra coisa os encontre.

Ajuda-me, Deus Pai. Eu corro para te encontrar. Ajuda-me a amar, ouvir e aprender como devo fazer no dia de hoje. Antes que qualquer coisa ou qualquer pessoa possa dizer uma única palavra, que eu ouça a tua voz. Eu encontro esperança nestes primeiros minutos do dia, quando nada mais acontece. Vê-me como sou e transforma-me segundo a tua vontade.

19 de fevereiro

Vá para o jardim

Disse-lhes então: "A minha alma está profundamente triste, numa tristeza mortal. Fiquem aqui e vigiem comigo."
MATEUS 26.38

A passagem acima, escrita na noite em que Jesus foi preso, revela algumas coisas muito sensíveis e humanas sobre o nosso Senhor. Em primeiro lugar, Jesus estava triste. Na verdade, ele estava "profundamente triste". Reflita sobre isso. Ele nos entende! Jesus, o Filho de Deus, sabe exatamente como é sentir-se profundamente desesperado. Ele não se decepcionará se você não conseguir enxergar o lado bom das coisas. Ele mesmo já passou por isso.

Além disso, em seu momento de maior tristeza, Jesus precisou das pessoas. Ele levou seus três amigos mais próximos para passarem a noite ao seu lado no jardim. Não devemos enfrentar essas coisas sozinhas. Nenhuma delas. Se o próprio Senhor precisou de pessoas queridas durante o seu pior momento, nós também precisamos. Confie a sua dor a essas pessoas. E, quando elas confiarem a delas a você, valorize tal confiança como um presente de Deus.

Senhor Deus, obrigada pelo teu Filho. Ele morreu por mim, e agora me mostra como devo viver. Ele me lembra que eu posso entregar a minha tristeza a ti e que preciso ter ao meu lado aqueles em quem confio. Quem iria para o jardim comigo e se ajoelharia ali, junto de mim? Ajuda-me a reconhecer essas pessoas, e faz de mim o tipo de amiga que faria o mesmo por elas.

20 de fevereiro

Coração guardado

Acima de tudo, guarde o seu coração, pois dele depende toda a sua vida.
PROVÉRBIOS 4.23

O coração é uma coisa engraçada. Ele tem a tendência de se enganar com facilidade, pondo-se distante do que o Senhor deseja para nós. Começamos buscando Deus em tudo o que fazemos, e, aos poucos, vamos sendo atraídos para fora do caminho estreito até o ponto em que não conseguimos enxergá-lo mais. Nunca é um salto enorme para fora do caminho; ao contrário, normalmente é um lento processo que vai afastando-nos dos desejos do Senhor para nossa vida até que nos encontramos tão envolvidos no caos, que o nosso coração começa a se quebrar com o próprio peso.

Há um motivo para a Bíblia nos advertir de que guardemos o nosso coração! Deus sabe o quanto somos suscetíveis aos ataques. Precisamos orar pela proteção desse órgão tão precioso que levamos no peito.

Senhor, ajuda-me a guardar o meu coração. Mostra-me em que áreas estou vulnerável a ataques e quais são as pedras de tropeço em minha vida. Dá-me abrigo em tua Palavra e em tua verdade. Obrigada por ser o meu escudo e a minha armadura contra as ciladas do inimigo.

21 de fevereiro

Hesitante

Todo aquele que o Pai me der virá a mim, e quem vier a mim eu jamais rejeitarei.
JOÃO 6.37

Embora os braços de Deus estejam sempre abertos para nós, muitas vezes hesitamos em ir até ele. Apesar de suas promessas de aceitação e amor, nós nos sentimos envergonhadas por causa do nosso pecado. Não nos consideramos dignas de estar na presença de Deus. Sentimo-nos inadequadas. Ele certamente nos rejeitará. A nossa vergonha faz com que nos escondamos de quem mais nos ama no Universo.

No entanto, Deus diz que somos sempre bem-vindas. Não existe pecado grande o suficiente para fazer com que ele nos rejeite. Ele nos ama apesar de todos os nossos erros, reclamações e deficiências. Quando estamos em nosso pior momento, quando sequer suportamos nos encarar, é quando encontramos Jesus. Durante nossos momentos de total devastação, ele está ao nosso lado. Ele recolhe os pedaços do nosso coração e nos chama de lindas.

Obrigada, Jesus, pois quando acredito que não sou digna de ser amada, tu desafias essa mentira e me aproximas de ti. O meu pecado e as minhas fraquezas não te intimidam. Eu sou grata, pois tu me aceitas por tudo o que sou e o que não sou.

22 de fevereiro

Um coração humilde

Contudo, "quem se gloriar, glorie-se no Senhor", pois não é aprovado quem a si mesmo se recomenda, mas aquele a quem o Senhor recomenda.
2CORÍNTIOS 10.17-18

Poucas coisas são tão especiais quanto receber um elogio sincero. Não é ótimo quando o nosso trabalho duro é notado, quando o nosso corte de cabelo faz sucesso ou quando amam a nossa comida? Mas quando não recebemos o crédito que consideramos merecer, podemos nos sentir tentadas a dizer alguma coisa a respeito. Desejamos que as pessoas conheçam as nossas qualidades fantásticas que não foram percebidas por elas.

Contudo, a Bíblia nos diz que não devemos ceder à tentação de nos gloriarmos. Em vez disso, devemos contar às pessoas sobre as qualidades maravilhosas de se ter um relacionamento com o Senhor! Cada talento que possuímos e tudo o que conquistamos vêm de Deus. Vamos nos gloriar no Senhor e em como ele é maravilhoso!

Senhor, tu és realmente incrível e me deste muitas coisas. Tu me deste dons e talentos, e eu obtive mais conquistas por causa disso do que por mim mesma. Oro para que eu possa ter um coração humilde em tudo o que eu fizer.

23 de fevereiro

Firme

Deixo a paz a vocês; a minha paz dou a vocês. Não a dou como o mundo a dá. Não se perturbe o seu coração, nem tenham medo.
JOÃO 14.27

Quando somos atingidas pelo estresse, o mais lógico a se fazer é consertar ou remover qualquer fator de nossa vida que esteja causando tal desconforto. Em vez de buscarmos Deus, muitas vezes reagimos com ansiedade, medo e agitação. Nesse estado de espírito, é comum agirmos mais por impulso do que por reflexão. Em vez de aliviarmos o estresse, nós o alimentamos, tornando a situação ainda pior.

Quando largamos o desejo de manipular a situação e reconhecemos que Deus está no controle, a sua paz inunda o nosso coração e acalma o nosso espírito. Saber que o Deus a quem servimos é bom, amoroso e todo-poderoso é o segredo para nos sentirmos firmes durante situações difíceis. Poder confiar a ele as nossas preocupações é uma dádiva.

Pai, tu és Deus, e eu não. Obrigada! Eu sou grata, pois tu podes acalmar o meu espírito com muita facilidade. Ajuda-me a estar disposta a entregar a minha necessidade por controle em tuas mãos.

24 de fevereiro

Sabedoria inabalável

Esta é a minha oração: Que o amor de vocês aumente cada vez mais em conhecimento e em toda a percepção, para discernirem o que é melhor, a fim de serem puros e irrepreensíveis até o dia de Cristo.
    FILIPENSES 1.9-10

Uma das coisas mais lindas na Bíblia é o fato de podermos usar as palavras ali escritas, palavras dadas por Deus diretamente aos autores, para orar sobre a nossa vida. É algo tão poderoso podermos usar a mesma oração feita por milhares de pessoas ao longo de milhares de anos e saber que ela pode ser aplicada, até hoje, em nossa vida!

Quem não gostaria de receber um pouco mais de conhecimento, sabedoria e discernimento? Essas coisas não são modismos que passarão em breve. Vamos continuar pegando essas palavras, escritas para nós há tantos anos, e aplicá-las aos dias de hoje.

Senhor, eu quero ser pura e irrepreensível, e também desejo estar preparada para o dia da volta de Cristo. Obrigada pelo dom da sabedoria. Eu oro para que tu me dês discernimento em relação à tua vontade para a minha vida em todos os dias. Eu te louvo pela tua Palavra!

25 de fevereiro

COM UM SÓ CORAÇÃO

O Deus que concede perseverança e ânimo a vocês um espírito de unidade, segundo Cristo Jesus, para que com um só coração e uma só voz vocês glorifiquem ao Deus e Pai de nosso Senhor Jesus Cristo.
ROMANOS 15.5-6

Muitas vezes parece que estamos competindo com as pessoas que fazem parte de nossa vida. Até mesmo entre irmãos em Cristo pode haver um tom de julgamento e desaprovação. Mas não era isso que Deus tinha em mente para nós. Ele nos criou para vivermos em relacionamentos uns com os outros com um objetivo em mente: viver nossa vida juntos em adoração.

Não é maravilhoso saber que Deus nos oferece resistência e encorajamento? Saber que, por meio do Senhor, podemos ter um espírito de unidade com os nossos irmãos em Cristo? Juntos, nós podemos usar a nossa voz para glorificar a Deus como devemos.

Senhor, obrigada por me lembrares de que teu desejo é que nos edifiquemos uns aos outros e trabalhemos juntos, em vez de nos colocarmos para baixo. Ajuda-me a ser alguém que encoraja as pessoas ao meu redor.

26 de fevereiro

Nunca sozinha

Quem nos separará do amor de Cristo? Será tribulação, ou angústia, ou perseguição, ou fome, ou nudez, ou perigo, ou espada?
ROMANOS 8.35

Há um tema sempre presente ao longo de todas as páginas da Bíblia. É uma verdade na qual você pode firmar-se sempre que a vida ameaçar puxá-la para baixo. Quando o inimigo sussurra em seu ouvido a mentira de que você não é amada, está sozinha e é fraca demais para suportar os desafios do dia, declare corajosamente que isso não é verdade. A Bíblia nos diz que nunca estamos sozinhos. Na verdade, ela diz, de maneira bem simples, que nada pode nos separar do amor de Cristo.

Os problemas e as dificuldades nos visitarão, porém, em meio a tudo isso, podemos confiar no amor do nosso Senhor e Salvador. Podemos conquistar mais do que imaginamos, porque ele está ao nosso lado para lutar as nossas batalhas.

Senhor, obrigada por me amar mesmo em meio aos momentos mais difíceis da minha vida.

27 de fevereiro

LINDA E PURA

Finalmente, irmãos, tudo o que for verdadeiro, tudo o que for nobre, tudo o que for correto, tudo o que for puro, tudo o que for amável, tudo o que for de boa fama, se houver algo de excelente ou digno de louvor, pensem nessas coisas.

FILIPENSES 4.8

Nós permitimos, com facilidade, que a nossa mente comece a se encher de pensamentos desde o momento em que nos levantamos da cama. Fomos feitas para agir e cumprir as nossas listas de afazeres. Muitas vezes, somos tomadas pelo estresse de cumprir as nossas obrigações e nos esquecemos de começar o dia com a paz e a tranquilidade que encontramos na presença do Senhor.

Contudo, olhe que lindas as palavras escritas em Filipenses! Como é maravilhoso começar o nosso dia pensando em coisas puras, verdadeiras, nobres, admiráveis, excelentes e dignas de louvor. E quando o nosso dia começa dessa maneira, é muito mais fácil nos mantermos nessa mesma linha ao longo dele. Podemos ser criaturas de ação, mas também fomos criadas para desfrutar o que é bom, portanto, vamos dedicar um tempo a isso!

Senhor, obrigada por toda a beleza que existe em minha vida. Há tantas coisas excelentes e dignas de louvor! Tu nos concedes todas essas coisas; por isso, eu sou grata.

28 de fevereiro

A NOSSA ROCHA

Não há ninguém santo como o SENHOR; não há outro além de ti; não há rocha alguma como o nosso Deus.
    1SAMUEL 2.2

Muitas de nós fomos abençoadas com relacionamentos especiais em nossa vida. Somos cercadas por amigos e familiares que nos amam. São pessoas a quem podemos recorrer em momentos de dor e sofrimento. E pode ser tentador permitir que essas pessoas se tornem a nossa rocha: um porto seguro. Assim que algo acontece, corremos para elas e contamos com a sua força para nos ajudar. A Bíblia, no entanto, nos diz que não há rocha alguma como o nosso Deus. Ele é o melhor; não há ninguém que possa tomar o lugar dele.

Quando começamos a nos preocupar, a ficar com medo ou a passar por dificuldades, a nossa primeira fonte de consolo deve ser o Senhor. Ele é tão bom para nós! Independentemente do que estejamos enfrentando, Deus estará ao nosso lado. Não há ninguém como ele.

Senhor, eu te entrego os meus fardos. Tu és a minha rocha e a minha fonte diária de força, por tudo isso sou muito grata. Oro para que eu não me esqueça de recorrer a ti em tudo o que eu fizer.

MARÇO

O SENHOR é misericordioso e justo;
o nosso Deus é compassivo.

SALMOS 116.5

1º de março

Deus poderoso

Ah! Soberano SENHOR, tu fizeste os céus e a terra pelo teu grande poder e por teu braço estendido. Nada é difícil demais para ti.
JEREMIAS 32.17

Há dias em que talvez você sinta que o seu fardo é pesado demais. Você precisa lidar com muitas coisas, e parece ser simplesmente impossível dar conta de tudo. Em dias assim, tenha ânimo por intermédio das palavras de Jeremias: o Senhor fez os céus e a terra. Isso não é pouca coisa. Se ele é capaz de fazer coisas tão grandes e poderosas, imagine o que ele pode fazer em sua vida. Ele carregará você!

Nada é difícil demais para Deus. *Nada*! A Bíblia não diz que tudo é possível, exceto o que está acontecendo na sua vida e as dificuldades que você está enfrentando! Não! Não existe *nada* que o Senhor não possa resolver. Ele nos ama. Nós fomos criadas para ter um relacionamento com ele, e esse relacionamento significa que Deus nos levantará e nos auxiliará quando tudo estiver desmoronando. Confie nessa verdade hoje.

Senhor, sei que nada é difícil demais para ti. Obrigada por carregar os meus fardos por mim.

2 de março

Não há amor maior

Nisto conhecemos o que é o amor: Jesus Cristo deu a sua vida por nós, e devemos dar a nossa vida por nossos irmãos.
   1JOÃO 3.16

Não existe maior exemplo de amor do que o de Jesus Cristo. Ele entregou tudo por amor — deixou a beleza do céu para que pudéssemos passar a eternidade com ele. Somos chamadas a imitar o amor de Cristo. Por que, então, temos tanta dificuldade de entregar a nossa vida pelas pessoas? Por que nos apegamos com tanta firmeza ao nosso conforto e aos nossos tesouros, quando sabemos que deveríamos fazer um sacrifício?

Vamos buscar oportunidades em nossa vida para nos entregarmos aos nossos irmãos e irmãs. Nem todas nós fomos chamadas para dedicar a vida a um ministério, mas fomos chamadas a viver uma vida de sacrifício. Vamos descobrir o que isso significa para nós e vamos nos abrir às oportunidades que surgirem.

Pai, oro para que eu esteja disposta a entregar tudo o que tenho por ti e a procurar maneiras de fazer isso. Obrigada pelo maior sacrifício de todos, que foi quando tu entregaste a própria vida.

3 de março

Corajosa

Não fui eu que ordenei a você? Seja forte e corajoso! Não se apavore, nem desanime, pois o SENHOR, o seu Deus, estará com você por onde você andar.
JOSUÉ 1.9

Em algum momento da vida, todas nós sentiremos medo. Pode acontecer algo que nos leve ao nosso limite e podemos sentir que não seremos capazes de suportar. Há, no entanto, uma verdade na qual podemos confiar sempre que enfrentarmos o medo. Nós nunca estamos sozinhas: Deus nos ajudará.

Podemos ser fortes e corajosas, pois o próprio Deus nos concederá o poder para agirmos assim. Ele promete nunca nos abandonar nem nos esquecer quando passarmos por provações e tribulações. Independentemente do que a vida nos apresentar, podemos ter perseverança, pois temos um Deus forte e corajoso ao nosso lado.

Senhor, obrigada por me dar coragem quando eu não consigo tê-la por meus próprios recursos. Oro para que tu me ajudes a vencer os meus medos e para que eu descanse na certeza de que o Senhor nunca me abandonará. Obrigada por tua força.

4 de março

UNIDOS

Se por estarmos em Cristo nós temos alguma motivação, alguma exortação de amor, alguma comunhão no Espírito, alguma profunda afeição e compaixão, completem a minha alegria, tendo o mesmo modo de pensar, o mesmo amor, um só espírito e uma só atitude.

FILIPENSES 2.1-2

Um. Parece um número bastante solitário, não é mesmo? Mas é exatamente o contrário quando estamos unidas com outras pessoas e nos tornamos um. Quando nos unimos a outros cristãos, somos chamadas a desenvolver um só modo de pensar e um só espírito. Isso não quer dizer que teremos as nossas posições políticas ou as nossas opiniões sobre assuntos delicados totalmente alinhadas! Significa, porém, que devemos trabalhar juntos para edificar o Reino de Cristo e mostrar o seu amor às pessoas.

Passamos tempo demais brigando pelas coisas das quais discordamos. Em vez de fazer isso, vamos procurar áreas em que concordamos! Temos uma causa em comum, que é o nosso Senhor e Salvador. Nele, podemos encontrar comunidade como nunca antes.

Senhor, ajuda-me a enxergar além das minhas diferenças com outros cristãos; e, em vez disso, encontrar os nossos pontos em comum para que possamos trabalhar melhor juntos a fim de mostrar o teu amor ao mundo.

5 de março

ODEIE O MAL

Odeiem o mal, vocês que amam o SENHOR, pois ele protege a vida dos seus fiéis e os livra das mãos dos ímpios.
SALMOS 97.10

Ao ligar a televisão no noticiário ou abrir o jornal todas as manhãs, vemos que as notícias parecem as mesmas. Atrocidades são cometidas no mundo inteiro, todos os dias. Isso se tornou algo tão comum que parecemos estar imunes a elas. Se elas não afetarem diretamente a nossa vida, nós, muitas vezes, sequer as percebemos.

Contudo, o Senhor nos pede que odiemos o mal. Ele não nos pede que simplesmente o aturemos, ou nos certifiquemos de que ele não nos atinja. Devemos odiá-lo. O que isso significa para nós? Significa que devemos orar pelas pessoas afetadas pelo mal e buscar maneiras de ajudá-las. Deus as livrará das mãos dos ímpios, mas ele precisa que os exércitos dele aqui na terra façam a sua parte. Vamos, juntas, oferecer ajuda aos que sofrem.

Senhor, obrigada por me guardares do mal. Eu oro por aqueles que precisam enfrentar o mal hoje, para que eles também vejam a tua luz por intermédio de mim.

6 de março

Amor eterno

O SENHOR lhe apareceu no passado, dizendo: "Eu a amei com amor eterno; com amor leal a atraí".
JEREMIAS 31.3

É fácil acreditarmos que somos difíceis de amar. Nós cometemos inúmeros erros e, às vezes, somos muito mal-humoradas. Há, porém, um Deus nos céus que nos ama independentemente do que tenhamos feito ou dito. O Senhor nos diz, claramente, que nos ama com amor eterno. Aquilo que é eterno dura, literalmente, para sempre. Não há como escapar do seu amor.

Não é maravilhoso o fato de Deus nos amar dessa forma? Não importa o quanto corremos, ou o que fazemos para atrair a sua ira, ele continuará nos amando. Quem mais poderia amar dessa maneira? Absorva esse amor eterno hoje. Deleite-se nele. Você é profunda e verdadeiramente amada, para todo o sempre.

Pai, obrigada por me amares independentemente das escolhas que faço. Oro para que eu me deleite em teu amor hoje e todos os dias. Que o teu amor por mim seja um lembrete para que eu também ame as pessoas. Peço por aqueles que se sentem sozinhos e oro para que eles conheçam o teu amor por eles.

7 de março

Fique calma

Não permita que a ira domine depressa o seu espírito, pois a ira se aloja no íntimo dos tolos.
ECLESIASTES 7.9

Você leva uma fechada no trânsito, e sente vontade de xingar. O garçom traz uma sopa morna com um fio de cabelo boiando, e você começa a ficar irritada. Uma amiga age de maneira injusta com você, e logo a raiva começa a borbulhar em seu coração, prestes a se transformar em um acesso de ira. Todas nós já passamos por alguma situação que nos levou ao limite e nos fez querer perder a cabeça. Se existe alguma coisa pior do que sentir raiva, é sentir-se uma tola. A Bíblia diz que é exatamente isso que nos tornamos quando cedemos à rápida explosão de ira.

Sempre precisamos do poder do Espírito Santo para ficarmos calmas. Se o nosso desejo é viver uma vida cheia de graça e misericórdia para com as pessoas, o Espírito Santo nos ajudará a fazer isso e a reagir com gentileza quando nos irritarmos.

Senhor, ajuda-me a conter a ira! Eu quero ser luz para o teu Reino. Oro para que as pessoas possam ver o Senhor por intermédio da minha vida, mesmo em meio a situações difíceis.

8 de março

Agradável

O SENHOR agrada-se do seu povo; ele coroa de vitória os oprimidos.
SALMOS 149.4

Se existe algo capaz de elevar o nosso espírito e nos ajudar a encarar os dias mais difíceis é a certeza de que o Senhor, o nosso Deus, se agrada de nós. Ele nos diz isso em sua Palavra! Deus se deleita com a nossa simples existência. O nosso Pai nos criou para nos relacionarmos com ele, e isso o alegra imensamente.

Deleite-se nessa verdade hoje. Aceite o fato de que existe alguém que a ama e é fascinado por você. Ele ama passar tempo com você; ele deseja aprofundar esse relacionamento a cada dia. Permita que isso aconteça hoje mesmo! Mergulhe na presença de Deus e experimente as bênçãos dele.

Pai, o fato de que tu te agradas do teu povo me faz sorrir. Obrigada por todo esse amor que tu sentes por mim! Eu oro para que nunca me esqueça da alegria que existe em tua presença sempre que me sentir perdida ou sozinha. Peço por aqueles que não conhecem a tua presença, e oro para que eles conheçam a ti de uma maneira mais profunda e real. Tu és, realmente, maravilhoso, e eu sou fascinada pelo Senhor!

9 de março

Não entre em pânico

Por isso não tema, pois estou com você; não tenha medo, pois sou o seu Deus. Eu o fortalecerei e o ajudarei; eu o segurarei com a minha mão direita vitoriosa.
ISAÍAS 41.10

Você está enfrentando, atualmente, alguma coisa que está abalando a sua fé? Você está com medo de não conseguir suportar? Tenha bom ânimo! O Senhor nos garante, repetidas vezes, que não precisamos temer. Ele nos diz que nos fortalecerá e nos ajudará. Ele nos tem na palma de suas mãos.

Quando começar a entrar em pânico, lembre-se de que o Senhor tem o firme controle sobre a sua vida. Ele lhe concederá a força necessária para enfrentar qualquer situação. Você pode excluir a palavra "desânimo" do seu vocabulário! O nosso Deus está ao seu lado para firmá-la em seus passos. Quando não mais se sentir capaz de permanecer de pé por conta própria, ele a carregará nos braços. Ele lhe promete isso!

Senhor, obrigada por tu seres uma força constante em minha vida. Oro pela tua força hoje! Tenho a tendência a temer, mas sei que não preciso sentir medo, porque tu estás me sustentando e me mantendo segura e protegida contra qualquer coisa que eu possa enfrentar na vida.

10 de março

Dádiva eterna

Mas o amor leal do SENHOR, o seu amor eterno, está com os que o temem e a sua justiça com os filhos dos seus filhos, com os que guardam a sua aliança e se lembram de obedecer aos seus preceitos.
SALMOS 103.17-18

Hoje, e para todo o sempre, o amor do Senhor estará ao seu dispor se você o receber. Ele é pura misericórdia e graça. Isso não é incrível? Nós não merecemos o amor dele. Todos os dias nós ficamos aquém do esperado, e jamais seremos capazes de viver uma vida perfeita. No entanto, Deus continua distribuindo cada vez mais o seu permanente amor por nós. Ele sempre estará disponível a cada uma de nós se desejarmos seguir os seus caminhos e buscar um relacionamento com ele.

Volte-se para o Senhor hoje. Deixe que o profundo amor de Deus se derrame sobre a sua vida. Ele a conhece perfeitamente e a chama de amada, mesmo com todos os seus defeitos. Alegre-se com o amor do Pai! É uma dádiva eterna e preciosa.

Pai, estou fascinada pelo teu amor e pela maneira como tu o derramas sobre nós, sem hesitar. Eu não o mereço, mas, ainda assim, tu o concedes a mim liberalmente. Oro para que eu nunca deixe de valorizar esse amor e para que eu busque o Senhor todos os dias da minha vida.

11 de março

Exemplo de amor

Um novo mandamento dou a vocês: Amem-se uns aos outros. Como eu os amei, vocês devem amar-se uns aos outros. Com isso todos saberão que vocês são meus discípulos, se vocês se amarem uns aos outros.
JOÃO 13.34-35

Ser amada é uma das melhores sensações que podemos ter na vida. Saber que alguém nos ama é como receber um abraço eterno. É um calor que preenche o nosso corpo e se espalha do centro da nossa alma até as pontas dos dedos. E é também um presente que podemos passar adiante, para outras pessoas. O Senhor nos deu um exemplo extraordinário de como amar as pessoas, e nós podemos usá-lo para espalhar esse amor aos outros.

Fazer isso é uma das maneiras mais fáceis para que os outros vejam Cristo em nós. Eles notarão que há algo diferente em nós, algo especial, e serão encorajados a também buscar esse amor na vida deles.

Senhor, abre os meus olhos para que eu veja em que áreas posso ser um exemplo do teu amor hoje. Permite que as pessoas vejam o Senhor em mim, em tudo o que eu falar e em tudo o que eu fizer.

12 de março

Esperança na Palavra de Deus

Tu és o meu abrigo e o meu escudo; e na tua palavra depositei a minha esperança.
SALMOS 119.114

Esperança. Não é uma palavra complicada, mas existe um grande significado por detrás dela. A esperança é um sentimento de expectativa. É o desejo de um determinado resultado. Fomos criadas para viver com esperança. E, felizmente, podemos colocar a nossa esperança em algo maior do que nós mesmas — em nosso Deus. A Palavra dele é a verdade, e todas as nossas expectativas e todos os nossos desejos podem descansar nesse fato.

Deus é o nosso refúgio. Ele nos ama, nos protege e quer o melhor para nós. Ele nos deu a sua Palavra, a Bíblia, como uma promessa. Podemos consultá-la a qualquer momento. Quando a nossa esperança começa a vacilar e as dúvidas tentam nos dominar, a verdade do nosso Deus continua ali. Temos esperança para o futuro, porque ele é o nosso Senhor do passado, do presente e do futuro.

Pai, eu te louvo porque tu és o meu refúgio e escudo. Obrigada pela tua Palavra. Oro para que eu entregue todos os meus desejos ao Senhor e viva cheia de expectativas, sabendo que posso depositar a minha esperança em ti.

13 de março

Não desista

Rendam graças ao SENHOR, pois ele é bom; o seu amor dura para sempre.
1CRÔNICAS 16.34

Todas nós já passamos por isso — momentos difíceis, vida complicada, e tudo o que temos vontade de dizer é "Eu desisto!" É algo natural. Há alguém, no entanto, que nunca desiste de nós. Deus nunca desiste do amor dele por nós. Para ele, o natural é continuar nos amando sempre. Ele nos ama com um lindo e eterno amor que permanece independentemente de qualquer coisa.

Não é extraordinário? Não importa o que aconteça, Deus nos ama. Ele não fica sentado em seu trono no céu, dizendo: "Ah, que coisa irritante! Lá vai ela de novo, por conta própria, fazendo escolhas ruins, em vez de ouvir o que eu digo. Não quero mais saber dela!" Ele nunca desistirá de você; você nunca está sozinha.

Pai, obrigada por teu amor fiel que não me abandona, mesmo nos momentos mais difíceis. Oro para que me lembre do teu amor quando me sentir perdida e sozinha. Eu te louvo, pois tu és um Deus tão bom! Sei que tu nunca desistirás de mim.

14 de março

A EMOÇÃO DA CAÇADA

Quem segue a justiça e a lealdade encontra vida, justiça e honra.
PROVÉRBIOS 21.21

A maioria das mulheres adora fazer compras. Existe uma emoção em caçar o acessório perfeito, conseguir uma ótima promoção e ir para casa com novos tesouros nas bolsas. Há, no entanto, outro tipo de busca que proporciona um sentimento de emoção ainda maior. É a busca por uma vida cheia de retidão e amor. Uma vida gentil e boa. Quando procuramos essa vida, somos recompensadas. Na verdade, nós encontramos uma vida gloriosa que não seríamos capazes de conseguir por conta própria.

Se quisermos fazer mais do que simplesmente existir ou sobreviver, se quisermos viver de verdade, só poderemos fazer isso em Deus. Devemos seguir com nossa caça. A nossa busca por tudo o que é bom e verdadeiro deve ser constante. É como conseguir o melhor negócio — uma vida eterna no céu, onde os tesouros são abundantes!

Senhor, eu oro pela tua ajuda em minha busca pela retidão e pelo amor. Quero encontrar a verdadeira vida em ti. Que eu permaneça em teus caminhos, enquanto prossigo em minha caça.

15 de março

CHUVA ABUNDANTE

Ó povo de Sião, alegre-se e regozije-se no SENHOR, o seu Deus, pois ele lhe dá as chuvas de outono, conforme a sua justiça. Ele envia a você muitas chuvas, as de outono e as de primavera, como antes fazia.

JOEL 2.23

O nosso Senhor é bom e fiel. Ele nos dá tudo de que precisamos se nós simplesmente o buscarmos. Quando enfrentamos períodos de seca em nossa vida e nos encontramos ressequidas em nosso cotidiano, ele envia chuva em abundância para nutrir a nossa alma e nos impedir de secarmos espiritualmente. Os campos de nossa vida começam a ficar verdes novamente, depois de uma estação de seca. Sentimo-nos revigoradas quando as chuvas do amor de Deus são derramadas sobre nós.

Vamos comemorar e nos alegrar! O nosso Pai, que está nos céus, se importa profundamente conosco. É desejo dele ver as nossas árvores dando frutos, e ele continuará a nos oferecer o que necessitamos a fim de que elas cresçam e sejam nutridas. Volte-se a Deus quando estiver se sentindo seca, e ele derramará a renovadora chuva sobre você.

Senhor, obrigada por me protegeres da aridez. Tu me dás o que preciso para florescer, por isso eu te dou todo o louvor.

16 de março

FIQUE TRANQUILA

Bendito seja o SENHOR, Deus, nosso Salvador, que cada dia suporta as nossas cargas.
SALMOS 68.19

Pode haver momentos quando os problemas da vida parecem esmagadores. Você sabe que pode sempre descansar no fato de que o Senhor carregará as suas cargas? Ele sabe de todas as coisas. Ele a ama. O Senhor está do seu lado. Ele é o seu Salvador. Ele quer resgatá-la. Permita que ele faça isso com você.

Feche os seus olhos e respire na presença do Senhor. Deixe que ele se aproxime e assuma cada fibra do seu corpo. Sinta o Espírito Santo se derramar sobre a sua vida, preenchendo-a com o seu amor. Em seguida, entregue todas as suas lutas ao bondoso Pai, sabendo que você não é capaz de carregar toda a sua carga sozinha. O seu Deus é forte o bastante para carregar cada uma delas. Deixe, então, que ele faça isso.

Senhor, obrigada por seres forte o suficiente para carregar o peso dos meus fardos. Estou fascinada com o teu grande poder! Quando eu passo por dificuldades, tu estás ao meu lado. Sei que tu me resgatarás sempre que eu precisar; por isso eu te louvo.

17 de março

VOCÊ NÃO PRECISA LUTAR

Mas, em todas estas coisas somos mais que vencedores, por meio daquele que nos amou.
ROMANOS 8.37

Pare um momento e imagine os seus problemas e dificuldades como se fossem uma guerra. A batalha começou, e você está no meio dela. Você está lutando com todas as suas forças apenas para tentar acompanhar a briga. Agora imagine que há um líder destemido na linha de frente. Ele está matando dragões para todos os lados. Esse incrível guerreiro está derrubando todos os inimigos. Qualquer um que ousa atacá-la perde feio graças às habilidades do seu comandante. E, no final, você sai vitoriosa, graças àquele que a conduziu.

Quando estamos sozinhas, todas as lutas e batalhas são exaustivas, e enfrentamos grande dificuldade apenas para manter a paz. No entanto, com Deus ao nosso lado, nós podemos nos tornar vencedoras. Nada pode nos impedir, porque o exército do Senhor está repleto de campeões.

Pai, obrigada por tu lutares minhas batalhas em meu lugar. Não há nada que possa me vencer com o Senhor ao meu lado. Oro para que eu te busque em todas as minhas lutas.

18 de março

FIDELIDADE QUE NÃO FALHA

Apeguemo-nos com firmeza à esperança que professamos, pois aquele que prometeu é fiel.
HEBREUS 10.23

Você sabia que o Senhor é sempre fiel? Ele é! Sempre, sem falhar, Deus cumpre o que diz. Embora os nossos olhos terrenos não consigam ver sempre a obra dele em nossa vida diária, ele está sempre lá. O nosso Pai prometeu ser fiel aos filhos dele, e ele jamais voltará atrás na sua Palavra.

Portanto, não desista. Viva com esperança pelo seu futuro e por toda a beleza que está à sua frente. Tenha confiança no que o Senhor diz. Agarre-se às suas expectativas de uma vida futura. Não ceda à tentação de enxergar apenas o que está ao seu redor, aqui e agora. Fixe seus olhos na esperança futura que a vida eterna proporciona.

Senhor, que eu mantenha os meus olhos em ti e em tuas promessas. Às vezes, eu tenho dificuldade de enxergar além do que está acontecendo à minha volta. Ajuda-me a lembrar-me da tua Palavra e a ver o que está mais à frente. O Senhor prometeu a vida eterna e um futuro lindo, e eu estou descansando nessa verdade hoje. A minha esperança está somente em ti.

19 de março

A CANÇÃO DO AMOR DE DEUS

O SENHOR, o seu Deus, está em seu meio, poderoso para salvar. Ele se regozijará em você; com o seu amor a renovará, ele se regozijará em você com brados de alegria.
SOFONIAS 3.17

Um dos maiores motivos pelo qual as pessoas compram animais de estimação é para que sempre haja alguém feliz e empolgado ao vê-las chegar em casa. Os cachorros são especialmente carinhosos e adoram passar todo o tempo do mundo com seus donos. Porém, ainda melhor do que a sensação de estar cercado pelo carinho desses bichinhos amados é o prazer que o Pai celestial sente em você. Ele se alegra de verdade com a sua vida e canta uma canção de amor para você.

Sorria! O Senhor a ama poderosamente. O nosso poderoso Rei deseja salvá-la de si mesma. Ele se alegra imensamente em se relacionar com você. Acompanhe-o em sua linda canção e alegre-se com ele hoje.

Senhor, sou grata porque tu me amas. Eu não mereço, mas, ainda assim, tu te deleitas em mim. Que eu possa ouvir a tua canção em cada momento, juntando-me ao coro e te louvando.

20 de março

Amizade íntima

A graça do Senhor Jesus Cristo, o amor de Deus e a comunhão do Espírito Santo sejam com todos vocês.
    2CORÍNTIOS 13.14

O que significa, exatamente, estar em comunhão? Trata-se de um relacionamento de mão dupla com interesses em comum. Mais importante: é uma amizade. Não é maravilhoso saber que o próprio Espírito Santo deseja esse tipo de relacionamento conosco? Ele é Deus, e nós, com certeza, não. Mas, ainda assim, ele deseja ter essa relação com cada uma de nós.

Deus deseja ter uma amizade íntima com todos nós: para que nós, de fato, nos conheçamos, além da superfície. O amor dele é extravagante, e ele deseja derramá-lo sobre nós nessa relação. Independentemente do que fizermos para estragar as coisas, ele deseja nos trazer de volta e nos amar por toda a eternidade. Ele é cheio de misericórdia e graça.

Senhor, Tu me consideras uma amiga, e isso é simplesmente extraordinário para mim. Oro para que eu permita o aprofundamento do meu relacionamento com o Senhor hoje, tornando-o tão íntimo quanto tu desejas que ele seja. Obrigada por teu amor maravilhoso.

21 de março

Proclame a bondade de Deus

Deem graças ao SENHOR, clamem pelo seu nome, divulguem entre as nações o que ele tem feito. Cantem para ele, louvem-no; contem todos os seus atos maravilhosos. Gloriem-se no seu santo nome; alegre-se o coração dos que buscam o SENHOR.
1CRÔNICAS 16.8-10

Quando uma coisa muito boa acontece, nós, muitas vezes, sentimos vontade de gritar do alto da montanha para que todos possam ouvir. É assim que devemos nos sentir sobre o nosso relacionamento com Cristo! Ao morrer na cruz e levar os nossos pecados, nos amando em nosso pior quadro, ele fez uma coisa incrível. Deveríamos estar divulgando isso a todas as pessoas.

Deus é a expressão concreta do bem. Ele fez muitas coisas maravilhosas por nós. Vamos nos alegrar nisso hoje, glorificando o seu nome diante de quantas pessoas for possível, louvando-o sem cessar. Deleite-se na bondade do Senhor.

Senhor, obrigada por tudo o que fizeste por mim. A minha vida não seria nada sem ti! Oro para que eu esteja disposta a compartilhar sobre a tua glória com aqueles ao meu redor.

22 de março

A melhor roupa

Portanto, como povo escolhido de Deus, santo e amado, revistam-se de profunda compaixão, bondade, humildade, mansidão e paciência.
COLOSSENSES 3.12

As mulheres são conhecidas, em geral, pelo seu gosto por compras. Elas gostam de pensar sobre o que vestir e têm uma lista com os seus itens favoritos — aqueles que fazem com que se sintam bem ao vesti-los. Contudo, sabe o que fica lindo? O que sempre veste bem — independentemente da época do ano? O que nunca sai de moda? A lista de atributos que nos marcam como cristãs.

Deus pede que nos vistamos de compaixão, bondade, humildade, mansidão e paciência. Essas coisas não são tão fáceis de serem vestidas. Quem quer se revestir de humildade? E, às vezes, é realmente difícil se revestir de paciência. Quando, porém, nos lembramos de vestir esses itens, sempre sentimos que estamos nos vestindo com o que há de melhor.

Pai, ajuda-me a lembrar de vestir-me bem hoje, com as qualidades que tu desejas para mim. Oro para que as pessoas vejam o teu amor por intermédio da minha vida, conforme eu me visto para o Reino.

23 de março

CONFIANÇA CRESCENTE

Para que Cristo habite no coração de vocês mediante a fé; e oro para que, estando arraigados e alicerçados em amor, vocês possam, juntamente com todos os santos, compreender a largura, o comprimento, a altura e a profundidade, e conhecer o amor de Cristo que excede todo conhecimento, para que vocês sejam cheios de toda a plenitude de Deus.
EFÉSIOS 3.17-19

Confiar nas promessas de Deus é um processo que leva tempo. Quando temos um relacionamento com Jesus, o Espírito Santo habita em nós, nos guiando e encorajando. Conforme esse relacionamento se fortalece, o amor também cresce. Com mais amor, também há mais confiança, à medida que vemos a fidelidade de Deus a cada dia. Com a sua crescente confiança, as raízes de sua fé serão plantadas sobre o abundante amor de Deus e sobre as promessas perfeitas do Senhor.

Se você está tendo dificuldade para confiar na fidelidade de Deus, comece a ler a Bíblia ao longo do dia. Fale com o Senhor e peça que o Espírito Santo que habita em você a guie. Deixe que as palavras do Pai, palavras de amor, a acompanhem e a fortaleçam.

Pai celestial, eu oro para ter uma compreensão maior do teu grande amor por mim. Quero ser consumida por teu amor e por tua fidelidade, depositando toda a minha confiança em ti.

24 de março

Peça com confiança

Assim, aproximemo-nos do trono da graça com toda a confiança, a fim de recebermos misericórdia e encontrarmos graça que nos ajude no momento da necessidade.
HEBREUS 4.16

Às vezes, é difícil pedir ajuda, não é mesmo? Existe realmente um sentimento de humilhação quando confessamos a nossa incapacidade de fazer tudo sozinhas. Quando deixamos as pessoas saberem que não somos as super-heroínas que gostaríamos que elas pensassem, sentimos a nossa confiança desaparecer. No entanto, no Reino do Céu, é completamente diferente! Aprendemos que devemos manter nossa cabeça erguida ao pedir ajuda ao Senhor. Ele deseja nos ajudar, portanto, aproxime-se do trono de Deus com alegria e aceite a ajuda que ele oferece.

Você é uma preciosa filha de Deus. Ele nos ama profundamente e deseja o melhor para nós. Isso significa que ele se alegra muito em nos ajudar quando precisamos. Deixe de lado o seu orgulho e busque o Senhor. Você não se arrependerá.

Senhor, obrigada pela tua disposição em me ajudar. A tua graça me constrange, e eu vivo em total confiança de que posso me aproximar de ti para apresentar as minhas necessidades e expor as minhas fraquezas.

25 de março

OS SONHOS MAIS LOUCOS

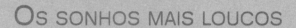

Àquele que é capaz de fazer infinitamente mais do que tudo o que pedimos ou pensamos, de acordo com o seu poder que atua em nós, a ele seja a glória na igreja e em Cristo Jesus, por todas as gerações, para todo o sempre! Amém!
EFÉSIOS 3.20-21

Imagine a melhor coisa que poderia acontecer em sua vida. Os seus sonhos mais loucos realizados. Os seus maiores desejos cumpridos. Adivinhe? Tudo isso é possível por meio do nosso Deus. Ele pode realizar mais do que você é capaz de imaginar ou pedir. E sabe o que mais é verdade? Ele quer fazer isso por intermédio de você.

O Senhor nos deu o Espírito Santo para viver em nós, nos guiando e nos movendo em direção à realização de grandes coisas. Ele merece toda a glória e todo o crédito por todas as coisas boas que vemos ao nosso redor. Vamos louvar o Senhor juntas, dando-lhe toda a honra que ele merece. Ele é tão bom para nós!

Pai, tu és realmente bom. Obrigada por me usar como ferramenta para alcançar grandes coisas para o teu reino. Sei que posso realizar muito mais coisas com o Senhor do que jamais poderia fazer sozinha.

26 de março

VITÓRIA SOBRE AS LUTAS

Mas graças a Deus, que nos dá a vitória por meio de nosso Senhor Jesus Cristo.
       1CORÍNTIOS 15.57

Se você está enfrentando uma batalha hoje, tenha bom ânimo. O nosso Deus deseja nos dar a vitória sobre as nossas lutas. O pecado tinha um poder destrutivo sobre a nossa vida, porém não é mais assim. Nós recebemos liberdade por intermédio de Jesus e da graça oferecida por ele ao morrer naquela cruz.

Independentemente dos seus fardos e preocupações, olhe à sua volta e veja a alegria que a aguarda. Pode parecer que você está nadando em areia movediça, tentando chegar ao fim dessa provação, mas há águas cristalinas adiante, você só precisa perseverar. Lance todos os seus cuidados sobre o Senhor, e ele aliviará o seu fardo e garantirá a sua vitória. Você triunfará sobre todas as dificuldades, porque ele é quem luta por você.

Pai, sou grata por me dares a vitória sobre todas as dificuldades que me cercam. O pecado não tem poder sobre mim. Eu estou maravilhada pela dádiva de Jesus Cristo e fascinada pela força que recebi de ti por meio dele.

27 de março

Naturalmente bom

Pois o SENHOR é bom e o seu amor leal é eterno; a sua fidelidade permanece por todas as gerações.
SALMOS 100.5

O Senhor é bom para todo o sempre. Ele nos ama com um amor sem fim. Todos os dias há motivos para nos alegrarmos, pois servimos a um Deus que é a própria essência da bondade. Você já tentou ser uma pessoa boa o tempo todo? É uma tarefa impossível para nós. Deus, no entanto, faz isso parecer fácil, e para ele, de fato, o é.

O nosso bondoso Deus nos ama imensamente. A Bíblia é generosa em nos afirmar essa poderosa verdade no decorrer de suas páginas. O Senhor nos perdoa repetidamente. Ele nos concede graça e misericórdia. A bondade dele resistirá ao teste do tempo, durando para sempre ao longo dos tempos. É uma promessa com a qual podemos contar. A Bíblia diz que a fidelidade do Senhor será a mesma por todas as gerações.

Pai, tu és fascinante. Tu és bom, e eu sou grata por ser recebedora da tua misericórdia e do teu amor eternos. Que eu me lembre do teu amor duradouro sempre que eu hesitar e duvidar de ti.

28 de março

Fique firme

Portanto, meus amados irmãos, mantenham-se firmes, e que nada os abale. Sejam sempre dedicados à obra do Senhor, pois vocês sabem que, no Senhor, o trabalho de vocês não será inútil.
1CORÍNTIOS 15.58

Há momentos em que todas nós cansamos. Pode ser difícil viver para o Reino, seguindo o caminho apertado e estreito ao qual somos chamadas a viver. No entanto, recebemos a ordem para nos mantermos firmes, defendendo o nosso terreno. Há uma recompensa a caminho, maior do que qualquer coisa que podemos imaginar. O trabalho extra e todo o esforço valerão a pena!

Respire fundo. Inspire a vida e o amor de Deus hoje. Ele concederá o que precisamos para seguir o nosso caminho. O seu trabalho não será em vão nem passará despercebido. A alegria indizível está à nossa espera. Tenha certeza de que nada que pudermos dizer ou fazer para a glória do Senhor será um desperdício de tempo ou de energia.

Senhor, eu tenho confiança no que faço, porque tu me concedes alegria. Obrigada por me amares mesmo nos dias difíceis. Oro para que eu sinta a tua presença em todas as situações e, até mesmo, em meio às dificuldades.

29 de março

SEMPRE PODEMOS ORAR

Antes de tudo, recomendo que se façam súplicas, orações, intercessões e ações de graças por todos os homens; pelos reis e por todos os que exercem autoridade, para que tenhamos uma vida tranquila e pacífica, com toda a piedade e dignidade.
1TIMÓTEO 2.1-2

Você já sentiu como se as suas mãos estivessem amarradas e não fosse possível fazer absolutamente nada em uma determinada situação? Fique tranquila; isso nunca é verdade. Você sempre pode orar. Na verdade, nós somos encorajadas a orar em todas as situações e de todas as formas possíveis. Somos encorajadas, inclusive, a orar pelos líderes políticos do nosso país, mesmo quando não concordamos com as suas decisões.

A conversa diária com o Senhor é o segredo para vivermos uma vida cheia de alegria. Devemos edificar as pessoas, interceder por elas e agradecer sempre a Deus. Quando você sentir que não há nada que possa fazer, pare tudo e comece a orar.

Pai, obrigada por ouvires as minhas orações. Tu és digno de todo o louvor e de toda a glória por teres respondido às minhas orações, mesmo quando a resposta não é a que eu imaginava. As nossas conversas me dão alegria!

30 de março

Os seus pensamentos

A mentalidade da carne é morte, mas a mentalidade do Espírito é vida e paz.
ROMANOS 8.6

Os pensamentos são mais poderosos do que imaginamos. As ações sempre têm início com os pensamentos. Boas ações, ações que honram a Deus, acontecem porque foram, primeiro, um pensamento na mente de alguém. As ações ruins também são uma resposta direta aos pensamentos. Por isso é fundamental prestarmos atenção ao que pensamos.

Os problemas aparecem quando, por mais que tentemos, não conseguimos controlar os nossos pensamentos. Pensamentos autodestrutivos aparecem com frequência em sua mente? Há uma ótima notícia para você hoje. Você é fraca demais para conseguir mudar isso sozinha. Contudo, o Espírito Santo, que habita em você, tem todo o poder do qual você necessita.

Pai, obrigada por teu Espírito trazer vida e paz. Por favor, enche-me com mais do teu Espírito hoje, para que a minha mente tenha mais paz.

31 de março

ELE NOS VALORIZA

Assim diz o SENHOR que fez a terra, o SENHOR que a formou e a firmou; seu nome é SENHOR: Clame a mim e eu responderei e direi a você coisas grandiosas e insondáveis que você não conhece.
JEREMIAS 33.2-3

Não é reconfortante saber que o Senhor é nosso amigo? Assim como alguém que está a apenas um telefonema de distância, ele está sempre disposto a nos ouvir. Ele diz que se clamarmos por ele, nós sempre obteremos resposta. Não apenas isso, ele nos contará detalhes sobre grandes coisas que, de outra maneira, jamais saberíamos. Isso não é incrível?

Ele é Deus, e nós não. Ainda assim, ele nos valoriza — todos os dias! Assim, quando você se sentir cansada, preocupada, estressada e triste, clame ao Senhor. Peça-lhe o que precisa, e ele lhe concederá grande sabedoria.

Pai, estou clamando a ti hoje. Peço a tua ajuda e que o teu amor e a tua paz se derramem sobre a minha vida neste momento. Que eu sinta essa paz ao longo de todo este dia, e que ele continue a transbordá-la.

ABRIL

Se vocês, apesar de serem maus, sabem dar boas coisas aos seus filhos, quanto mais o Pai de vocês, que está nos céus, dará coisas boas aos que lhe pedirem!

MATEUS 7.11

1º de abril

Restaurada

Que o próprio Deus da paz os santifique inteiramente. Que todo o espírito, a alma e o corpo de vocês sejam preservados irrepreensíveis na vinda de nosso Senhor Jesus Cristo.
1TESSALONICENSES 5.23

Somos compostas de três partes: corpo, alma e espírito. O nosso corpo e a nossa alma estão lutando, constantemente, contra a tentação e contra os nossos desejos terrenos. Mas, e o nosso espírito? É onde o próprio Senhor habita dentro de nós. Podemos nos perguntar por que merecemos tão grande amor da parte de Deus, mas a verdade é que não merecemos. Deus olha para nós e enxerga a perfeição porque ele está dentro de nós.

Deus pega todos os nossos pedaços quebrados, junta-os, cura-os e restaura-os. Podemos ser consideradas irrepreensíveis, simplesmente porque ele entra em nosso coração e nos restaura. Devemos nos regozijar nessa verdade! Ele olha para nós e determina que somos dignas, e tudo graças a ele.

Pai, obrigada por me restaurares. Oro para que eu permita que tu entres completamente em minha vida e faça aquilo que só tu podes fazer. Sou grata pelo teu amor.

2 de abril

Uma coisa é necessária

Apenas uma é necessária. Maria escolheu a boa parte, e esta não lhe será tirada.
LUCAS 10.42

Você já saiu de um jantar e se deu conta de que mal trocou duas palavras com o anfitrião? Ou, talvez, você tenha sido a anfitriã. Provavelmente, a comida estava fantástica, mas agora você precisa marcar um almoço, ou um café, para interagir de verdade com as suas amigas.

A conhecida história bíblica das irmãs Marta e Maria é muito popular, em grande parte, porque é uma lição inestimável. Se não estivermos atentas, a ansiedade sobre minúcias pode tomar conta de nossa vida, roubando-nos das coisas realmente dignas de preocupação, como a comunhão, a verdade e a busca pelo Senhor.

Jesus, obrigada por eu me lembrar da verdade eterna hoje. Quando a ansiedade e as preocupações ameaçarem me distrair, que eu seja achada aos teus pés, absorvendo a tua presença.

3 de abril

Luz de amor

Vocês, porém, são geração eleita, sacerdócio real, nação santa, povo exclusivo de Deus, para anunciar as grandezas daquele que os chamou das trevas para a sua maravilhosa luz.
1PEDRO 2.9

Sempre que você começar a duvidar do amor de Deus, simplesmente busque a Palavra dele e lembre-se da verdade. Ele a escolheu! Ele a escolheu como sua eleita especial. Ele deseja ter um relacionamento com você, e quer capacitá-la para atrair outras pessoas para a luz do seu Reino de amor.

Antes de conhecer Jesus como nosso Salvador, vivíamos na escuridão. Agora, a nossa vida é iluminada! Jesus é a lâmpada que ilumina o caminho à nossa frente, nos dirigindo e nos mostrando aonde ir e o que dizer. Vamos declarar, juntas, o louvor de Cristo e permanecer no brilho da sua luz.

Senhor, obrigada por me escolheres de maneira tão especial. Eu mal posso acreditar que tu me quiseste, mas sou muito grata por isso! A minha escuridão se foi, e agora só desejo viver na luz do teu amor.

4 de abril

NADA A TEMER

Mas agora assim diz o SENHOR, aquele que o criou, ó Jacó, aquele que o formou, ó Israel: "Não tema, pois eu o resgatei; eu o chamei pelo nome; você é meu."
ISAÍAS 43.1

Repetidas vezes, nas páginas da Bíblia, lemos que não precisamos ter medo. A razão é simples. O Senhor nos redimiu. Não há nada que possa nos derrotar a partir desse fato. Ele nos colocou na palma de sua mão e disse: "Esta aqui é minha. Ela pertence a mim."

Jesus Cristo nos salvou de nós mesmas e fez a expiação pelos nossos pecados ao morrer naquela cruz. Não existe presente maior, ou melhor. Significa que não precisamos nos preocupar com o nosso futuro nem temer o que ele reserva. Sabemos que a beleza, a graça, o amor, a misericórdia e a vida eterna estão à nossa espera.

Senhor, sou muito feliz por pertencer a ti e a mais ninguém. Obrigada por me redimires da vida que eu teria escolhido para mim. Aguardo ansiosamente pelo meu futuro, pois sei que tu estás presente nele!

5 de abril

Ousando

Pois Deus não nos deu espírito de covardia, mas de poder, de amor e de equilíbrio.
2TIMÓTEO 1.7

Quando o Espírito Santo passa a habitar em nós, ele nos transforma de maneiras incríveis. Graças ao seu poder em nosso interior, não podemos mais nos acovardar. Não somos menininhas frágeis; somos filhas de Deus! O coração do Senhor se alegra conosco! Quando o nosso espírito se intimida a proclamar corajosamente o evangelho de Deus, o Espírito Santo entra em cena e nos dá a coragem necessária.

Existe um verdadeiro incêndio dentro de você. Mantenha-o agindo de maneiras diferentes, com ousadia. Você consegue! Deus acredita em você. Assuma riscos por ele; seja confiante e corajosa. O Espírito Santo está com você por onde você andar.

Senhor, obrigada por enviares o teu Santo Espírito para habitar em mim e me guiar. Dá-me coragem para compartilhar sobre o teu amor com as pessoas. Ajuda-me a perder a minha timidez e a assumir o teu poder.

6 de abril

Fiel na oração

Alegrem-se na esperança, sejam pacientes na tribulação, perseverem na oração.
ROMANOS 12.12

Pode ser difícil manter a alegria viva enquanto esperamos ansiosamente que algo grandioso aconteça. A paciência? Essa é difícil para praticamente todo o mundo. A boa notícia é que não precisamos fazer nada sozinhas. O Espírito Santo nos concede uma alegria que ultrapassa qualquer sentimento que poderíamos experimentar por conta própria. Quando pedimos paciência, ele nos dá. Quando somos tentadas a desistir, precisamos intensificar as nossas orações.

Mesmo durante os piores momentos, podemos encontrar alegria. Somos mais amadas pelo nosso Criador do que podemos imaginar, e embora os nossos problemas ameacem nos derrubar, se lançarmos as nossas preocupações a Deus, ele nos ajudará. Tudo o que precisamos fazer é ser fiéis em oração, buscando o Senhor em cada necessidade e entregando todos os temores do nosso coração.

Senhor, é incrível o que sou capaz de realizar quando tu estás comigo. A alegria e a paciência são abundantes em mim, porque tu transformaste o meu coração.

7 de abril

Louve o Senhor

Eu te louvarei de coração sincero quando aprender as tuas justas ordenanças.
SALMOS 119.7

O Senhor é digno de todo o louvor. Não temos nada que não nos tenha sido dado por ele. Quando você pensa em todas as coisas maravilhosas que ele faz, o seu coração não é inundado por uma enorme vontade de louvar? Ele é tão bom para nós! Se vivermos debaixo da sua lei e decidirmos segui-lo, poderemos louvá-lo com o coração leve e puro.

É uma escolha, não é? Ele não nos obriga a amá-lo. Em vez disso, deixa que tomemos essa decisão. Podemos optar por abandoná-lo, seguir nossos próprios caminhos e tomar as nossas próprias decisões. Sozinhas, com medo e inseguras, podemos criar os nossos próprios rastros. Ou podemos buscar o Senhor para encontrar justiça, alegria e vida. Vamos escolher Deus! Essa será a melhor decisão a ser tomada em nossa vida.

Pai, eu te escolho! Eu louvo o Senhor porque tu és digno de toda a glória e toda a honra. Tu nos deste a tua Palavra e as tuas leis para servirem de roteiro para uma vida justa. Obrigado! Tu és um Deus maravilhoso.

8 de abril

SEM RANCOR

Sejam bondosos e compassivos uns para com os outros, perdoando-se mutuamente, assim como Deus os perdoou em Cristo.
EFÉSIOS 4.32

Se existe um versículo que deveria ser lido todos os dias, é esse. Quem não gostaria de ter um pouco mais de bondade e compaixão na vida? Todos os dias nos deparamos com a fragilidade humana. Somos magoadas pelas pessoas que permitimos entrar em nossa vida, simplesmente porque ninguém é perfeito. Todas nós somos propensas a cometer erros. Em vez de guardar rancor, ou nos apegar aos erros cometidos contra nós, podemos entregar todas essas coisas a Deus.

Cristo morreu para que fôssemos perdoadas. Ele lida conosco de forma bondosa e misericordiosa. Como fomos criadas à sua imagem, precisamos usar da mesma graça concedida a nós em relação àqueles que amamos. Vamos escolher a bondade. É incrível como o nosso próprio coração é transformado quando escolhemos ser compassivas com as pessoas.

Senhor, obrigada por perdoares os meus pecados. Ajuda-me a demonstrar bondade e compaixão para com as outras pessoas, perdoando-as de verdade quando elas me magoarem.

9 de abril

Muito mais forte

Finalmente, fortaleçam-se no Senhor e no seu forte poder.
    EFÉSIOS 6.10

Você tem uma força que talvez não saiba que possui. É claro que há dias nos quais parece que levantar da cama já é uma luta, quando temos a sensação de que o mundo inteiro está contra nós e não sabemos se seremos capazes de suportá-lo. Contudo, há em nós um poder secreto. Ele se chama Espírito Santo, e está pronto para nos conceder a força sobrenatural quando não tivermos mais a nossa.

Ainda bem que não precisamos contar apenas com as nossas próprias forças. Como seria desgastante se precisássemos nos arrastar por nossa rotina diária sozinhas. Por conta própria, é como se tivéssemos levantando aqueles pesinhos de um quilo, indo a lugar nenhum. Porém, com Cristo, nos tornamos parecidas com atletas, pegando pesos mais pesados, sem praticamente fazer força alguma. Deus é poderoso, e ele compartilha, de bom grado, a força dele conosco.

Senhor, estou fascinada pelo teu grande poder. Sou muito grata por me fazeres forte — muito mais forte do que eu seria sozinha!

10 de abril

Trabalhando com alegria

Tudo o que fizerem, façam de todo o coração, como para o Senhor, e não para os homens, sabendo que receberão do Senhor a recompensa da herança. É a Cristo, o Senhor, que vocês estão servindo.

COLOSSENSES 3.23-24

Cada uma de nós é chamada para uma obra diferente, quer seja atrás de uma mesa, quer seja cuidando de crianças, limpando casas ou vendendo produtos. Algumas vezes, a rotina diária de trabalho pode ser desgastante. Podemos não ter vontade de trabalhar de verdade. Talvez você queira apenas que o dia acabe. Quando, porém, servimos a um mestre celestial, existe uma recompensa maior do que o salário no fim do mês. Temos como promessa uma herança melhor do que qualquer coisa que possamos imaginar.

Vamos tentar fazer com que a nossa mente trabalhe com alegria. Vamos trabalhar com coração de servas, sabendo que o nosso esforço é visto e valorizado e que estamos servindo Àquele que nos ama mais do que qualquer outro. Você se surpreenderá ao ver como essa mudança de disposição pode transformar a sua vida.

Senhor, eu quero te servir! Estou ansiosa para receber a minha herança de tuas mãos. Ajuda-me a me empenhar para trabalhar com todo o meu coração, enquanto espero pela tua recompensa.

11 de abril

A Rocha

Confiem para sempre no SENHOR, pois o SENHOR, somente o SENHOR, é a Rocha eterna.
ISAÍAS 26.4

O que vem à sua mente quando imagina uma rocha? Você pensa em palavras sólidas, fortes e firmes? Essas palavras são apenas algumas das descrições que podemos usar para falar sobre o nosso Deus. Ele é sólido e confiável. Ele é mais do que forte o bastante para você. Ele é um alicerce firme em que é possível construir o seu futuro.

É fácil confiar em alguém firme, não é mesmo? Você sabe que essa pessoa estará ao seu lado e que não sucumbirá sob pressão. Esse é o nosso Deus! Sorria. Relaxe. Respire fundo e sinta-se segura na certeza de que ele é a sua rocha hoje, amanhã e para sempre. Ele nunca a decepcionará. Você não precisa mais se preocupar nem viver com medo, porque tem um alicerce firme onde se apoiar.

Tu és a minha Rocha. Obrigada, Senhor. Não consigo imaginar a vida sem ti. Eu me entrego ao Senhor e confio completamente em ti, porque sei que tu nunca me decepcionarás, de agora até a eternidade.

12 de abril

Propensa a vagar

> O Senhor conduza o coração de vocês ao amor de Deus e à perseverança de Cristo.
> 2TESSALONICENSES 3.5

O nosso coração tem a tendência de se perder, não é? A nossa natureza carnal atrapalha as nossas melhores intenções, e nós, muitas vezes, lutamos para nos manter em curso. Mas o Senhor pode realizar qualquer milagre. Ele ressuscita os mortos e cura os enfermos. Ele, com certeza, pode colocar o seu coração de volta ao caminho quando você se desviar! Ele a tomará pela mão e a guiará de volta para o local ao qual você pertence — no caminho do grande amor de Deus e da graça de Cristo.

Podemos fazer o que quisermos ao lado do nosso Deus. Mais do que qualquer coisa, devemos desejar viver como ele nos ordenou. Viver em amor deve ser o nosso grande desejo. Vamos louvar o nosso Deus por ser nosso mestre de tudo o que é bom e por ser o guia da nossa vida. Sabemos que podemos fazer escolhas sábias para o nosso coração, pois Deus nos mostra como fazer isso e nos dá o poder para realizar.

Senhor, obrigada por me guiar ao caminho que tu tens para mim. Que eu me volte a ti sempre que me sentir tentada a me desviar.

13 de abril

GRANDE BÔNUS

Vocês precisam perseverar, de modo que, quando tiverem feito a vontade de Deus, recebam o que ele prometeu.
HEBREUS 10.36

O que significa perseverar? Significa continuar em um curso de ação, mesmo quando enfrentamos dificuldades ou quando temos pouca, ou nenhuma, perspectiva de sucesso. Perseverar significa insistir quando as coisas ficam difíceis e nos colocarmos contra os oponentes que aparecem em nosso caminho. É isso que somos chamadas a fazer. A boa notícia é que nada disso é em vão. Há uma recompensa a caminho para nós. Deus nos prometeu a vida eterna no céu, e esse é um excelente bônus para uma vida de muito trabalho.

Portanto, quando você se sentir tentada a se desviar do plano que Deus traçou para a sua vida, lembre-se das maravilhosas promessas dele e mantenha-se firme. Ele quer que você colha essa recompensa. Permita que Deus trabalhe em sua vida para que você possa estar lá para aceitá-la. Será a melhor recompensa por trabalho que você já recebeu.

Senhor, obrigada por tuas promessas. Eu mal posso esperar para receber a dádiva da vida eterna. Ajuda-me a perseverar na obra que tu tens para mim, hoje e todos os dias.

14 de abril

Fonte de refrigério

Ó Deus, tu és o meu Deus, eu te busco intensamente; a minha alma tem sede de ti! Todo o meu ser anseia por ti, numa terra seca, exausta e sem água.
SALMOS 63.1

Quando estamos com sede, o nosso corpo nos avisa. Se ficarmos muito tempo sem saciar a nossa sede, nós, lentamente, começamos a passar mal. Não somos mais capazes de funcionar corretamente. A sede se torna a nossa principal preocupação, e tudo o que pensamos é em quando conseguiremos satisfazer a nossa necessidade.

É assim que deveríamos nos sentir quando passamos muitos dias sem a nossa comunhão diária com o Senhor. Deveríamos sentir como se não fôssemos capazes de viver adequadamente por causa da falta de uma parte vital do que precisamos para abastecer o nosso sistema. Felizmente, não precisamos sentir sede por muito tempo. O Senhor nos está disponível sempre que precisamos dele. A nossa vida não deve ficar deserta — jamais. Nós podemos, simplesmente, buscar a Deus e beber do seu amor. Ele é uma fonte inesgotável de refrigério.

Pai, eu tenho sede de ti. Enche-me com a tua água viva hoje, saciando a minha alma e cada parte do meu ser.

15 de abril

Nada oculto

Nada, em toda a criação, está oculto aos olhos de Deus. Tudo está descoberto e exposto diante dos olhos daquele a quem havemos de prestar contas.
HEBREUS 4.13

Nada podemos fazer escondido de Deus. Embora esse fato possa, às vezes, nos assustar (afinal, nós estamos longe de ser perfeitas, e há coisas em nossa vida que preferiríamos manter ocultas), ele deveria nos reconfortar. O Senhor vê todas as coisas e nos ama mesmo assim! Deus conhece as piores coisas em nossa vida, e continua desejando o nosso coração.

Não há nada que possamos fazer para que o Senhor deixe de nos amar. Sim, nós precisamos prestar contas. Sim, ele sabe quando cometemos erros. Contudo, apesar das nossas falhas e independentemente de nossas circunstâncias, ele nos toma pela mão e nos ama incondicionalmente. Alegre-se na verdade de que você não pode guardar segredos do seu Pai celestial. É libertador saber que ele vê todas as coisas, e ainda assim escolhe nos amar.

Senhor, obrigada por me conheceres intimamente. Tu conheces os meus defeitos e me amas apesar de todos eles. Eu me humilho diante de quem tu és.

16 de abril

INTIMAMENTE FORMADA

Dos céus olha o SENHOR e vê toda a humanidade; do seu trono ele observa todos os habitantes da terra; ele, que forma o coração de todos, que conhece tudo o que fazem.

SALMOS 33.13-15

Você não ama o fato de Deus nos conhecer tão intimamente? Ele formou o nosso coração. Ele nos criou, nos formou e nos moldou. Ele nos observa do céu. Nada do que fazemos, nós fazemos sozinhas. Não damos um passo sequer por conta própria. Ele está sempre conosco. Nos momentos em que nos sentirmos perdidas ou sozinhas, podemos nos refugiar na verdade de que o Senhor jamais abandonará aqueles que ele criou.

Deus sabe o que vamos dizer antes que palavra chegue à nossa boca; ele sabe o que pensaremos antes que o pensamento surja em nossa mente; e também sabe exatamente o que faremos antes de o fazermos. Ele nos observa com alegria quando fazemos boas escolhas, e com preocupação quando fazemos escolhas ruins. Ele, porém, nunca nos deixa nem nos abandona. O nosso Pai está sempre presente em nossa vida, nos encorajando.

Obrigada por cuidares de mim, Senhor. Eu me sinto muito reconfortada por saber que tu jamais me abandonarás, não importa o que aconteça.

17 de abril

Busque e encontre

E lá procurarão o SENHOR, o seu Deus, e o acharão, se o procurarem de todo o seu coração e de toda a sua alma.
DEUTERONÔMIO 4.29

Não há nada que o Senhor deseje mais do que um relacionamento forte e profundo conosco. Ele sabe que a nossa vida fica melhor quando estamos caminhando ao lado dele. Ele jamais se esconde de nós. Ele não torna difícil a nossa busca por ele. Nós apenas precisamos buscar o Senhor, e ele se revelará a nós.

Deus nos oferece facilidades. Ele doa o amor dele em uma bandeja de prata, como um presente, se simplesmente fizermos o esforço de abrir o nosso coração e nossos olhos para ele. E é tão bom quando fazemos isso! Juntas, vamos buscar o Senhor diariamente de todo o coração e com toda a nossa alma.

Pai, obrigada por eu encontrar tão facilmente o amor em ti! Revela-te a mim. Estou pronta para buscar o Senhor e descobrir tudo o que tu tens a oferecer.

18 de abril

Um lindo som

E para que vocês amem o SENHOR, o seu Deus, ouçam a sua voz e se apeguem firmemente a ele. Pois o SENHOR é a sua vida, e ele dará a vocês muitos anos na terra que jurou dar aos seus antepassados, Abraão, Isaque e Jacó.
DEUTERONÔMIO 30.20

Nós fomos criadas para apreciar belos sons. Ouvimos músicas, sorrimos ao escutar o riso das crianças e ao ouvir o canto dos pássaros pela manhã. Porém, o mais belo de todos os sons é o som da voz do Senhor falando conosco. Podemos ouvi-lo, se nos concentrarmos. E quando escolhemos obedecer aos seus ensinamentos e nos apegarmos a ele, oferecemos uma linda canção de alegria ao nosso Salvador.

Deus é vida. Ele é a fonte de todas as coisas. Vamos cantar junto com ele uma nova canção de redenção e amor, para que todos possam ouvir. Ouça a voz do Senhor. Ele está chamando você! É um som de pura beleza.

Pai, obrigada por tua voz. Que eu escolha obedecer-te quando tu me chamares, e que eu escolha seguir os teus ensinamentos.

19 de abril

Vivendo abundantemente

O ladrão vem apenas para roubar, matar e destruir; eu vim para que tenham vida e a tenham plenamente.
JOÃO 10.10

No final de uma ótima história, o mocinho sai como o grande vitorioso, triunfando sobre o vilão. Bem-vinda à vida real de um cristão! Existe um vilão na história de nossa vida, mas, com Cristo, nós o vencemos todos os dias. O Diabo quer nos destruir, mas Deus não está disposto a permitir que isso aconteça. Ao contrário, ele deseja que vivamos de maneira abundante.

Viver abundantemente significa viver com um amor em excesso, mais do que suficiente e transbordante. Um amor que nos preenche e transborda, derramando-se sobre todos que estão ao nosso redor. Deus deseja que todo o nosso corpo, alma e espírito estejam cheios da presença e da bênção que o amor dele nos proporciona. Ele é o herói da história de nossa vida. Vamos dar todo o louvor e crédito que lhe são devidos!

Senhor, tu és o meu herói. Tu me salvas todos os dias. Tu preencheste todo o meu ser com o teu amor e derrotaste o inimigo em meu lugar. Obrigada!

20 de abril

AMOR ÁGAPE

Nós amamos porque ele nos amou primeiro.
1JOÃO 4.19

Deus ama você. É uma afirmação simples, mas poderosa. Deus não apenas nos ama. Ele nos ama com o amor *ágape*. O que isso significa? Significa que ele decidiu nos amar. O amor ágape é um amor que nasce da vontade, e não da emoção. É um amor que sempre escolhe o bem maior, independentemente do que as outras pessoas façam. É um amor incondicional, e é o que Deus sente por nós.

Você é capaz de imaginar isso? Deus não nos ama apenas porque ele é um Deus bom e precisa fazer isso. Ele nos escolhe todos os dias. O Senhor diz: "Sim, ela acabou de cometer outro erro. Ela fez exatamente o que eu disse que não fizesse. Eu, no entanto, continuarei amando-a. Eu a edificarei, a restaurarei e a colocarei de pé novamente." Ele escolheu você. Agora você pode decidir corresponder a esse amor!

Pai, obrigada pelo teu amor ágape — por teres decidido me amar. Eu escolho amar o Senhor hoje com todo o meu coração.

21 de abril

Banquete de amor

Provem, e vejam como o SENHOR é bom. Como é feliz o homem que nele se refugia!
SALMOS 34.8

Sejamos honestas, poucas coisas são melhores do que uma refeição gostosa. Feche os olhos e imagine a sua comida preferida servida em uma mesa à sua frente. O que teria nessa mesa? Um bife suculento? Uma massa cremosa? Uma bandeja cheia de sushi? Quaisquer que sejam as suas opções, elas não são nada quando comparadas ao banquete de amor que um relacionamento com o Senhor tem para você. Esse banquete tem um sabor melhor do que tudo o que você já provou.

A melhor parte é que você pode provar dele sempre que desejar, a qualquer momento — dia ou noite. É um banquete livre de calorias e que faz bem à saúde. Portanto, siga em frente; prove e veja que o Senhor é bom. Ele é o melhor, e deseja compartilhar tudo o que tem com você.

Senhor, eu quero provar tudo do que tu desejas para mim. Permite que eu participe do teu banquete de delícias celestiais, desejando o Senhor acima de todas as coisas e me refugiando em teu amor. Obrigada pela tua generosidade.

22 de abril

Deposite a sua esperança em Deus

Guia-me com a tua verdade e ensina-me, pois tu és Deus, meu Salvador, e a minha esperança está em ti o tempo todo.
SALMOS 25.5

Quando se sente confusa, quem você procura em busca de ajuda? Se você colocar a sua esperança em Deus, então, jamais se decepcionará. Quando nos apegamos à verdade do Senhor e permitimos que ele nos ensine, podemos depositar a nossa esperança nele sem dificuldade. E quando aceitamos Cristo como nosso Salvador, ele passa a habitar em nós, acendendo o fogo de nossa alma, mantendo a esperança viva em nosso corpo e em nosso espírito.

Nós temos esperança no futuro porque ele é o nosso passado, o nosso presente e o nosso tudo daqui em diante. Deposite toda a sua esperança no Senhor, e você verá a sua recompensa.

Senhor, eu deposito a minha esperança e a minha confiança em ti. Guia-me na tua verdade. Ensina-me os teus caminhos. Tu és o meu Salvador, e eu sou muito grata por isso!

23 de abril

Coroa de bondade

Bendiga o SENHOR a minha alma! Bendiga o SENHOR todo o meu ser! Bendiga o SENHOR a minha alma! Não esqueça nenhuma de suas bênçãos! É ele que perdoa todos os seus pecados e cura todas as suas doenças, que resgata a sua vida da sepultura e o coroa de bondade e compaixão, que enche de bens a sua existência, de modo que a sua juventude se renova como a águia.
SALMOS 103.1-5

Tudo o que temos é uma dádiva de Deus. Não estaríamos em lugar algum sem ele. Não esqueça isso, jamais. Na verdade, sem o nosso Deus, nós estaríamos na lama por toda a eternidade. Ele, contudo, nos tirou desse lugar de desespero e agonia. Olhou para o nosso estado lamentável e nos coroou com bondade e compaixão.

Louvemos o Senhor todos os dias de nossa vida. Elevemos a nossa voz aos céus e exaltemos o nome dele. Deus perdoou os nossos pecados para que pudéssemos viver com alegria interminável e abundante.

Pai, obrigada pelo teu perdão. Eu te louvo porque tu és a fonte de tudo o que é bom.

24 de abril

Pecados esquecidos

Porque eu lhes perdoarei a maldade e não me lembrarei mais dos seus pecados.
HEBREUS 8.12

É muito difícil esquecer quando alguém nos faz algum mal. Em geral, temos uma excelente memória quando se trata de nos lembrarmos das injustiças que sofremos em nossa vida. Mas, felizmente, não é assim que o Senhor trabalha! O coração amoroso de Deus nos perdoa pela sua grande misericórdia. Quando nos arrependemos, ele nos perdoa e nos limpa por completo. Ele não se apega à nossa lista de erros para lançar sobre nosso rosto no futuro. Ao contrário, é como se a lista sequer existisse.

Que liberdade temos em saber que podemos nos livrar do sentimento de culpa pelos pecados passados! Não precisamos nos punir repetidas vezes; se buscamos a Deus com coração quebrantado e arrependido, ele nos perdoa e esquece.

Senhor, obrigada por perdoar os meus pecados. Eu te louvo ainda mais por esquecê-los completamente, apagando-os do meu passado. Eu me sinto, constantemente, maravilhada por quem tu és.

25 de abril

Um lugar tranquilo

Havia muita gente indo e vindo, ao ponto de eles não terem tempo para comer. Jesus lhes disse: "Venham comigo para um lugar deserto e descansem um pouco."
MARCOS 6.31

A vida, às vezes, fica muito agitada. Nem sempre é fácil nos livrarmos das coisas que nos causam ansiedade — listas intermináveis de afazeres, feriados cheios de programações, visitas de familiares, prazos de trabalho — a vida fica agitada e o nosso estresse se acumula. Jesus nos mostra que existe hora e lugar de renovo. Assim como os discípulos, nós podemos e devemos ficar sozinhas em um lugar tranquilo para descansar um pouco.

Quando os problemas da vida começarem a nos pressionar, devemos seguir o conselho de Jesus. Nem que seja apenas por meia hora, passe algum tempo em oração, leia a Palavra ou cante louvores. A adoração pode libertar do estresse e da ansiedade, algo de que precisamos desesperadamente.

Jesus, tu verdadeiramente conheces as minhas ansiedades. Mostra-me um lugar tranquilo e revela-te a mim ali. Acalma o meu ansioso coração e dá descanso à minha alma.

26 de abril

Beleza dócil

Ao contrário, esteja no ser interior, que não perece, beleza demonstrada num espírito dócil e tranquilo, o que é de grande valor para Deus.
1 PEDRO 3.4

Vamos fazer uma oração de gratidão por Deus ver a nossa beleza interior, e não apenas o que vemos diante do espelho. Cicatrizes, rugas, marcas e uma pele feia são invisíveis aos olhos do Senhor, mas lindos corações estão totalmente expostos a ele. Enquanto algumas pessoas desfrutam das vantagens da beleza exterior neste mundo, aqueles que possuem um espírito dócil e tranquilo se regozijarão no Reino dos céus.

Se você tem medo de sua beleza interior não atingir os padrões do Senhor, não se desanime. Quanto mais tempo passar com Jesus, mais você se parecerá com ele, falará e agirá como ele. Nós refletimos mais o caráter de Jesus conforme desfrutamos da presença dele.

Jesus, que a tua beleza brilhe por intermédio de mim. Que a escuridão do meu coração seja invadida pela luz da tua glória, enquanto eu reflito a beleza dócil e tranquila que é tão preciosa para ti.

27 de abril

A ALEGRIA É UMA ESCOLHA

Este é o dia em que o SENHOR agiu; alegremo-nos e exultemos neste dia.
SALMOS 118.24

É justo dizer que alguns dias são mais difíceis que outros. Em algumas manhãs, o sol parece não brilhar, o dia à frente parece assustador e sentimos que é quase impossível levantar da cama. Felizmente, a alegria que Deus colocou em nosso coração não depende das circunstâncias.

A alegria não depende da nossa situação financeira, dos nossos relacionamentos com as pessoas ou do nosso estado emocional. Pode ser necessário algum esforço, mas é a alegria do Senhor que nos tira desses estados de espírito negativo. É ela que nos permite enxergar a beleza em meio ao caos e à turbulência. É o que nos faz alegrar e louvar ao Senhor, mesmo quando o chão debaixo de nossos pés parece estar desmoronando. A alegria é uma escolha — um presente que devemos receber diariamente. Em todas as situações, boas ou ruins, Deus nos oferece a sua alegria.

Deus, obrigada, pois cada dia é um presente precioso do Senhor. Peço que tu me ajudes a ver a tua alegria em tudo que eu enfrentar hoje. Ajuda-me a ver a tua bondade infalível em todas as situações. Que a tua alegria esteja enraizada em meu espírito.

28 de abril

Consolo duradouro

Não fosse a ajuda do SENHOR, eu já estaria habitando no silêncio. Quando eu disse: Os meus pés escorregaram, o teu amor leal, SENHOR, me amparou!
SALMOS 94.17-18

Quer precisemos de consolo ou estejamos consolando um amigo, a nossa maior paz vem da presença de Deus. Um ombro para chorar, uma xícara de chá quente, um abraço apertado... Cada uma dessas coisas pode ajudar a aliviar a dor por algum tempo. No entanto, elas são bênçãos de curto prazo, oferecidas por mãos humanas. Precisamos da presença de Deus — não de presentes temporários — para relaxar, de verdade, a nossa mente e o nosso coração.

Quando Deus nos encontra, somos fortalecidas; não com coisas passageiras que possamos desejar, mas com o seu amor e apoio infalíveis. O seu consolo dura para sempre e nos fortalece para o caminho que temos pela frente.

Ó Senhor, tu conheces as minhas necessidades e desejos. Ajuda-me a buscar o teu consolo eterno e não o consolo das coisas deste mundo. Fortalece-me nas minhas fraquezas, me apoiando e me renovando em teu amor!

29 de abril

CONTÍNUA COMPAIXÃO

Pois ele liberta os pobres que pedem socorro, os oprimidos que não têm quem os ajude. Ele se compadece dos fracos e dos pobres e os salva da morte. Ele os resgata da opressão e da violência, pois aos seus olhos a vida deles é preciosa.

SALMOS 72.12-14

Pode ser impossível encontrar um abrigo para os sem-teto que precisam de voluntários durante as festas de fim de ano, quando as pessoas parecem mais propensas a sentir compaixão pelo próximo. Nós nos tornamos extremamente compassivas nessa época do ano, e os nossos olhos e o nosso coração ficam mais abertos ao amor demonstrado pelo nosso Salvador quando ele veio como um menino carente e pobre. Nosso coração é movido a oferecer esse mesmo amor onde quer que seja. Deus se alegra quando agimos dessa maneira, assim como aqueles que recebem a nossa doação, mas será que estamos comprometidas com esse chamado à compaixão em todas as épocas do ano?

Deus vê aqueles que não são amados, os rejeitados e indefesos, todos os dias. Ele consola os fracos e injustiçados nas profundezas de sua miséria, independentemente da época do ano. A compaixão dele não espera por um feriado, e ele não precisa de desculpas para derramá-la sobre qualquer um que clame por sua ajuda. Como pés e mãos do Senhor, você têm levado as palavras de consolo e redenção de Deus à preciosa vida dos oprimidos?

Pai celestial, mantém os meus olhos abertos todos os dias do ano para que eu possa enxergar aqueles que precisam de amor e estão sobrecarregados; para que eu possa mostrar-lhes o teu amor e apresentar a tua força, que é capaz de suportar todos os problemas deles. Dá-me as oportunidades para colocar a tua compaixão em ação.

30 de abril

Profundo contentamento

Tu, SENHOR, guardarás em perfeita paz aquele cujo propósito
está firme, porque em ti confia.
ISAÍAS 26.3

Quando colocamos a nossa confiança em Deus, e apenas nele,
encontramos uma paz que satisfaz verdadeiramente a nossa angústia.
As Escrituras nos recomendam repetidamente manter os nossos
pensamentos no Senhor, com os olhos focados em suas promessas,
pois é em Deus que encontramos alegria e contentamento profundos.
Podemos passar a vida inteira em busca de prazeres, riqueza e sucesso,
com esperança de, dessa forma, encontrar paz e realização. Contudo,
somente um relacionamento íntimo com Deus pode nos oferecer isso.

Onde você tem procurado contentamento? Você sente que não existe
paz verdadeira em sua vida? Quanto mais nos concentramos em nós,
mais a paz nos foge. No entanto, quanto mais nos concentramos em
Deus, mais a sua paz nos sustenta.

Deus, tu és fiel para satisfazer todas as minhas necessidades.
Ajuda-me a manter meu pensamento em ti, pois o mundo não
possui nada que possa me acrescentar! Somente em Jesus, cujo
amor e fidelidade não têm fim, eu posso encontrar paz.

MAIO

Tu és bondoso e perdoador, SENHOR, rico em graça para com todos os que te invocam.

SALMOS 86.5

1º de maio

Por nós, não contra nós

Que diremos, pois, diante dessas coisas? Se Deus é por nós, quem será contra nós?
ROMANOS 8.31

Deus é por nós. Como é maravilhoso saber que o Deus de todo o Universo é por nós. Às vezes, acreditamos na imagem mentirosa de que Deus é distante, zangado e castigador. Porém, Deus é por nós; não contra nós. Ele nos olha com compaixão, amor, misericórdia e carinho.

O desejo que Deus possui de ter um relacionamento pessoal e íntimo conosco é exibido com perfeição por meio de Cristo — que entregou tudo para lutar por nosso coração.

Pai celestial, oro para que quando eu for visitada pelo sentimento de que tu estás contra mim, tu me lembres que isso não é verdade. Tu és por mim desde o princípio. Tu não estás contra mim; tu és meu amigo. Obrigada por teu amor constante e por tua misericórdia que não falha.

2 de maio

Na escuridão

O SENHOR está perto dos que têm o coração quebrantado e salva os de espírito abatido.
SALMOS 34.18

Jesus foi um homem que conheceu de perto a dor e a amarga tristeza. Ele foi escarnecido e desprezado, rejeitado e abusado. Cristo entende a nossa depressão e se identifica pessoalmente com a nossa dor. Se você sente que perdeu todas as forças e esperanças, saiba que Jesus conhece profundamente a sua dor. O coração do Senhor se parte junto com o seu, e ele prometeu salvá-la!

Se você se sente deprimida, a sua cura pode começar a assumir uma perspectiva eterna. Reconecte-se com seu Pai celestial, buscando o propósito dele para sua vida. Às vezes, o descanso, uma alimentação saudável e um tempo na presença de Deus são suficientes para iluminar a escuridão. Se isso não for o bastante, o conselho de um cristão maduro pode ajudá-la a retomar a perspectiva perdida. Acima de tudo, saiba que você nunca está sozinha; Deus está sempre perto e nunca a deixou.

Pai celestial, tu me conheces, tu sabes exatamente como é o meu coração e a minha dor. Eu te busco com o pouco de força que ainda me resta, com esperança naquele que promete salvar os que têm o espírito contrito. Salva-me, ó Deus, como só tu podes fazer.

3 de maio

A SALVAÇÃO

Sendo justificados gratuitamente por sua graça, por meio da redenção que há em Cristo Jesus. Deus o ofereceu como sacrifício para propiciação mediante a fé, pelo seu sangue, demonstrando a sua justiça.
ROMANOS 3.24-25

Embora a vida possa parecer cada vez mais complicada e turbulenta, a fé permanece simples. É a nossa salvação em Deus que coloca todas as coisas sob o controle dele. Apesar de o pecado nos separar de Deus, a nossa fé em Jesus Cristo e o nosso arrependimento nos aproximam novamente do Senhor. Quando colocamos a nossa fé em Jesus, Deus deixa de ver o nosso pecado, como se ele nunca tivesse sido cometido.

Que problemas podem nos sobrecarregar quando temos a salvação no Criador do céu e da terra? Quando a nossa fé está enraizada e firme em Jesus, nós temos tudo de que precisamos.

Deus misericordioso, obrigada pela dádiva da salvação por meio de Jesus Cristo. Pela fé, eu posso me aproximar de ti e confiar. Estou livre de qualquer culpa e posso viver confiante, independentemente de qualquer circunstância.

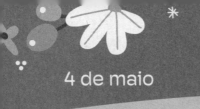

4 de maio

Brancos como a lã

"Venham, vamos refletir juntos", diz o SENHOR. "Embora os seus pecados sejam vermelhos como escarlate, eles se tornarão brancos como a neve; embora sejam rubros como púrpura, como a lã se tornarão."
ISAÍAS 1.18

O Senhor sabe que temos dificuldade para crer na promessa dele de perdão total. Ele está, portanto, disposto a refletir conosco sobre isso. Precisamos refletir e ouvir sobre isso antes que o nosso coração possa permitir que "caia a ficha" de que fomos *total e completamente perdoadas*. Não importa quão vergonhosos, depravados ou perversos tenham sido os nossos pecados passados, Deus nos purificou. Ele limpou qualquer mancha, por mais profunda e escura que tenha sido. Apesar de termos sido rubras como púrpura, agora somos brancas como a lã.

Essa é uma imagem incrivelmente linda. Se você se arrependeu do seu pecado e pediu perdão, então está completamente purificada. Se não, não espere mais! Converse com Deus, que dispõe de todo o tempo de que você precisa. Tudo o que você deve fazer é pedir.

Obrigada, Deus, pois o teu perdão é completo! Ajuda-me a me ver como tu me vês: branca como lã e totalmente perdoada.

5 de maio

Livres!

Vivam como pessoas livres, mas não usem a liberdade como desculpa para fazer o mal; vivam como servos de Deus.
1PEDRO 2.16

Quando um prisioneiro é liberto, tem-se a expectativa de que os seus atos criminosos sejam coisas do passado. Quando somos libertas em Cristo, a expectativa de Deus é que deixemos os nossos pecados para trás e vivamos para servi-lo. Por causa da nossa liberdade, não estamos mais sujeitas às amarras da culpa, do pecado e do medo. Ao contrário, estamos livres para viver na graça, na redenção e na alegria que são abundantes na vida de quem segue a Jesus Cristo.

O pecado pode continuar atormentando os cristãos, mesmo que estejam próximos de Deus. Muitas vezes, quanto mais o nosso amor por Deus se aprofunda, mais somos atacadas pelo Diabo. Posicione-se contra o inimigo por meio da oração e da Palavra de Deus, lutando pela liberdade com Jesus ao seu lado. Você não é uma escrava; você é livre!

Obrigada, Jesus, pois tu me libertaste do pecado! A minha mente e o meu coração são renovados quando vivo para adorar e servir ao Senhor com a minha vida. Fortalece-me para que eu resista a qualquer pecado que possa me levar de volta à escravidão.

6 de maio

Amigas de luta

Assim como o ferro afia o ferro, o homem afia o seu companheiro.
PROVÉRBIOS 27.17

A amizade é uma das maiores alegrias da vida; sorrisos e lágrimas são compartilhados ao redor de uma mesa cheia de amigos verdadeiros. Sem ela, a vida pode parecer vazia e solitária. A amizade é marcada pela lealdade, pelo amor e, talvez, principalmente, pela honestidade. Amigo é aquele que está ao seu lado, enfrentando as dificuldades da vida com uma opinião sincera e conselhos sábios, mesmo que a verdade seja difícil ou dolorosa. Deus usa os nossos amigos para nos fortalecer.

Algumas de nós podem estar cercadas de amizades verdadeiras, enquanto outras têm apenas algumas poucas amigas ao seu lado. Independentemente do tamanho do seu exército, vocês são fortalecidas por meio da sua lealdade a Deus. Juntas, amigas unidas em Cristo podem vencer qualquer coisa.

Afia-me, Senhor, e também às minhas amigas, para que possamos combater, juntas, o bom combate da fé. Concede-nos coração humilde para ouvirmos a tua verdade. E que a oração e a tua Palavra sejam os laços de união da nossa amizade, independentemente das alegrias ou dos problemas que a vida possa nos trazer.

7 de maio

Um dia lindo

Falarei da bondade do SENHOR, dos seus gloriosos feitos, por tudo o que o SENHOR fez por nós, sim, de quanto bem ele fez à nação de Israel, conforme a sua compaixão e a grandeza da sua bondade.
ISAÍAS 63.7

Nós podemos declarar a verdade desse versículo todos os dias, independentemente de nossas circunstâncias ou sentimentos. A bondade do Senhor é grande todos os dias; o seu amor constante é abundante. Podemos mostrar a Deus o quanto somos gratas, nos lembrando da sua bondade e contando a todos sobre tudo o que ele fez por nós.

A bondade de Deus não vacila, e o amor dele por nós nunca diminui. Mesmo quando a vida parece penosa e o dia, horrível, a lista de bênçãos em sua vida é muito longa. Lembre-se do grande amor do Senhor por você, da bondade e compaixão dele, e saiba que, de acordo com tudo isso, este é um lindo dia para se viver.

Tu és tão bom, Deus! A tua bondade não pode ser lembrada em um único dia, mas eu me alegrarei ao tentar lembrar-me do maior número possível das tuas bênçãos em minha vida. Obrigada por teu amor e compaixão constantes.

8 de maio

Ciclo glorioso

Tudo isso é para o bem de vocês, para que a graça, que está alcançando um número cada vez maior de pessoas, faça que transbordem as ações de graças para a glória de Deus.
2CORÍNTIOS 4.15

Que linda imagem: quando recebemos graça, nós sentimos o amor de Deus e mal podemos esperar para compartilhá-lo com os outros. Eles, então, compartilham de nosso entusiasmo e agradecem a Deus, que recebe a glória que merece. Quanto mais glorificamos o Senhor, mais a sua graça é exaltada e compartilhada. Dessa maneira, o ciclo glorioso continua.

Tudo começa com a graça de Deus: a dádiva simples, mas ainda assim surpreendente, do favor do Senhor. Não podemos merecê-la, porém ela é derramada abundantemente sobre nós simplesmente porque o Senhor nos ama. A graça nos transforma, fazendo com que o nosso semblante se pareça mais com a face de Jesus. Nós brilhamos sobre os perdidos e feridos deste mundo, espalhando a graça de Deus onde ela é mais necessária. Glória a Deus!

Deus de misericórdia, as tuas bênçãos transbordam em minha vida! Eu derramo minhas ações de graças sobre ti, ó Senhor, e oro para que o meu testemunho alcance cada vez mais pessoas. Que a tua glória cresça cada vez mais!

9 de maio

Direção para a vida

Confie no SENHOR de todo o seu coração e não se apoie em seu próprio entendimento; reconheça o SENHOR em todos os seus caminhos, e ele endireitará as suas veredas. Não seja sábio aos seus próprios olhos; tema o SENHOR e evite o mal.
PROVÉRBIOS 3.5-7

A Palavra de Deus está repleta de orientações. Se formos fiéis em buscar os seus sábios conselhos e dedicadas a segui-los, poderemos fazer escolhas sábias e agradáveis a ele. Se você precisa tomar uma decisão difícil, saiba que Deus não esconde a resposta. Ele deseja guiá-la no caminho certo. Ele não mantém em segredo a vontade dele para a nossa vida; ele oferecerá toda a ajuda se você simplesmente pedir.

Silencie o barulho de sua vida e ouça a Palavra de Deus. Ele falará com você e, à medida que caminhar mais perto dele, entenderá cada vez mais claramente a voz de Deus.

Pai celestial, eu preciso da tua direção. Acalma o meu coração e a minha mente para que eu possa ouvir a tua voz. Ajuda-me a andar obedientemente segundo a tua vontade a cada dia, concedendo-me a força necessária para fazer isso.

10 de maio

TODAS AS PROMESSAS CUMPRIDAS

Por meio dele vocês creem em Deus, que o ressuscitou dentre os mortos e o glorificou, de modo que a fé e a esperança de vocês estão em Deus.
1PEDRO 1.21

Podemos depositar a nossa esperança em Deus com confiança, pois todas as promessas dele são verdadeiras. Quando deixamos de crer que ele é fiel, nós perdemos a esperança. Porém, a ressurreição de Jesus Cristo depois de sua morte na cruz é a base da nossa esperança. Jesus prometeu que ressuscitaria dos mortos e assim o fez. Agora, podemos saber que todas as suas outras promessas também são verdadeiras e se cumprirão.

Você perdeu a esperança? Talvez as promessas pelas quais você espera ainda não tenham sido cumpridas. Lembre-se delas e saiba que Deus é amoroso e misericordioso; em seu tempo perfeito, ele se mostrará fiel para cumprir cada uma delas. Se você parece ter perdido todas as suas esperanças, fixe seus olhos na cruz e lembre-se daquele que entregou tudo por você. A sua fé e a sua esperança só podem ser encontradas nele.

Santo Deus, eu deposito a minha esperança somente em ti. Confio que tu cumprirás todas as tuas promessas e que a minha esperança será renovada por meio do teu grande amor e fidelidade.

11 de maio

Paixões tornam-se armas

Portanto, se alguém está em Cristo, é nova criação. As coisas antigas já passaram; eis que surgiram coisas novas!
2CORÍNTIOS 5.17

Algumas pessoas temem se tornar irreconhecíveis quando se convertem e são feitas nova criação em Jesus Cristo. Elas acreditam que perderão a sua antiga essência e que toda a diversão que existia na vida delas será perdida. Isso não poderia estar mais longe da verdade!

Sim, o velho se foi; e o novo surgiu. No entanto, isso não significa que deixamos a nossa essência para trás quando decidimos seguir Jesus, nós deixamos, apenas, o nosso pecado! A pessoa que nos tornamos em Cristo é uma linda mistura dos dons concedidos por Deus com nosso coração submisso em obediência a ele. Se você era uma pecadora muito engraçada antes de conhecer Cristo, você pode ser uma hilária seguidora do Senhor! Deus tem um plano para as suas habilidades e talentos. Quando entregamos as nossas paixões a Deus, elas se tornam armas nas mãos dele para trazer glória ao seu Reino.

Tu me conheces e conheces o meu coração, Deus. Mostra-me como os meus dons e talentos podem ser usados para o teu Reino. Mostra-me, também, quaisquer comportamentos pecaminosos que eu precise deixar para trás para que a minha vida seja um testemunho lindo e real de uma verdadeira seguidora de Cristo.

12 de maio

ALEGRIA SEMPRE

Entristecidos, mas sempre alegres; pobres, mas enriquecendo muitos outros; nada tendo, mas possuindo tudo.
2CORÍNTIOS 6.10

É fácil confundirmos alegria com felicidade; ambas nos fazem lembrar sentimentos positivos, talvez até lembranças cheias de sorrisos. Contudo, a felicidade é uma emoção que vem e vai de acordo com as nossas circunstâncias; assim como a luz do sol em um dia nublado, ela pode estar presente em um minuto e ausente no outro.

A plenitude da alegria, entretanto, é experimentada no coração. Independentemente do ambiente ou das circunstâncias, a plenitude do amor de Deus derrama sobre nós uma fonte de alegria indescritível. Como mulher amada por Deus, você recebe o dom da alegria para que ela a acompanhe, não importa que tipos de tribulações a vida apresente. Você pode *ter sempre alegria*.

Deus amado, eu oro para que a tua alegria transborde em minha vida. Independentemente de quão feliz eu possa me sentir, que essa alegria se derrame por meio das minhas palavras e ações para que aqueles ao meu redor conheçam a tua grande salvação.

13 de maio

Definição de amor

O amor é paciente, o amor é bondoso. Não inveja, não se vangloria, não se orgulha. Não maltrata, não procura seus interesses, não se ira facilmente, não guarda rancor. O amor não se alegra com a injustiça, mas se alegra com a verdade. Tudo sofre, tudo crê, tudo espera, tudo suporta.
1CORÍNTIOS 13.4-7

Uma definição boa e adequada do amor é fundamental para a compreensão da mensagem da Palavra de Deus. Se não soubermos como devemos amar, não seremos capazes de cumprir o maior mandamento — amar a Deus, ou o segundo maior mandamento — amar ao próximo como a nós mesmos. A menos que adotemos o modo de Deus para nos amarmos uns aos outros, os nossos esforços serão inúteis.

A Bíblia ensina que o amor é um compromisso para viver de maneira abnegada, generosa e humilde. O amor não é uma emoção, mas sim uma decisão de colocar as necessidades de outra pessoa acima das nossas e de entregar a nossa vida para servi-las. Foi assim que Jesus mostrou o seu amor por nós.

Jesus, tu me mostraste um amor e uma paciência tão abundantes! Escreve, em meu coração, a tua definição de amor, para que eu possa vivê-la todos os dias. Ajuda-me a colocar os outros em primeiro lugar e a amá-los como o Senhor os ama!

14 de maio

Nada errado

Tendo sido, pois, justificados pela fé, temos paz com Deus, por nosso Senhor Jesus Cristo.
ROMANOS 5.1

Como seria a paz completa? Talvez seja uma boa noite de sono, livre das preocupações com o dia seguinte. Talvez seja alcançar estabilidade financeira, ou harmonia dentro do lar. Os nossos empregos, os problemas familiares ou a depressão podem nos atormentar, mas a paz traz o alívio pelo qual oramos.

Quando cremos que as promessas de Deus para nós são verdadeiras, podemos confiar na paz que recebemos por meio de Jesus. Quando ele é o Senhor de nosso coração, não estamos mais separadas de Deus por causa do pecado. Somos recebidas em sua família e passamos a ser consideradas filhas do Deus Pai. Um dos maiores benefícios existentes nesta família é a grande paz que repousa sobre nós. Nada está errado quando estamos certas com Deus. Todas as coisas passam, mas a promessa do Senhor permanece: nós pertencemos a ele, e ele jamais nos abandonará.

Deus, firma os meus pés na promessa de paz que eu tenho por intermédio do teu Filho, Jesus Cristo. As minhas preocupações e medos podem ser confiados a ti, e a paz assumirá o seu lugar em minha vida.

15 de maio

Um passo de cada vez

Àquele que é poderoso para impedi-los de cair e para apresentá-los diante da sua glória sem mácula e com grande alegria, ao único Deus, nosso Salvador, sejam glória, majestade, poder e autoridade, mediante Jesus Cristo, nosso Senhor, antes de todos os tempos, agora e para todo o sempre! Amém.
JUDAS 24-25

Esta maratona que chamamos de vida é bastante longa; às vezes, a estrada se torna cansativa e as nossas pernas ameaçam não suportar os fardos pesados. Como, então, seremos capazes de perseverar? Quando as lágrimas frias da tristeza ou os fortes ventos do desânimo nos atingem, como podemos seguir em frente e terminar a corrida?

Ouça esta notícia maravilhosa, querida amiga: Deus, cuja majestade é inigualável, está pronto para segurá-la com todo o peso que você está carregando. Ele coloca o fardo sobre seus próprios ombros fortes e impede que você escorregue e caia. E, o melhor de tudo, ele a leva à presença dele! Corra a sua maratona hoje e ouça as palavras de encorajamento do seu Pai celestial — os poderosos brados da alegria de Deus — conforme você dá um passo de cada vez em direção a ele. Desde que mantenha os olhos no Senhor, você sairá vitoriosa.

Levanta-me, Deus poderoso, quando eu tropeçar nesta maratona da vida. Quer o caminho seja penoso ou tranquilo, obrigada por tu estares sempre ao meu lado, mantendo-me firme e incentivada a cada passo que dou. Oro para que eu ouça a tua alegre voz hoje!

16 de maio

SACRIFÍCIO DE LOUVOR

Preparem o que vão dizer e voltem para o SENHOR. Peçam-lhe: "Perdoa todos os nossos pecados e, por misericórdia, recebe-nos, para que te ofereçamos o fruto dos nossos lábios."
OSEIAS 14.2

Canções de louvor e adoração são, às vezes, o último tipo de música que temos vontade de cantar. Lamentações e músicas tristes parecem mais apropriadas quando nos sentimos solitárias, decepcionadas ou irritadas. Como podemos continuar a louvar ao Deus que é digno, quando não conseguimos enxergar nada que seja digno de louvor em nossa própria vida?

Em primeiro lugar, reconheça as pequenas coisas que são verdadeiras bênçãos: o ar em seus pulmões, o amor de Deus derramado sobre a sua vida e a salvação que você possui em Jesus Cristo. Comece com essas verdades. E, então, assim como Oseias foi instruído, ofereça a Deus o seu *sacrifício de louvor*. Às vezes, o louvor vem quando nos humilhamos diante do Senhor para entregar o que ele merece. Deus restaura completamente o coração que é entregue a ele.

Só tu, Senhor, és digno do meu louvor. Tu és sempre digno. Eu não mereço, mas, mesmo assim, tu me abençoas. Eu sempre tropeço, mas tu me levantas. Obrigada pela tua misericórdia e por todas as coisas boas em minha vida. Eu louvo o teu santo nome!

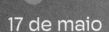

17 de maio

ELE NÃO PODE MENTIR

Querendo mostrar de forma bem clara a natureza imutável do seu propósito para com os herdeiros da promessa, Deus o confirmou com juramento, para que, por meio de duas coisas imutáveis nas quais é impossível que Deus minta, sejamos firmemente encorajados, nós, que nos refugiamos nele para tomar posse da esperança a nós proposta.

HEBREUS 6.17-18

Que esperança gloriosa podemos ter em nosso Deus fiel e confiável! Ele é o único Pai verdadeiro e honesto, em quem podemos encontrar a verdadeira segurança. Em um mundo tomado pelo pecado, as dúvidas, o medo e a desconfiança podem invadir com facilidade o nosso coração. Podemos nos tornar céticas e pessimistas e, dessa forma, até as promessas do nosso Deus confiável e amoroso podem parecer suspeitas.

Em vez disso, podemos correr para Deus em busca de segurança. Ouça a verdade da Palavra de Deus, onde as promessas dele foram cumpridas diversas vezes desde a Criação. Se Abraão confiou em Deus para ter um filho quando já era idoso, nós também podemos confiar que o Senhor cumprirá as promessas que nos fez.

Deus, tu és perfeito e verdadeiro. Só tu és digno da minha confiança e da minha esperança. Ajuda-me a enxergar as tuas promessas e a saber que, diferentemente dos homens, tu não podes mentir! Obrigada pela verdade das tuas promessas.

18 de maio

Um caminho perfeito

Toda a Escritura é inspirada por Deus e útil para o ensino, para a repreensão, para a correção e para a instrução na justiça, para que o homem de Deus seja apto e plenamente preparado para toda boa obra.
2TIMÓTEO 3.16-17

Deus compartilha livremente conosco o segredo para encontrarmos o propósito para a nossa existência. Durante milênios, as pessoas buscaram esse segredo; algumas delas jamais encontraram uma resposta satisfatória. No entanto, Deus não está tentando nos confundir ou atrasar o cumprimento do nosso propósito na terra. Ele deseja que compreendamos isso e busquemos a sua realização.

A Palavra de Deus contém todas as respostas das quais podemos precisar. Ela é uma ferramenta divina, cujo propósito é nos apontar o caminho certo. Nela, podemos encontrar correção e repreensão, assim como encorajamento e grande sabedoria. Se formos humildes o suficiente para receber o que está escrito, a Palavra de Deus pode nos equipar para o nosso maior propósito: servir uns aos outros pelo Reino dos céus.

Pai celestial, tu tens um grande plano para a minha vida. Obrigada pelo teu caminho perfeito. Eu peço humildade para me submeter à tua Palavra, obedecer à tua voz e ter paciência para cumprir o meu propósito nesta existência.

19 de maio

Salvação por meio da morte

Ele se entregou por nós a fim de nos remir de toda a maldade e purificar para si mesmo um povo particularmente seu, dedicado à prática de boas obras.
TITO 2.14

Por causa do pecado de Adão e Eva, todos nós fomos separados de Deus. Deus e o pecado não podem coexistir. Quando Jesus Cristo, que era totalmente Deus e totalmente homem, derramou o seu sangue na cruz e morreu no lugar dos pecadores, ele tornou possível que os pecadores fossem purificados e vivessem em comunhão com Deus no Reino dos Céus.

A salvação por meio da morte de Jesus está disponível a qualquer um que esteja disposto a se humilhar e confessar os seus pecados, se arrependendo e aceitando que foram comprados com o sangue de Jesus. A salvação significa que estamos livres de todo o pecado! Essa liberdade nos santifica. Deus opera em nós para nos tornar mais parecidas com Jesus, fazendo o bem ao próximo e ao Reino.

Jesus, obrigada pela tua morte na cruz e pela salvação que recebi graças ao teu sofrimento. Ajuda-me a te servir com gratidão e paciência, para que outras pessoas possam encontrar a salvação em ti.

20 de maio

Sede satisfeita

Jesus lhe respondeu: "Se você conhecesse o dom de Deus e quem lhe está pedindo água, você lhe teria pedido e dele receberia água viva". (...) Quem beber desta água terá sede outra vez, mas quem beber da água que eu lhe der nunca mais terá sede. Ao contrário, a água que eu lhe der se tornará nele uma fonte de água a jorrar para a vida eterna.
JOÃO 4.10, 13-14

Jesus nos oferece algo além do valor terreno, algo impossível, santo e milagroso: um relacionamento com ele. Somente ele nos conhece de verdade — os nossos desejos e paixões mais profundos —, e somente ele pode nos oferecer a satisfação que tanto buscamos.

Podemos procurar pelo mundo inteiro e jamais encontraremos nada que se compare com a água viva que Jesus nos oferece. Ele nos ama muito e aguarda pacientemente para nos satisfazer. Você está disposta a aceitar essa bênção hoje? Você está pronta para pedir que ele sacie a sua sede? Cristo deseja satisfazer as suas necessidades quando você se coloca em um relacionamento com ele.

Jesus, eu quero beber da tua água viva. Derrama as tuas bênçãos sobre mim, para que a sede da minha alma seja finalmente satisfeita.

21 de maio

Sem comparação

Então Moisés estendeu a mão sobre o mar, e o SENHOR afastou o mar e o tornou em terra seca, com um forte vento oriental que soprou toda aquela noite. As águas se dividiram.
ÊXODO 14.21

O grandioso poder de Deus é evidente por toda a Bíblia. Desde a Criação, quando ele colocou os planetas em movimento e as estrelas em seus lugares, até às margens do mar Vermelho, onde os israelitas foram encurralados pelo exército egípcio, o forte e milagroso poder de Deus é incomparável. Quem pode ser comparado a Deus? Quem pode fazer o que ele fez e faz? Não existe nenhum outro que possa ser igualado ao nosso Senhor, tanto no céu, quanto na terra.

O esplendor da história de Deus é que o mesmo rei poderoso e incomparável que dividiu as águas e ressuscitou Lázaro dos mortos nos oferece a força dele todos os dias. Também podemos nos aproximar sem medo dos nossos inimigos quando o Deus do Universo dirige os nossos passos.

Deus de toda a Criação, as tuas obras são poderosas e gloriosas! Só tu és digno de todo o louvor e de toda a honra. Eu me sinto honrada por receber a tua força e por saber que, com ela, posso superar as dificuldades do dia de hoje.

22 de maio

RICAS RECOMPENSAS

Por isso, não abram mão da confiança que vocês têm; ela será ricamente recompensada. Vocês precisam perseverar, de modo que, quando tiverem feito a vontade de Deus, recebam o que ele prometeu.

HEBREUS 10.35-36

Você se lembra dos primeiros dias do seu relacionamento com o Senhor? Talvez você ainda fosse uma criança, com a mente cheia de fantasia e emoção. Talvez já fosse adulta quando descobriu o amor do Senhor, que a fez transbordar de alegria. Ao longo de nossa jornada com Cristo, os altos e baixos da vida podem nos afetar. A confiança que depositamos em Deus para nos salvar de nós mesmas pode começar a vacilar.

Não desanime! Deus promete recompensar a sua fé. Deposite a sua confiança no Senhor, e ele a ajudará a perseverar em meio a qualquer situação. Respire fundo na paz do Senhor para hoje e alegre-se nela. Quando sentir que pode hesitar, fixe seus olhos em Deus e busque a alegria que apenas ele pode oferecer.

Senhor, eu oro para que tu restaures a emoção dos primeiros dias do nosso relacionamento. Ajuda-me a lembrar-me da tua alegria e da tua paz sempre que eu sentir que estou prestes a desmoronar. Obrigada por tuas promessas. Sei que tu és fiel.

23 de maio

O CAMINHO PARA A VITÓRIA

O que é nascido de Deus vence o mundo; e esta é a vitória que vence o mundo: a nossa fé. Quem é que vence o mundo? Somente aquele que crê que Jesus é o Filho de Deus.
1JOÃO 5.4-5

A nossa maior luta que podemos travar neste mundo é contra as armadilhas e enganos do pecado. A nossa fé em Jesus nos libertou dos laços do pecado, mas ainda somos suscetíveis às mentiras do inimigo, que adoraria nos ver feridas, atormentadas e imobilizadas. Quando deixamos de ser eficientes para o Reino de Deus, Satanás está ganhando.

Como, então, podemos continuar sendo vitoriosas? Devemos fortalecer a nossa fraqueza, atacando os pecados de nossa vida, removendo um por um. Esse processo pode ser doloroso, contudo, quanto mais lutarmos contra o pecado, mais poderemos experimentar uma vida vitoriosa e todas as suas bênçãos. Isso só pode ser obtido pela fé.

Obrigada, Jesus, por me libertares das amarras do pecado. Não sou mais uma escrava, pois fui liberta! Quando os ataques do inimigo parecerem poderosos demais, mostra-me o caminho para a vitória.

24 de maio

Consumida?

Todavia, lembro-me também do que pode me dar esperança: Graças ao grande amor do SENHOR é que não somos consumidos, pois as suas misericórdias são inesgotáveis.
LAMENTAÇÕES 3.21-22

O que a está consumindo hoje? Você está preocupada com algum prazo de trabalho? Com uma amiga? Com um parente? Muitas coisas que pesam em nosso coração são verdadeiros fardos. Os sofrimentos desta vida vêm de muitas formas diferentes, e todas nós os enfrentamos de alguma maneira. O autor do livro de Lamentações também sentiu o peso do sofrimento. E ele sabia o que fazer para não ser consumido pelas preocupações deste mundo.

Nós podemos tirar proveito de algumas coisas desta oração. Em primeiro lugar, precisamos nos lembrar da verdade. Não é sempre o primeiro pensamento que surge em nossa mente. Na verdade, a preocupação e a depressão ocupam, geralmente, o lugar principal de nossa mente. No entanto, tudo isso muda quando nos lembramos da verdade. E qual é a verdade que nos fortalece? *O grande amor de Deus.* Pura e simplesmente. O amor firme, imutável e poderoso de Deus é o que oferece esperança aos corações apertados. Os nossos fardos sempre se tornam mais leves na presença do Senhor.

Espírito Santo, por favor, ajuda-me a me lembrar rapidamente do teu grande amor na próxima vez que eu me sentir consumida pela dor. Oro para que, quanto maior for a minha compreensão sobre o teu amor, mais graça eu tenha para entregar os meus fardos em tuas poderosas mãos.

25 de maio

Eu espero alegremente

Espero no SENHOR com todo o meu ser, e na sua palavra ponho a minha esperança.
    SALMOS 130.5

Nós, frequentemente, consideramos a espera uma coisa difícil e, até mesmo, desagradável. Porém, às vezes, esperar é algo maravilhoso: a espera por boas notícias, pelo nascimento de um filho e a ansiedade de receber um presente especial.

Quando a coisa pela qual esperamos é boa, a espera em si é uma dádiva. É exatamente assim quando esperamos pelo Senhor. Com toda a nossa esperança depositada nele, o resultado é certo. O resultado é a eternidade. Que todo o nosso ser espere no Senhor cheio de esperança e alegria.

Senhor, eu amo esperar por ti! Como sei que o Senhor dá apenas coisas boas, eu poderia esperar para sempre. A tua Palavra é a minha esperança, e ela promete vida e luz eternamente ao teu lado. Com gratidão e alegria, eu espero por ti.

26 de maio

INSEPARÁVEL

Pois estou convencido de que nem morte nem vida, nem anjos nem demônios, nem o presente nem o futuro, nem quaisquer poderes, nem altura nem profundidade, nem qualquer outra coisa na criação será capaz de nos separar do amor de Deus que está em Cristo Jesus, nosso Senhor.
ROMANOS 8.38-39

Você já ouviu isso antes? Talvez no rádio, enquanto dirigia ontem para o trabalho? Você cantou um louvor sobre isso no domingo, na igreja? Estas palavras fizeram parte do seu catecismo, quando você era criança? *Nada pode nos separar do amor de Deus.* É como se ouvíssemos essas palavras, mas elas não criassem raízes em nosso coração. Podemos ouvir a mesma coisa tantas vezes, que paramos de prestar atenção ao seu significado. O nosso coração se anestesia perante a sua mensagem.

Querida amiga, ouça novamente. E não apenas escute, mas *absorva* a sua verdade. Nada pode separá-la do amor de Deus. Deixe essa verdade afastar todas as suas inseguranças e medos neste dia. Permita que ela estabilize a sua alma. Deixe que ela dê fim às suas ansiedades. Você ficará bem. Por quê? Porque não há poder forte o bastante para separá-la do amor de Deus. E essa verdade é suficiente para que você tenha um bom dia hoje.

Pai, embora muitos alicerces possam ruir, eu te agradeço por nada ser forte o bastante para me separar do teu amor. Nada, em toda a criação.

27 de maio

DEDICANDO AFETO

Portanto, já que vocês ressuscitaram com Cristo, procurem as coisas que são do alto, onde Cristo está assentado à direita de Deus. Mantenham o pensamento nas coisas do alto, e não nas coisas terrenas.
COLOSSENSES 3.1-2

Muitas coisas competem pelo nosso amor e afeto. Nós vivemos em uma cultura incrivelmente materialista. É difícil viver cercada por ela e impedir que isso molde os nossos desejos. Como podemos não desejar um milhão de coisas que não possuímos, se elas estão sendo anunciadas constantemente bem diante de nossos olhos?

Uma das maneiras mais fáceis de fixar a nossa atenção nas coisas que são do alto é tendo muito cuidado com o que permitimos entrar em nossa mente. Às vezes, não temos controle sobre o que é anunciado diante de nós, contudo, em muitas outras ocasiões, temos esse controle. Decida fixar o seu coração nas coisas que são do alto.

Pai, ajuda-me a me afastar das coisas deste mundo e a fixar o meu coração nas coisas que são do alto — onde tu estás assentado ao lado do teu Filho.

28 de maio

Amor inteligente

Esta é a minha oração: Que o amor de vocês aumente cada vez mais em conhecimento e em toda a percepção, para discernirem o que é melhor, a fim de serem puros e irrepreensíveis até o dia de Cristo.
FILIPENSES 1.9-10

Como cristãs, somos chamadas a amar ao próximo como Cristo nos amou. Mas, isso significa que devemos deixar o nosso coração enlouquecer, amando e aceitando qualquer um? Não! Nós somos chamadas a um amor inteligente. Somos chamadas a amar com sabedoria. Devemos amar o que é bom, certo e puro. Se pedirmos sabedoria e discernimento a Deus para amar as pessoas, ele nos concederá isso e nos ajudará a identificar o que é certo e o que é errado.

O maravilhoso no relacionamento com Jesus é o fato de ser uma relação profunda e sem fim, em constante evolução. Ele continuará nos ajudando a amadurecer e adquirir sabedoria e compreensão, para que possamos ver, de fato, o que é bom e o que não é.

Senhor, obrigada pelo teu amor perfeito e puro. Ajuda-me a fazer escolhas sábias para o meu coração hoje e todos os dias da minha vida.

29 de maio

Ele gosta de receber agradecimentos

Entrem por suas portas com ações de graças, e em seus átrios, com louvor; deem-lhe graças e bendigam o seu nome.
SALMOS 100.4

O despertador tocou muito cedo na manhã de hoje. Talvez em forma de crianças, de um celular ou de um coração pesado, que permanece inquieto mesmo quando você está dormindo. O seu sono foi interrompido, e a sua mente começa, imediatamente, a pensar em todos os itens da sua lista de afazeres do dia, enquanto inicia a sua rotina matinal. Você olha para o relógio e se pergunta como pode já estar atrasada?

É exatamente nesse momento que devemos parar tudo e agradecer a Deus. É isso mesmo, você deve parar o que está fazendo, se ajoelhar (para se certificar de que está realmente parando) e agradecer a Deus. Um coração grato prepara o terreno para que você se conecte diretamente ao coração de Deus. Ele não é alguém a quem usamos para conseguir o que queremos. Ele é um provedor sincero e amoroso de tudo o que necessitamos. Quando paramos para agradecer a Deus, entregamos a ele a honra que lhe é devida. Mas a gratidão também é fonte de paz e alegria para o nosso coração em meio às nossas agitadas rotinas matinais.

Pai amoroso, eu entro em tua presença agora, em mais uma de tuas criações — no dia de hoje. Obrigada por me concederes outro dia nesta terra. Obrigada pela vida em meu corpo e pelo teu amor. Ajuda-me a viver em ações de graça a ti. Eu te amo.

30 de maio

DEUS CANTA!

Ele se regozijará em você; com o seu amor a renovará, ele se regozijará em você com brados de alegria.
SOFONIAS 3.17

O idealizador, criador e executor do projeto do mundo é Deus. Ele é poderoso o bastante para criar, não apenas planetas, mas um sistema solar inteiro, e não apenas um, mas muitos. Ele é infinitamente maior do que podemos imaginar. No entanto, ele pausa para cantar. Como será que fica o rosto de Deus quando ele canta? Será que a face dele brilha ainda mais quando canta? De que músicas ele gosta? Será que prefere algum estilo ou gosta de qualquer gênero musical? Qual é o tom de voz dele? Será que seríamos capazes de imaginar como é o som que ela emite?

Só nos resta imaginar as respostas para essas perguntas. Há, no entanto, uma coisa que a Bíblia nos diz sobre o canto do Senhor: o *objeto* da sua canção. Você. É isso mesmo, em meio à quantidade de opções sobre o que ele poderia cantar, ele escolhe você. Ele canta *sobre* você. Quando tudo está calmo, quando você está sozinha, ou quando tudo ao seu redor está caótico, ele canta com palavras alimentadas pelo seu indomável amor por você.

Pai, ajuda-me a ouvir a tua canção hoje. Quando eu estiver estressada, sozinha, preocupada ou com medo, ajuda-me a ouvir a música de libertação que tu cantas sobre mim. Obrigada pelo teu grande amor.

31 de maio

Aquele a quem você adora

Quem mediu as águas na concha da mão, ou com o palmo definiu os limites dos céus? Quem jamais calculou o peso da terra, ou pesou os montes na balança e as colinas nos seus pratos? (...) "Com quem vocês vão me comparar? Quem se assemelha a mim?", pergunta o Santo. Ergam os olhos e olhem para as alturas. Quem criou tudo isso? Aquele que põe em marcha cada estrela do seu exército celestial, e a todas chama pelo nome. Tão grande é o seu poder e tão imensa a sua força, que nenhuma delas deixa de comparecer!

ISAÍAS 40.12, 25-26

Aqui está você, passando um tempo com Jesus no dia de hoje. Você separou este momento e parou o seu dia para se dedicar ao seu Criador. Talvez tenha trazido até uma lista com itens para discutir com ele. Talvez você esteja simplesmente sedenta para ouvir a voz do Senhor.

Permita que hoje o Senhor diga quem ele é. Isso fará surgir adoração, segurança e confiança.

Santo Deus, eu mal posso acreditar que tu criaste todas essas coisas e, ainda assim, me convidas a te chamar de Pai. Vejo as estrelas, o sol e a lua todos os dias. Ajuda-me a nunca deixar de me deslumbrar com a tua criação, pois ela aponta para um grande e todo-poderoso Criador. Eu te adoro neste dia.

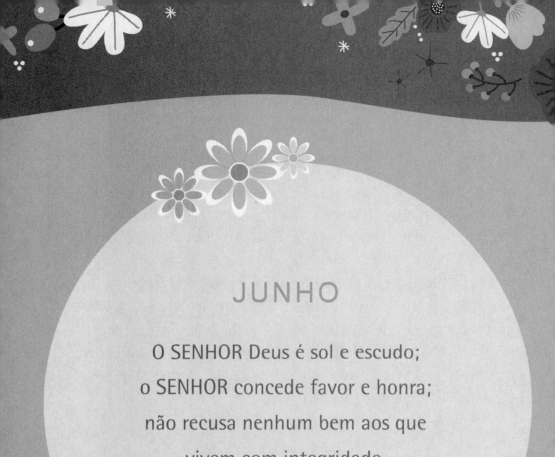

JUNHO

O SENHOR Deus é sol e escudo; o SENHOR concede favor e honra; não recusa nenhum bem aos que vivem com integridade.

SALMOS 84.11

1° de junho

Mais sábio que você

A quem o SENHOR consultou que pudesse esclarecê-lo, e que lhe ensinasse a julgar com justiça? Quem lhe ensinou o conhecimento ou lhe apontou o caminho da sabedoria?
ISAÍAS 40.14

Você se encontra questionando o mover de Deus na terra? Por ser um Pai maravilhoso, nós sabemos que ele tem os nossos melhores interesses em mente. No entanto, quando vemos o pecado desenfreado destruindo a vida das pessoas, podemos nos perguntar o que o Senhor está fazendo. Perguntamo-nos se ele está vendo tudo isso. Ele vê. Ele vê todas as coisas. Cada gota de dor e sofrimento é percebida por Deus, e ele se compadece de nós.

Jesus está voltando, e ele virá com pura justiça e poder. Todos prestarão contas de suas ações. Ele é um perfeito Juiz e julgará imparcialmente. Ele é completamente justo e compassivo. Cristo está realmente voltando e consertará tudo o que está errado.

Pai, obrigada por seres um justo Juiz; é a tua natureza. Quando eu não conseguir ver, escolherei confiar em ti e em quem tu dizes ser.

2 de junho

PRECIOSA, HONRADA E AMADA

Visto que você é precioso e honrado à minha vista, e porque eu o amo, darei homens em seu lugar, e nações em troca de sua vida.
ISAÍAS 43.4

Já leu uma carta de amor que não era destinada a você? Se for bem escrita, uma carta pode nos dar uma ótima ideia do que se passa no coração de uma pessoa apaixonada. Ela se coloca em uma posição vulnerável e desarmada, entregando o seu coração completamente por amor à outra. Nós quase nos sentimos constrangidas quando lemos algo tão íntimo.

Você consegue ouvir a doce e amável carta que Deus escreveu para você hoje? Ele a chamou de preciosa e honrada. Você é estimada e guardada. Deus jamais se aproveitará de você. O amor dele é puro.

Pai, eu recebo as palavras que tu disseste a mim hoje. Tu me amas. Ajuda-me a não rejeitar o teu amor, mas sim a amadurecer graças a ele.

3 de junho

Levanta o meu coração pesado

Se com renúncia própria você beneficiar os famintos e satisfizer o anseio dos aflitos, então a sua luz despontará nas trevas, e a sua noite será como o meio-dia.
ISAÍAS 58.10

No Reino de Deus, as coisas são diferentes. O que é descartado ou desprezado aqui na terra, é valioso para Deus. Pessoas fracas, marginalizadas e aflitas chamam mais a atenção de Deus do que nós. Ele vê a aflição dessas pessoas e escolhe satisfazer as necessidades delas por meio do corpo dele. Infelizmente, às vezes, nós estamos muito concentradas em nossas próprias dificuldades para perceber todo o sofrimento que existe à nossa volta.

Se dedicarmos a nossa vida àqueles que passam necessidade, a nossa luz despontará e as nossas trevas diminuirão. Quando satisfazemos as necessidades de outras pessoas, Deus cuida das nossas e alivia os nossos fardos.

Obrigada, Senhor, pois tu cuidas do meu coração mesmo quando há outras pessoas mais necessitadas. Ajuda-me a servi-las para que eu não pense apenas em mim mesma. Ajuda-me a enxergar as pessoas ao meu redor e a me preocupar de verdade com elas.

4 de junho

Ainda não é a nossa casa

Na casa de meu Pai há muitos aposentos; se não fosse assim, eu teria dito a vocês. Vou preparar lugar para vocês.
JOÃO 14.2

A nossa casa na terra é muito importante em nossa vida. É nela que descansamos, é nela que mostramos o nosso estilo e é nela onde nos relacionamos com nossas famílias e amigos. Mas, verdade seja dita, ela não é perfeita. Por mais que tentemos, jamais conseguiremos obter o tom perfeito da tinta da parede. Às vezes, compramos a roupa de cama que amamos e percebemos que ela já começou a se desgastar. Nada disso dura para sempre.

Isso é parte do motivo pelo qual Jesus nos contou sobre o nosso lar eterno. Ele quer que esperemos ansiosamente por ele. Nosso Salvador está preparando um lugar para nós. Lugares que foram feitos para o nosso proveito. Não sabemos exatamente como eles serão, mas sabemos que Aquele que os está preparando é o mesmo que conhece o nosso gosto melhor do que qualquer outra pessoa.

Jesus, obrigada por estares preparando um lugar para mim. Obrigada, pois a minha maior alegria no céu não será o lugar preparado para mim, mas sim o fato de estar vivendo em tua presença.

5 de junho

Imagem e semelhança

Criou Deus o homem à sua imagem, à imagem de Deus o criou; homem e mulher os criou.
GÊNESIS 1.27

A cultura ocidental não nos ajuda em nada no que diz respeito às nossas imagens de corpos saudáveis. As mulheres que vemos nas revistas têm suas imagens adulteradas, os ricos e famosos não costumam ser pessoas saudáveis e todas as propagandas que vemos nos aconselham a esconder a nossa idade. Lembre-se de que você é mais do que aparenta ser. O seu valor excede muito a sua aparência.

O Rei de toda a criação atribuiu um valor tremendo para sua vida. Quando Deus estava projetando magistralmente toda a criação, nos primeiros cinco dias, nada carregava a imagem dele. Era a obra de Deus, mas não a própria *imagem* dele. Compartilhar da imagem do Criador estava reservado exclusivamente a uma parte da criação — o homem e a mulher.

Pai, perdoa-me por acreditar nas mentiras que dizem que o meu valor está na minha aparência. Obrigada, pois eu tenho beleza e valor simplesmente porque fui criada à tua imagem e semelhança.

6 de junho

EXPRESSÕES FACIAIS

Responde-me, SENHOR, pela bondade do teu amor; por tua grande misericórdia, volta-te para mim.
SALMOS 69.16

Como você acha que é a expressão facial de Deus quando ele conversa com você? Se o imagina irritado ou temperamental, você se aproximará dele com timidez e medo. Se o imagina como um Deus imprevisível, então você andará na ponta dos pés diante dele, sem saber como ele agirá. É verdade que Deus não é estático em suas emoções. Ele se expressa livremente por meio das Escrituras. As diferentes circunstâncias invocam raiva, alegria e compaixão no Senhor. No entanto, as emoções dele, diferentemente das nossas, não são inconstantes. Elas são sensatas e justificáveis.

É importante que você saiba que o coração de Deus é o de um pai compassivo. Se escolheu amá-lo, então você é a filha dele. Ele a ama. Ele deseja que você se aproxime da presença dele; e ele sorri quando você faz isso. Ele está ansioso para ouvir a sua voz hoje.

Pai, obrigada por me convidares a buscar a tua presença com ousadia quando eu preciso. Obrigada, pois não preciso me aproximar de ti com medo. Tu me esperas ansiosamente e me acolhes com um abraço.

7 de junho

Renovação interior

Por isso não desanimamos. Embora exteriormente estejamos a desgastar-nos, interiormente estamos sendo renovados dia após dia.
2CORÍNTIOS 4.16

Às vezes, quando acordamos, não nos sentimos nem um pouco descansadas. As nossas costas doem, nossos olhos estão inchados e a nossa pele está um pouco (ou muito) feia. Sabemos que não aparentamos ser mais jovens nem nos sentimos mais como nos sentíamos, contudo, não lembramos exatamente quando começamos a envelhecer. Começamos a nos perguntar: "A minha mãe não era mais velha do que eu quando tinha essa aparência?"

Neste dia, assuma o seu envelhecimento em vez de amaldiçoá-lo. Todos estão envelhecendo. Não é motivo de vergonha. Em muitas culturas, as pessoas desejam envelhecer, pois isso significa que elas são mais sábias e respeitadas. O mais importante, envelhecer no Senhor também significa que estamos sendo renovadas diariamente. O nosso objetivo ao acordar não deve ser tentar disfarçar a nossa idade, alterando a nossa aparência para parecermos mais jovens, mas sim renovar o nosso coração, a nossa mente e a nossa alma.

Pai, ajuda-me a entender que a renovação interior é muito mais valiosa — e eterna — do que a exterior.

8 de junho

OBEDIÊNCIA TARDIA

Antes, felizes são aqueles que ouvem a palavra de Deus e lhe obedecem.
   LUCAS 11.28

Há pessoas que parecem caminhar mais próximas de Deus do que outras. Embora haja muitos outros fatores que contribuam para isso, uma das razões principais é a obediência. Simplificando, quando Deus pede alguma coisa a elas, elas obedecem. Algumas questões podem não parecer urgentes ou críticas para nós, então inventamos desculpas: "Talvez outra pessoa possa doar dinheiro aos missionários", ou "Foi apenas uma mentirinha", e até "Que outra pessoa compre uma comida para ele; eu estou muito ocupada".

Desculpas, ou até mesmo uma obediência tardia, podem ser, na verdade, desobediência. Quando desobedecemos ao Senhor, não fazemos ideia do efeito em cadeia que isso pode gerar. Deveríamos saber que quando Deus coloca algo em nosso coração, ele também escolhe o tempo exato em que isso deve ser cumprido.

Pai, ajuda-me a ouvir a tua voz e a obedecê-la imediatamente. Eu quero te agradar e abrir mão dos meus próprios planos para cumprir os teus.

9 de junho

TRAÍDA COM UM BEIJO

Enquanto ele ainda falava, apareceu Judas, um dos Doze. Com ele estava uma multidão armada de espadas e varas, enviada pelos chefes dos sacerdotes, mestres da lei e líderes religiosos. O traidor havia combinado um sinal com eles: "Aquele a quem eu saudar com um beijo, é ele: prendam-no e levem-no em segurança." Dirigindo-se imediatamente a Jesus, Judas disse: "Mestre!", e o beijou.

MARCOS 14.43-45

Alguém já lhe declarou acordo, lealdade ou amor, mas você sabia que o coração dessa pessoa estava distante de você? Às vezes, é o próprio olhar que a denuncia. Outras vezes, você realmente acreditou que estavam de acordo, até que, em determinado momento, as ações daquela pessoa mostraram a sua verdadeira intenção. A traição pode ser arrasadora.

Às vezes, podemos fazer isso com Deus. É fácil frequentarmos a igreja, cantando louvores de adoração, e deixar de lidar com o estado do nosso coração. É algo parecido com beijar o Senhor com o nosso amor e adoração enquanto mantemos parte de nosso coração afastado. Deus não se choca com esse tipo de atitude — assim como Jesus não se chocou com a traição de Judas. Ele já sabia que isso ia acontecer quando lavou os pés dele! Se você está hesitando em se entregar completamente a Deus, saiba que ele lavaria os seus pés hoje para ganhar o seu coração.

Pai, ajuda-me a entregar o meu coração completamente a ti hoje. Não quero trair-te com beijos falsos. Eu desejo permanecer leal a ti, amando o Senhor com todo o meu ser.

10 de junho

Pequenas ofertas

> Um olhar animador dá alegria ao coração, e as boas notícias revigoram os ossos.
> PROVÉRBIOS 15.30

Não menospreze o valor das pequenas coisas. Mais frequentemente do que imaginamos, o Espírito Santo nos influencia a fazer coisas que glorifiquem o Pai. Essa influência pode vir em forma de pensamentos, o que torna mais fácil que a ignoremos. Em vez de ignorar, dedique o dia de hoje a fazer pequenas ofertas Àquele que a criou. Ofereça um sorriso a uma pessoa que não o "merece". Faça uma oração pelo funcionário de algum estabelecimento que a atendeu bem. Satisfaça aquela necessidade que você ouviu dizer que alguém estava passando. Essas coisas podem parecer pequenas na hora, mas você não faz ideia das implicações da sua obediência.

Existe um motivo pelo qual o Espírito Santo destaca algumas pessoas ao seu redor; elas não estão ali por uma simples coincidência. O seu sorriso pode ser o primeiro que alguém recebe há muito tempo. Da mesma forma, uma cara fechada ou uma palavra grosseira carregam o poder de estragar o dia de uma pessoa. Escolha oferecer um olhar de amor que despertará alegria no coração de quem o receber.

Pai, ajuda-me a ser fiel com minhas pequenas ofertas aos outros e a ti. Que o meu sorriso alivie o fardo daqueles à minha volta.

11 de junho

Simplesmente mansa

A língua tem poder sobre a vida e sobre a morte; os que gostam de usá-la comerão do seu fruto.
PROVÉRBIOS 18.21

Todas nós recebemos uma ferramenta profundamente poderosa — a nossa língua. Como filhas de Deus, possuímos a capacidade única de declarar vida com as nossas palavras; nós devemos, portanto, escolher usá-las com sabedoria. Uma vez ditas, as palavras não podem ser retiradas. Palavras curtas e duras podem transformar uma conversa amigável em uma verdadeira tempestade.

Peça, hoje, que Deus purifique a sua linguagem. Peça-lhe a graça de oferecer respostas delicadas. Teste isso. Você verá que, ao falar de maneira mansa com as pessoas, conversas que, normalmente, resultariam em brigas, serão preenchidas pela paz.

Jesus, treina-me para usar a minha língua com sabedoria. Ajuda-me a usá-la para a tua glória. Mostra-me como eu posso honrar mais a ti com as coisas que falo.

12 de junho

POR ONDE VOCÊ ANDA?

Como é feliz aquele que não segue o conselho dos ímpios, não imita a conduta dos pecadores, nem se assenta na roda dos zombadores! Ao contrário, sua satisfação está na lei do SENHOR, e nessa lei medita dia e noite.
SALMOS 1.1-2

Podemos ser seguidoras de Jesus e estar, ao mesmo tempo, cercadas por todo tipo de coisas erradas. Eventualmente, se nos cercarmos de influências ruins, nós nos tornamos conforme à sua imagem — e não o contrário. Portanto, é importante estarmos atentas ao que nos cerca.

Com quem você anda? Que tipo de conselho você permite que entre em sua vida? Quem vive ao seu lado? Os seus amigos se alegram na vida de pecado? Em que rodas você se senta? Você se senta com zombadores de Deus? Há momentos em que nos associamos ao mundo porque desejamos ganhá-lo para o Senhor. Mas essas pessoas não devem ser nossos amigos mais íntimos. Ao contrário, a nossa alegria deve vir dos ensinamentos de Deus; essa deve ser a nossa verdadeira força e alegria.

Deus, ajuda-me a andar, me sentar e viver em tua presença para que eu possa me deleitar em tudo o que tu és. Mantém-me firme nos conselhos da tua Palavra. Somente nela eu receberei os melhores conselhos.

13 de junho

Escondendo a Palavra de Deus

Guardei no coração a tua palavra para não pecar contra ti.
SALMOS 119.11

É extremamente importante nos dedicarmos à memorização da Palavra de Deus. Uma coisa é passar o olho na Bíblia pela manhã, outra completamente diferente é tentar mastigar e digerir os seus ensinamentos. Quando digerimos de verdade a Palavra de Deus, ela vai da nossa cabeça ao nosso coração.

Uma das melhores maneiras de guardarmos a Palavra de Deus em nosso coração é memorizando alguns versículos. Quando memorizamos alguma coisa, nós a repetimos mentalmente. Esse simples ato nos faz pensar, naturalmente, na Palavra de Deus, em vez de nos concentrarmos em pensamentos banais ou ansiosos. Além disso, a natureza do armazenamento de qualquer coisa significa que agora estamos guardando algo do qual podemos necessitar depois. Significa que sabemos da importância de guardar algo que nos beneficiará no futuro.

Pai, dá-me sabedoria e graça para guardar a tua Palavra em meu coração para usá-la quando eu precisar.

14 de junho

UM CORAÇÃO MORNO

Desvia os meus olhos das coisas inúteis; faze-me viver nos caminhos que traçaste.
SALMOS 119.37

Você sente que o seu amor por Deus tem esfriado? Uma vida íntima com o Senhor exige tempo. Qualquer relacionamento exige. Um relacionamento no qual apenas uma das partes investe tempo e dedicação se desgastará. Pode surgir desconfiança sem motivos, simplesmente porque as duas pessoas não passam tempo juntas.

Faça uma reflexão; o que você consegue identificar em seu coração como sendo, talvez, a causa do seu comportamento morno e desinteressado em relação a Deus? Às vezes, a causa pode ser por você estar investindo tempo em outras atividades, e por isso não tem tempo para o seu relacionamento com ele. Há "coisas inúteis" que estão tomando o espaço do seu coração? Ore e peça a Deus que lhe conceda força para desviar seus olhos delas. Ele ajudará, prontamente, um coração humilde, inflamando-o com vida.

Pai, concede-me mais do teu Espírito para que eu me afaste de tudo o que atrapalha a minha caminhada com o Senhor. Obrigada por tu seres a minha maior ajuda e por estares ao meu lado enquanto eu te busco.

MEDITAÇÃO

Faze-me discernir o propósito dos teus preceitos; então meditarei nas tuas maravilhas.
SALMOS 119.27

A meditação costuma ter uma reputação ruim. Outras religiões incentivam a meditação para gerar santidade. Elas encorajam os seus seguidores a encontrar alguma entidade inventada para dar-lhes vida e a meditar sobre ela repetidamente até que sejam transformados. Para que serve meditar em algo inventado quando podemos meditar sobre o *Criador* de todas as coisas? A meditação é encorajada diversas vezes ao longo do livro dos Salmos. Existe muito valor em dedicar grande quantidade de tempo e energia mental a Deus e às suas obras.

Deus revela o seu coração pela forma como ele age aqui na terra. Dedique algum tempo para meditar nas obras do Senhor. Lembre-se de como ele dividiu o mar Vermelho, derramou o seu Espírito sobre os homens que estavam trancados em uma sala e andou sobre as águas. Que essas não sejam apenas histórias, mas sim obras milagrosas de um Deus amoroso.

Pai, enquanto medito em como tu agiste no passado, revela-me o teu caráter e o teu amor por mim.

16 de junho

Abre os meus olhos

Abre os meus olhos para que eu veja as maravilhas da tua lei.
SALMOS 119.18

A sua leitura bíblica tornou-se algo desgastante? Não é incomum que as nossas leituras frequentes se tornem difíceis, ou até mesmo entediantes, durante algumas fases. Quando você passar por uma fase dessas, é importante se lembrar de algumas coisas. Em primeiro lugar, embora a Palavra de Deus possa parecer difícil de digerir, Deus não. Não há nada de chato ou de entediante no Criador do Universo. Reconheça que a sua dificuldade está em sua própria disciplina para estudar a Bíblia — não no Senhor.

Em segundo lugar, ore e peça ao Espírito que a ajude. A função do Espírito Santo é dirigi-la para o Pai, portanto, ele se alegra em revelar Deus a você por meio da Bíblia. Você precisa da ajuda do Espírito para fazer o que não pode fazer. Basta pedir.

Espírito Santo, peço-te que abras os meus olhos e me mostres as maravilhas presentes em tua lei. Revela a mim quem tu és por intermédio de tua Palavra.

17 de junho

Meus conselheiros

Sim, os teus testemunhos são o meu prazer; eles são os meus conselheiros.
SALMOS 119.24

Muitas de nós enfrentamos fases durante as quais precisamos de um conselheiro. Às vezes, os traumas e dramas da vida exigem outra voz para nos dar direção em meio ao deserto no qual nos encontramos. Um bom conselheiro, que nos aponta Jesus constantemente, vale ouro. No entanto, primeiramente devemos buscar Deus por nossa própria conta antes de recorrermos imediatamente a outras pessoas.

Por intermédio da Palavra do Senhor, os testemunhos que lemos têm o poder de nos oferecer conselhos quando precisamos. Eles nos oferecem direção, consolo, sabedoria e esperança. Quando lemos testemunhos bíblicos, nos damos conta de que Deus nunca abandonou o seu povo e que sempre existirão motivos para termos esperança.

Pai, obrigada pelos testemunhos presentes em tua Palavra. Revela-os a mim hoje para que eu receba a esperança e a sabedoria que preciso neste momento.

18 de junho

ELE SE LEMBRA

Ele se lembra para sempre da sua aliança, por mil gerações, da palavra que ordenou, da aliança que fez com Abraão, do juramento que fez a Isaque.
SALMOS 105.8-9

Deus guarda as suas alianças. Ele faz promessas a pessoas específicas desde o início dos tempos. Isso, por si só, não o torna único. As pessoas fazem promessas e votos o tempo todo. A diferença crucial entre as nossas promessas e as de Deus é que ele jamais as esquece ou as quebra. Infelizmente, por sermos muito desconfiadas, nós temos dificuldade para acreditar nisso.

Amada, você tem um Deus que nunca se esquecerá de uma promessa que fez. Se ele prometeu, pode ter certeza de que cumprirá. O seu histórico de promessas é perfeito. Nós o vimos ser fiel a todas as promessas que ele já fez ao longo do curso da história. Além do mais, ele se lembra dessas alianças em todas as gerações. Tome cuidado para não atribuir ao Senhor características humanas. Ele é muito melhor do que nós.

Pai, obrigada por te lembrares de todas as promessas já feitas e porque tu nunca quebraste nenhuma delas. A tua fidelidade não tem fim!

19 de junho

Não há problema em sermos fracas

Por isso, por amor de Cristo, regozijo-me nas fraquezas, nos insultos, nas necessidades, nas perseguições, nas angústias. Pois, quando sou fraco é que sou forte.
2CORÍNTIOS 12.10

Em nosso relacionamento com Deus, não é esperado que as duas partes sejam fortes. No projeto perfeito do Criador, o relacionamento funciona porque nós, as criaturas, somos finitas e fracas. Muitas vezes nos enganamos ao acreditar que Deus deseja que sejamos fortes como ele. No entanto, em seu Reino, a verdadeira força é marcada por aqueles que aceitam a sua fraqueza e pedem ajuda Àquele que é mais forte, em uma verdadeira demonstração de humildade.

Você pode sentir que precisa demonstrar força para ser tratada com respeito, mas não é assim que funciona com Deus. Ele não pede que lhe provemos o nosso valor. Ele pede, simplesmente, que aceitemos a nossa humanidade. É essa atitude de humildade que nos faz fortes de verdade, pois permite que Deus nos preencha com a força que vem dos céus.

Pai, ajuda-me a te buscar em minha fraqueza, em vez de tentar fingir ser forte. Enche-me com a tua força para que eu seja capaz de cumprir o que preciso hoje.

20 de junho

ESTÁ CONSUMADO

Tendo-o provado, Jesus disse: "Está consumado!" Com isso, curvou a cabeça e entregou o espírito.
JOÃO 19.30

Quando Jesus estava morrendo na cruz, ele falou algumas palavras àqueles que estavam ao redor dele. Vale a pena estudarmos o que ele disse naquela ocasião. O Salvador sabia que só tinha mais algumas horas, se não minutos, na terra. Ele sabia o que a sua mãe precisava ouvir dele ao vê-lo sofrer aquela morte lenta. Sabia que o seu melhor amigo precisava saber qual seria o plano para cuidar de Maria. Ele sabia que o ladrão precisava entender que não era tarde demais. E ele também sabia o que nós precisaríamos compreender hoje em dia, mais de dois mil anos depois.

Jesus exclamou uma frase que deveria ser motivo de profundo descanso interior, tanto aqui na terra, quanto no céu. "Está consumado!" Ainda está consumado hoje. A sua obra foi completa e suficiente. Ele venceu a morte permanentemente, para que todo aquele que desejar possa receber a vida eterna.

Obrigada, Senhor, pois a tua obra consumada na cruz há mais de dois mil anos pode me trazer paz interior no dia de hoje.

21 de junho

ALIMENTADA PELO AMOR

Conheço as suas obras, o seu trabalho árduo e a sua perseverança. Sei que você não pode tolerar homens maus, que pôs à prova os que dizem ser apóstolos mas não são, e descobriu que eles eram impostores. Você tem perseverado e suportado sofrimentos por causa do meu nome, e não tem desfalecido.
APOCALIPSE 2.2-3

No livro de Apocalipse, entre os capítulos dois e três, há sete cartas que foram escritas para sete igrejas diferentes da Ásia Menor (onde hoje fica a Turquia). Essas cartas foram escritas por Jesus, por intermédio de João, para igrejas reais, com cristãos reais. Muitas dessas cartas contêm palavras de confirmação e correção. A igreja de Éfeso é elogiada por muitas coisas: por ter paciência, por odiar o mal e por não desfalecer em meio a dificuldades. Tudo parece maravilhoso até chegarmos às palavras de correção ditas por Jesus: eles abandonaram o primeiro amor.

Se não fôssemos humanos, seria difícil imaginar que algo assim aconteceu. Como aqueles cristãos que conquistaram tantas coisas "para Deus" podem ter abandonado o primeiro amor? Ah, minha amiga, todas nós somos capazes de fazer coisas para Deus que não são alimentadas pelo amor a ele. Talvez seja necessário que nós, durante algum tempo, abandonemos todas as atividades e nos dediquemos a amar a Deus como o amávamos no início.

Jesus, ajuda-me para que eu te tenha como o meu primeiro amor antes de tentar fazer coisas para impressionar-te. Sei que tu desejas o meu coração mais do que qualquer outra coisa, e quero entregá-lo a ti.

22 de junho

Não temas

No amor não há medo; ao contrário o perfeito amor expulsa o medo, porque o medo supõe castigo. Aquele que tem medo não está aperfeiçoado no amor.
    1JOÃO 4.18

Não temas. Muitas pessoas, produtos e filosofias nos dizem que não devemos temer. Alguns dizem que os nossos medos não têm fundamento. Outros simplesmente tentam nos ajudar a suavizar os nossos temores. Contudo, a verdade é que apenas Jesus pode nos advertir a não temer, porque ele é o único que possui poder para aniquilar os nossos medos. Ele é o único que possui o amor perfeito.

Como Jesus venceu o medo e a morte por meio da cruz, nós podemos ter paz hoje. Não tema, pois Jesus é o seu advogado no céu. Não tema, pois o seu amor é perfeito. Não tema, porque ele disse que você não precisa ter medo.

Jesus, concede-me a graça de obedecer-te e de escolher não ter medo. Obrigada por teu amor vencer todos os meus medos.

23 de junho

A HISTÓRIA NÃO TERMINOU

Quando o vi, caí aos seus pés como morto. Então ele colocou sua mão direita sobre mim e disse: "Não tenha medo. Eu sou o Primeiro e o Último. Sou Aquele que Vive. Estive morto, mas agora estou vivo para todo o sempre! E tenho as chaves da morte e do Hades."
APOCALIPSE 1.17-18

O apóstolo João recebeu um presente inestimável ao ser exilado na ilha de Patmos. João recebeu uma revelação de Jesus Cristo que tinha como objetivo mostrar-lhe as coisas que aconteceriam em breve. Ao longo do livro de Apocalipse, Jesus deixa claro que a história não terminou.

Embora possamos pecar e ver a injustiça se espalhando, não precisamos temer. Quando todas as coisas ao nosso redor estiverem instáveis, não precisamos ficar com medo. O Diabo não tem a palavra final. Jesus será o último a falar e o único a ter a vitória. O seu advogado e rei vitorioso está chegando!

Jesus, obrigada, pois sei que tu estás voltando e que tens a palavra final. Ajuda-me a esperar por esse dia, sem medo.

24 de junho

Rótulos

Não há judeu nem grego, escravo nem livre, homem nem mulher; pois todos são um em Cristo Jesus.
GÁLATAS 3.28

Quando somos mais jovens, temos a tendência de rotular as pessoas com base em seus pontos fortes e fracos. Tal pessoa é atleta, ou aquele rapaz é músico. Alguns desses rótulos têm por objetivo elogiar, mas muitos outros podem ser prejudiciais. Quando atribuímos rótulos às pessoas, elas passam a se definir de acordo com tais rótulos — para o bem e para o mal.

É libertador quando nos livramos desses estigmas e simplesmente vivemos. Os rótulos listados no versículo citado causavam profundas divisões naquela época. Eles importavam muito. Paulo nos lembra que somos todos um em Cristo Jesus. Vamos retirar os rótulos que colocamos em nós, parar de rotular as outras pessoas e simplesmente ser quem fomos criadas para ser.

Jesus, ajuda-me a enxergar a mim e às outras pessoas com o rótulo mais importante de todos: de filhos de Deus. Eu retiro os rótulos das pessoas que limitei ao fazer isso e peço a tua ajuda para retirar os que foram colocados em mim.

25 de junho

Conserto rápido

E não nos cansemos de fazer o bem, pois no tempo próprio colheremos, se não desanimarmos.

GÁLATAS 6.9

Em nossa cultura, as soluções e consertos rápidos são muito estimados e procurados. Ninguém deseja seguir uma dieta de perda de peso lenta e gradual. Se houver uma maneira de perder alguns quilos em um fim de semana, nós estamos dispostas a pagar o que for para conseguir tal feito. Muitas pessoas são enganadas e acreditam que a melhor maneira de pagar uma dívida é apostando bastante dinheiro na loteria na esperança de ganhar o suficiente para pagar o que deve.

Na verdade, quase todas as coisas que possuem algum valor verdadeiro exigem tempo. Leva tempo para construir relacionamentos. Leva tempo para se tornar bom em algum esporte. Também leva tempo para solidificar novos hábitos alimentares que permitirão uma perda de peso em longo prazo. Consertos rápidos não consertam nada de verdade. É melhor ficarmos com o plano em longo prazo de Deus.

Pai, dá-me a sabedoria necessária para eu não ser influenciada por todas as soluções rápidas que surgirem em meu caminho. Ajuda-me a permanecer fiel em meus hábitos. Agradeço-te antecipadamente por tudo o que colherei no futuro.

26 de junho

AJUDA-ME A LEMBRAR

Retorne ao seu descanso, ó minha alma, porque o SENHOR tem sido bom para você!
SALMOS 116.7

O salmo acima nos mostra uma excelente imagem da mente dizendo para a alma se acalmar. Às vezes, precisamos conversar com nossa própria alma para que possamos acreditar realmente na verdade. O salmista sabia que o Senhor havia sido bom para ele no passado. Ele sabia que a sua alma já havia experimentado do descanso interior antes e acreditou que isso poderia acontecer novamente.

Não se trata apenas de uma conversa de autoajuda. A bondade do Senhor traz descanso verdadeiro. E a bondade dele pode ser experimentada todos os dias. Precisamos simplesmente nos lembrar disso.

Espírito Santo, por favor, faz-me lembrar de todas as vezes que o Senhor foi bom para mim no passado. Creio que tu serás bondoso para comigo novamente, porque tu és essencialmente bom.

27 de junho

VOCÊ NÃO PODE CONTROLAR A CHUVA

Ele cobre o céu de nuvens, concede chuvas à terra e faz crescer a relva nas colinas. (...) o SENHOR se agrada dos que o temem, dos que depositam sua esperança no seu amor leal.

SALMOS 147.8, 11

Como está o tempo onde você mora? Você experimentou lindos dias ensolarados, com o céu azul, sem nenhuma nuvem? A temperatura tem estado perfeita? Nem muito frio nem muito quente? Ou tem *chovido* sem parar? Talvez não seja nem chuva, na verdade; pode ser uma garoa constante que deixa tudo úmido. Às vezes, é essa garoa que traz o cansaço — ela parece não desistir.

Como afirma a Palavra de Deus, você não pode controlar a chuva. As circunstâncias da vida também são assim; e muitas vezes estão simplesmente fora de nosso controle. Algumas vezes, quando algo dá errado, parece que todo o resto decide fazer o mesmo. Um fato no qual devemos nos apoiar é que muitas coisas estão fora de nosso controle. E, como não podemos controlá-las, não devemos nos desgastar tentando fazer isso. Em vez disso, entregue-se à única coisa que você pode controlar: a sua reação à chuva. Peça a Deus que lhe conceda uma visão e uma esperança que não sejam ditadas pelo clima. Isso lhe permitirá enxergar além das nuvens, oferecendo-lhe a perspectiva da qual precisa.

Espírito Santo, tu dizes que quando eu passar pelas águas elas não me submergirão, pois tu estás comigo. Eu creio em ti. Dá-me a tua perspectiva no dia de hoje.

28 de junho

Limitações

Pois ele sabe do que somos formados; lembra-se de que somos pó.
SALMOS 103.14

Às vezes, o seu corpo não faz o que você quer que ele faça? Conforme vamos envelhecendo, percebemos que não somos mais capazes de fazer o que fazíamos antes. Isso nem sempre acontece por causa da idade; às vezes, o nosso corpo simplesmente fica desgastado demais. A nossa mente não está mais tão afiada depois de um dia longo. Ou as demandas das pessoas que mais amamos parecem impossíveis de ser atendidas.

Somos humanas, Deus nos fez assim; portanto, temos limitações. Ele não as tem. Deus nunca nos pediu que sejamos como ele. Foi ele que nos formou; e ele está completamente familiarizado com a fragilidade humana. Se você tem expectativas diferentes disso sobre si mesma, então precisa ajustá-las.

Pai, obrigada por me lembrares de que eu sou pó. Tu não ficas decepcionado com a minha fragilidade. Tu me fizeste assim para que eu pudesse me agarrar à tua força infinita.

29 de junho

Recompensa pela perseverança

O ensino dos sábios é fonte de vida, e afasta o homem das armadilhas da morte.
PROVÉRBIOS 13.14

O trabalho duro é uma das experiências mais recompensadoras que Deus nos dá. Existe algo extremamente satisfatório quando temos um bom dia de trabalho. Quando nos propomos a fazer alguma coisa e optamos por não desistir até que ela seja totalmente cumprida, a sensação de realização é muito grande. É algo que não pode ser comprado.

A perseverança, contudo, não é simplesmente entregue a nós de bandeja. Ela deve ser conquistada — principalmente por meio de uma tarefa que traga junto uma forte tentação de desistir. Lembre-se de que o Senhor recompensará a sua diligência e perseverança quando você não optar pela preguiça. Em sua perseverança, Deus suprirá ricamente a sua alma.

Pai, dá-me resistência onde me falta. Não consigo fazer isso sozinha. Peço-te que a tua força me preencha onde sou fraca para que eu possa perseverar.

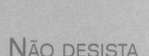

30 de junho

NÃO DESISTA

Não só isso, mas também nos gloriamos nas tribulações, porque sabemos que a tribulação produz perseverança; a perseverança, um caráter aprovado; e o caráter aprovado, esperança.
ROMANOS 5.3-4

Esse é um dos melhores conselhos que podemos dar a alguém que enfrenta uma dificuldade. Encorajar a não desistir. As dificuldades têm muitas formas e tamanhos diferentes, mas uma coisa é verdadeira em todas elas — elas nos desgastam. Se não fosse assim, não seriam dificuldades.

A própria definição da palavra "dificuldade" indica se tratar de algo que ultrapassa os limites que estamos acostumadas a ter. As dificuldades nos desgastam emocionalmente, fisicamente e, às vezes, espiritualmente. Contudo, elas não são estranhas ao corpo de Cristo. Você não está sozinha em sua dificuldade. Persevere para que você possa conhecer a esperança com a qual ele recompensa aqueles que não desistem.

Pai, eu peço nova força e perseverança para este dia. Obrigada, pois sei que tu enxergas as minhas lutas. Tu as usarás para a tua glória e para o meu crescimento.

JULHO

Louvem o SENHOR, pois o SENHOR é bom; cantem louvores ao seu nome, pois é nome amável.

SALMOS 135.3

1º de julho

Passado, presente ou futuro?

> Ouça, ó Israel: O SENHOR, o nosso Deus, é o único SENHOR. Ame o SENHOR, o seu Deus, de todo o seu coração, de toda a sua alma e de todas as suas forças.
> DEUTERONÔMIO 6.4-5

Onde você está vivendo hoje? Ou, melhor, no que seu coração está focado? Às vezes, acontecimentos do passado repetem-se constantemente em nossa mente. Nós os reproduzimos como se fossem um filme. Algumas vezes, são memórias felizes, enquanto em outras, são lembranças cheias de tristeza e arrependimento. De qualquer maneira, todas permanecem no passado.

Podemos reagir da mesma forma em relação ao nosso futuro. Frequentemente nos preocupamos com o que está por vir e se estamos preparadas. Ou esperamos ansiosamente pelos dias que estão adiante, torcendo para que sejam melhores do que os dias presentes. E aqui está o problema: viver no passado ou focar constantemente o futuro nos faz perder o presente. E o dia de hoje é tudo o que temos. Portanto, busque o Reino de Deus e desfrute a provisão do Senhor para o dia de hoje.

Pai, ajuda-me a não me concentrar no passado e no futuro, mas, em vez disso, a servir fielmente a ti e a me dedicar a te conhecer no presente.

2 de julho

Uma vida cheia

Não deixemos de reunir-nos como igreja, segundo o costume de alguns, mas procuremos encorajar-nos uns aos outros, ainda mais quando vocês veem que se aproxima o Dia.
HEBREUS 10.25

A vida da maioria das pessoas é cheia de tarefas e compromissos. Todos têm vinte e quatro horas em um dia. Ninguém tem mais; ninguém tem menos. E todas nós preenchemos essas horas com alguma coisa. Como cristãs, é crucial que gastemos uma porção do nosso tempo com outros cristãos. O cristianismo é expresso de maneira plena quando os cristãos se reúnem. Como corpo, nós devemos ensinar, incentivar e amar uns aos outros.

Não devemos deixar de nos reunir por dois motivos: o primeiro é porque, ao fazer isso, podemos encorajar outras pessoas que precisem. O segundo? É ajudá-las a perseverar até o Dia do Senhor. Não se trata, no entanto, de uma via de mão única — a reunião com outros cristãos nos oferece os mesmos benefícios. Por que você não iria querer isso?

Pai, ajuda-me a me lembrar de que não preciso viver o cristianismo sozinha. Acende em meu coração a importância de me encontrar com os meus irmãos e irmãs para que eu possa incentivá-los e ser incentivada por eles também.

3 de julho

UMA MENTE GUARDADA

E a paz de Deus, que excede todo o entendimento, guardará o coração e a mente de vocês em Cristo Jesus.
FILIPENSES 4.7

Talvez uma mente guardada devesse ser uma das primeiras disciplinas exercitadas por nós quando nos convertemos a Cristo. Os nossos pensamentos são uma parte integrante de quem somos; e todas as nossas ações nascem em nossa mente. Antes da conversão, a maioria das pessoas permite que seus pensamentos corram soltos, sem restrições ou considerações. Depois que somos salvas, no entanto, nós recebemos o Espírito Santo, e ele rapidamente nos conscientiza do quanto isso é importante.

Você pode notar que alguns de seus pensamentos são impuros, mas, como não os coloca em ação, simplesmente os ignora. Contudo, o Espírito Santo deseja que até mesmo os seus pensamentos se submetam a Deus. Isso é para o seu próprio bem. A paz de Deus deve guardar tanto o seu coração quanto a sua mente. Receba essa paz para guardar ambos.

Espírito Santo, ensina-me a submeter não apenas as minhas ações, mas também os meus pensamentos, a ti. Eu preciso da tua força para abandonar minha antiga maneira de pensar.

4 de julho

PROMESSA DE LIBERTAÇÃO

Disse Jesus aos judeus que haviam crido nele: "Se vocês permanecerem firmes na minha palavra, verdadeiramente serão meus discípulos. E conhecerão a verdade, e a verdade os libertará."
JOÃO 8.31-32

Somos incrivelmente abençoadas por vivermos em um país livre, onde podemos expressar as nossas ideias e crenças, adorar livremente nosso Deus e viver nossa vida como bem desejamos. A nossa constituição foi escrita para garantir a liberdade a todos os cidadãos — liberdade nacional, individual e política. Há um tipo de liberdade, no entanto, que nenhuma constituição, independentemente do quão abrangente seja, pode prometer — a liberdade espiritual. A libertação da alma só pode vir do perdão oferecido a nós por meio de Cristo. Quando os nossos pecados são perdoados e nos mantemos fiéis à verdade, então, somos verdadeiramente livres.

Talvez você deva aproveitar esta manhã para checar a sua liberdade. A sua vida é, realmente, um reflexo do Cristo em quem você afirma crer? Você é fiel à Palavra e obediente ao que está escrito nela? Se não, talvez seja hora de voltar ao caminho certo. Então, você poderá acreditar que, independentemente do que venha a enfrentar, o Deus da verdade a guiará para o caminho da liberdade.

Senhor, quero ser fiel à tua Palavra. Perdoa-me quando eu a negligenciar. Quero ser uma discípula verdadeira e preencher a minha mente com a verdade que me libertará.

5 de julho

Vida de escravidão

Portanto, visto que os filhos são pessoas de carne e sangue, ele também participou dessa condição humana, para que, por sua morte, derrotasse aquele que tem o poder da morte, isto é, o Diabo, e libertasse aqueles que durante toda a vida estiveram escravizados pelo medo da morte.
HEBREUS 2.14-15

O medo da morte pode fazer com que uma pessoa não viva verdadeiramente. Culturalmente falando, esse medo permeia o mercado. Vemos milhares de produtos que oferecem resistência ao processo de envelhecimento e nos ajudam a obter mais alguns anos de vida. Há pílulas, suplementos e meditações — todos prometem ajudar a adiar a morte por mais algum tempo.

Embora devamos tentar preservar a nossa vida, como cristãs não devemos temer a morte. Para nós, ela perdeu o poder, pois sabemos que se trata apenas de um meio para a vida eterna, e não o fim de tudo. Quando temos medo de algo, nós nos tornamos escravos disso. Permita que Jesus a liberte do medo para que você comece a viver de verdade!

Jesus, tu tens o poder de me libertar do meu medo da morte. Obrigada! Peço-te que faças isso agora mesmo. Eu creio que mesmo na morte tu estarás comigo.

6 de julho

INSEPARÁVEL

Assim conhecemos o amor que Deus tem por nós e confiamos nesse amor. Deus é amor. Todo aquele que permanece no amor permanece em Deus, e Deus nele.
1JOÃO 4.16

O amor de Deus por você é a força mais poderosa de todo o Universo. Essa não é uma frase trivial. É uma verdade imutável a respeito de Deus. Ele é o próprio amor. É a natureza dele. O amor do Senhor é muito mais forte, consistente e destemido do que o nosso. E não existe nada que possa impedi-lo. Se houvesse algo que pudesse fazer isso, teria sido certamente antes da morte de Jesus na cruz.

Nem mesmo a morte iminente do seu próprio Filho foi capaz de impedir o amor de Deus. Na verdade, foi exatamente dessa maneira que ele melhor demonstrou a intensidade do amor por nós. Reflita sobre o grande amor de Deus por você hoje. Permita que a realidade dele toque profundamente o seu coração. Nada pode separá-la desse poderoso amor.

Pai, obrigada, pois teu amor por mim é mais forte do que o meu amor por ti. Ajuda-me a ser fortalecida hoje pelo teu poderoso e infalível amor.

7 de julho

Amor inabalável

> O SENHOR é compassivo e misericordioso, mui paciente e cheio de amor.
> SALMOS 103.8

Deus nos ama com um amor inabalável hoje. Na verdade, ele nos ama com esse amor todos os dias da nossa vida e continuará fazendo isso até a eternidade. O amor de Deus está firmemente fixado. Ele é absoluta e evidentemente inabalável. Não se trata de algo que podemos inferir. É uma verdade que foi testada e provada ao longo de toda a história. Assim como ele amou no princípio, nós o vemos amando agora.

O Senhor não tem apenas um amor constante por você hoje, o amor dele é totalmente *abundante*. Ele tem uma quantidade transbordante e imensurável de amor pela sua vida — o bastante para preenchê-la e se derramar sobre todos à sua volta.

Pai, obrigada por teu amor constante e abundante. Ajuda-me a recebê-lo hoje e espalhá-lo às pessoas ao meu redor.

8 de julho

Regras, regras, regras

Pois o Reino de Deus não é comida nem bebida, mas justiça, paz e alegria no Espírito Santo.
ROMANOS 14.17

Para algumas pessoas que cresceram na igreja, tudo em que elas pensam quando alguém fala de Deus são regras. Às vezes, não fazemos um bom trabalho ao representar Deus quando falamos sobre ele. Nós, com facilidade, falamos sobre o que devemos e o que não devemos fazer como cristãos. O problema disso é que muitas vezes nos esquecemos de falar sobre o próprio Cristo.

Jesus não veio nos dar um monte de regras para obedecermos. Ele veio para nos convidar a termos um relacionamento com o Pai por meio do seu sangue. Os bons relacionamentos são muito mais do que duas pessoas obedecendo a regras. Deus não quer que você simplesmente lhe obedeça. Ele deseja que você conheça a vida dele, alegria e paz à medida que se tornar sua amiga.

Pai, obrigada por teu Reino envolver infinitamente mais coisas do que regras. Por favor, ajuda-me a conhecer o teu amor que me dá forças para obedecer-te, para que eu viva em justiça, paz e alegria.

9 de julho

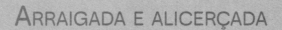

Arraigada e alicerçada

Para que Cristo habite no coração de vocês mediante a fé; e oro para que, estando arraigados e alicerçados em amor.
EFÉSIOS 3.17

Quando uma planta cresce, raramente dedicamos algum tempo para observar o que está crescendo abaixo da superfície. Com um olhar rápido, apenas admiramos o que podemos ver acima do solo: uma planta saudável desabrochando. No entanto, nenhuma planta tem essa aparência se não possuir raízes fortes e resistentes no solo. São elas que permitem que a planta floresça e fique tão bonita.

Para que possamos crescer como desejamos, as nossas raízes precisam estar firmemente estabelecidas no amor. E não em qualquer amor. No amor forte e infalível de Deus. Para que sejamos tudo o que Deus nos chamou para ser, devemos confiar 100% em seu amor inabalável. O amor do Senhor é estável e seguro; e ele deseja que finquemos as raízes do nosso coração nele. Isso nos sustentará, nos acalmará e nos fará prosperar.

Pai, dá-me graça para confiar em teu amor por mim. Ajuda-me a firmar as minhas raízes no teu amor e em nada mais.

10 de julho

MUITO MELHOR

Faze-me ouvir do teu amor leal pela manhã, pois em ti confio.
Mostra-me o caminho que devo seguir, pois a ti elevo a minha alma.
SALMOS 143.8

Todas nós vemos Deus através de nossas lentes humanas, porque somos finitas. Quando ouvimos falar dos atributos divinos, colocamos a nossa visão humana neles — muitas vezes inconscientemente. Quando ouvimos que Deus é amor, imaginamos que ele ama como nós. Quando ouvimos que ele é paciente, imaginamos a pessoa mais paciente que conhecemos. E, quando ouvimos que ele é bom, nos lembramos das pessoas mais bondosas que já encontramos na vida. Contudo, também há fracasso por trás de todos os nossos exemplos humanos. *Isso porque, em algum momento, até mesmo a pessoa mais amorosa, paciente e bondosa que conhecemos falhará.*

Ao fazermos essas comparações, estamos acusando Deus silenciosamente. Questionamos Aquele que nunca mentiu. Sugerimos que ele é incapaz de demonstrar o perfeito amor que professa. Nós, então, sentimos um enorme mal-estar. Em algum momento, esse amor, paciência e bondade perfeitos se esgotarão. Deus é muito melhor do que pensamos. Os seus atributos são perfeitos e imaculados. Ele não pode falhar.

Pai, obrigada por ser quem tu dizes que és. Ajuda-me em minha falta de fé.

11 de julho

EU PEQUEI. E AGORA?

Da mesma forma, jovens, sujeitem-se aos mais velhos. Sejam todos humildes uns para com os outros, porque "Deus se opõe aos orgulhosos, mas concede graça aos humildes".
1PEDRO 5.5

Todas nós já passamos por isso. Já fizemos aquilo que planejamos nunca fazer. Às vezes, ficamos chocadas com nossa capacidade de agir assim. É um problema humano — um problema com o qual lutaremos até o dia de nossa morte. Deus não espera a perfeição de nossa parte. Na verdade, ele criou um caminho para nós justamente porque não somos perfeitas. Nós precisamos de um Salvador.

Tudo o que Deus nos pede é a nossa humildade: humildade para nos aproximarmos e confessar os pecados que temos cometido. Deus não agirá conosco de acordo com o nosso pecado, pois Jesus já pagou o preço por eles. Podemos receber o perdão dele sem temer em relação ao que ele fará conosco. O perdão de Deus já está disponível e à nossa espera hoje.

Pai, sei que tu te opões aos orgulhosos, mas concedes graça aos humildes. Ajuda-me a me lançar em teus graciosos braços quando eu pecar.

12 de julho

UMA AMOSTRA

Melhor é um dia nos teus átrios do que mil noutro lugar; prefiro ficar à porta da casa do meu Deus a habitar nas tendas dos ímpios.

SALMOS 84.10

Deus recompensa os filhos dele com bênçãos maravilhosas. Ele ama honrar aqueles que dedicam tempo para buscá-lo. Se fizermos isso, não ficaremos desapontadas. Mas ele também deseja que saibamos que as recompensas dele não são apenas para esta vida. Na verdade, elas são, principalmente, para a eternidade. Enquanto você lê estas palavras, ele está preparando um lugar para você.

Deus, que conhece o seu coração melhor do que qualquer outra pessoa, aguarda ansiosamente pelo dia no qual você o verá face a face. Ele sabe que o Reino e a presença de Deus satisfarão todos os seus desejos mais profundos. Deus a está encorajando durante a sua permanência na terra e está mais do que ansioso para recebê-la em seu lar eterno. Um único dia no Reino que há de vir é melhor do que mil dias em seu destino de férias preferido. Que você consiga obter uma amostra disso hoje para que seja fortalecida em sua caminhada.

Pai, concede-me coragem por meio da certeza de tudo o que está por vir para que eu viva bem esta vida agora. Obrigada por preparares um lugar para que eu possa viver contigo para todo o sempre!

13 de julho

Pensamentos sobre a beleza

A beleza de vocês não deve estar nos enfeites exteriores, como cabelos trançados e joias de ouro ou roupas finas. Ao contrário, esteja no ser interior, que não perece, beleza demonstrada num espírito dócil e tranquilo, o que é de grande valor para Deus.
1PEDRO 3.3-4

A opinião de Deus sobre a beleza é extremamente diferente da opinião do mundo. Permitimos, frequentemente, que Hollywood e as revistas contemporâneas, em vez da Palavra de Deus, definam a beleza para nós.

Em um mundo que enfatiza tanto a estética, a perfeição física e padrões inalcançáveis, é maravilhoso demais saber que a beleza que Deus valoriza é tão ignorada pelo mundo. Ele vê a beleza que existe em nosso interior. Nós temos uma beleza que não pode ser vendida em uma loja, ou em um blog de moda. A nossa beleza irradia de dentro por causa do Espírito Santo que opera em nós.

Senhor, ajuda-me a me ver como tu me vês. Ajuda-me a reconhecer a beleza que tu colocaste dentro de mim. Ensina-me a ser gentil em tudo o que eu fizer, para que eu possa viver na tranquilidade de um espírito cheio de beleza.

14 de julho

UM CORAÇÃO DISPOSTO

Devolve-me a alegria da tua salvação e sustenta-me com um espírito pronto a obedecer.
SALMOS 51.12

Imagine uma menina teimosa, chorando enquanto cumpre seu castigo. Tudo o que ela precisa fazer para sair dali é admitir que rabiscou a parede, ou pedir desculpas por ter batido em seu irmão, ou comer os legumes que estão em seu prato. Mas ela decide não fazer isso. Ela não quer e não o faz. Como não está disposta a aceitar as sensatas condições estabelecidas por seus pais, ela simplesmente chora no castigo. Nós somos adultas, mas, às vezes, nos encontramos na mesma situação. Presas às nossas próprias decisões rebeldes, fazemos pirraça e nos lamentamos.

Sim, nós ouvimos a direção de Deus, mas escolhemos não segui-la. Não *gostamos* de legumes. Bobby mereceu *aqueles* tapas. É nossa escolha, sempre, permanecer no castigo, assim como é nossa escolha, também, sair dali e voltar a conviver com os outros. Deus nos restaura, nos perdoa e pode até nos fazer dispostas — se admitirmos que precisamos da ajuda dele.

Senhor, eu confesso. Sou aquela menininha. Rebelde e teimosa, eu ignoro a tua vontade e faço o que quero. Embora pareça emocionante na hora, a minha rebeldia rouba a minha alegria. Restaura, ó Deus, a alegria da tua salvação. Os teus caminhos são melhores, e a tua vontade é perfeita. Ajuda-me a ser obediente sempre, Pai.

15 de julho

Cultivando a bondade

Sejam bondosos e compassivos uns para com os outros, perdoando-se mutuamente, assim como Deus os perdoou em Cristo.
EFÉSIOS 4.32

A vida nem sempre é boa para nós. Às vezes, as circunstâncias são difíceis. Algumas pessoas com as quais interagimos no dia a dia, umas distantes, outras mais próximas, podem ser grosseiras, antipáticas ou simplesmente maldosas. Contudo, a Palavra de Deus nos instrui a tratar os outros com bondade e compaixão, independentemente de como somos tratadas.

Ser gentil com as pessoas nem sempre nos é natural — principalmente se tivermos sido maltratadas. Pode ser muito libertador buscar maneiras criativas de demonstrar bondade. Quando passamos a escolher agir de forma bondosa e amorosa, isso pode se tornar um estilo de vida. Precisamos perdoar as pessoas em nosso coração, mesmo se elas não pedirem o nosso perdão. A libertação que vem com o perdão é sem igual. Quando vivemos em bondade, compaixão e perdão, somos obedientes à Palavra de Deus.

Senhor, ajuda-me a viver sempre em bondade, compaixão e amor. Ajuda-me a ser rápida para perdoar, assim como tu me perdoaste.

16 de julho

Você é rica... De verdade!

Ordene-lhes que pratiquem o bem, sejam ricos em boas obras, generosos e prontos a repartir. Dessa forma, eles acumularão um tesouro para si mesmos, um firme fundamento para a era que há de vir, e assim alcançarão a verdadeira vida.
1TIMÓTEO 6.18-19

Nós fomos ricamente abençoadas. Como muitas coisas atraem a nossa atenção e exigem o nosso dinheiro, às vezes deixamos escapar, com facilidade, oportunidades para ajudar e abençoar aqueles que passam necessidade. Contudo, a Palavra de Deus nos instrui a sermos generosas e a compartilhar o que temos com o próximo.

Ao fazer isso, não estaremos apenas acumulando tesouros, mas também experimentando da verdadeira vida. Que promessa!

Pai, ajuda-me a ser generosa com tudo o que tu me deste. Ajuda-me a compartilhar generosamente com os necessitados à minha volta.

17 de julho

SEM SURPRESAS

Amados, não se surpreendam com o fogo que surge entre vocês para os provar, como se algo estranho estivesse acontecendo.
   1PEDRO 4.12

Coisas estranhas acontecem, às vezes. Se elas acontecessem sempre, não seriam estranhas. Sofrer um acidente de carro é estranho, encontrar uma pessoa inesperadamente que não vemos há mais de vinte anos é estranho, ter o jardim de casa invadido por um balão é estranho. Quando coisas estranhas acontecem, nós tiramos fotos, contamos a história diversas vezes; e se for algo realmente incomum pode até sair no jornal local.

Enfrentar uma grande tribulação como cristão não é uma coisa estranha. Pedro diz que não devemos nos surpreender com as provações que enfrentamos como se algo estranho estivesse acontecendo. As provações são comuns para os cristãos. Elas não são algo incomum, que devam nos chocar. O propósito dessas provações é nos testar. Deus nos testa. Contudo, ele não faz isso com um sorriso malicioso, torcendo para que falhemos. Ele nos testa nos ajudando e nos encorajando o tempo todo.

Deus, ajuda-me a perseverar em meio às tribulações deste dia. Eu quero ser confiante, sabendo e crendo que tu és bom.

18 de julho

Ajuda-me a me vestir

Portanto, como povo escolhido de Deus, santo e amado, revistam-se de profunda compaixão, bondade, humildade, mansidão e paciência.
COLOSSENSES 3.12

O pesadelo clássico que muitas pessoas já tiveram é sair de casa sem se vestir. As pessoas na rua, então, nos veem e caem na gargalhada. Com sorte, acordamos antes que o sonho vá muito adiante.

Começar o dia sem se vestir com as características destacadas nesse versículo pode muito bem produzir o mesmo resultado vergonhoso. A compaixão, a bondade, a humildade, a mansidão e a paciência não são colocadas sobre nós automaticamente. Somos nós que nos revestimos delas com a ajuda do Espírito Santo. O orgulho, a arrogância, a impaciência e o julgamento logo se sobressaem em nossa vida quando não nos vestimos apropriadamente. Os seus resultados danificam os nossos relacionamentos e nos colocam em uma posição indesejada.

Deus Pai, hoje eu te peço, pelo poder do teu Espírito, que me concedas um coração compassivo, bondoso, humilde, manso e paciente. Que tu sejas glorificado por meio da minha vida hoje.

19 de julho

Pronta para perdoar

Suportem-se uns aos outros e perdoem as queixas que tiverem uns contra os outros. Perdoem como o Senhor perdoou a vocês.
COLOSSENSES 3.13

A Bíblia nunca entra em detalhes quando fala sobre perdoarmos uns aos outros. Os mandamentos para fazermos isso são, geralmente, curtos, diretos e sem nenhum consolo para aqueles que optam por não perdoar. É natural e saudável, até certo ponto, ficarmos zangadas quando nós, ou alguém a quem amamos, sofre algum mal. Algumas pessoas se sentem tão culpadas quando ficam zangadas que nunca chegam a perdoar. Outras acreditam que precisam guardar algum rancor para não sofrerem novamente.

Jesus nos diz que devemos perdoar. Isso valida o fato de que algo errado foi cometido. Não precisamos nos sentir mal por nos zangarmos quando há uma violação legítima. Mas também não podemos deixar de perdoar aqueles que nos magoaram.

Senhor, tu me perdoaste. Ajuda-me a me lembrar disso. Dá-me graça para perdoar aqueles que me feriram.

20 de julho

Alegre-se

Mas alegrem-se à medida que participam dos sofrimentos de Cristo, para que também, quando a sua glória for revelada, vocês exultem com grande alegria.
1PEDRO 4.13

Os atletas já ouviram a frase: "Sue durante o treino ou sangre durante o jogo." Se não fizermos o nosso melhor durante os treinos, passaremos vergonha e humilhação durante o jogo. A escolha certa é se esforçar quando ninguém está olhando e receber a recompensa quando o estádio está lotado, em vez de escolher atalhos durante o treino e ter de suportar a vergonha quando todos estiverem olhando.

A vida cristã é muito parecida com isso. Nesta vida, enfrentamos provações com alegria, aceitamos a disciplina e as limitações por amor ao nosso Deus e ao próximo e colocamos o bem-estar dos outros em primeiro lugar. Nós nos doamos quando isso é difícil e consideramos isso muito gratificante. Os cristãos que vivem dessa maneira não estão perdendo nada. Eles sabem que é verdadeiro o que Pedro disse. A glória de Deus será revelada quando ele voltar. Até lá, nós nos alegramos!

Jesus, dá-me visão para o dia em que tu voltarás. Oferece-me uma amostra da tua glória vindoura.

21 de julho

OBSERVE AS AVES

Observem as aves do céu: não semeiam nem colhem nem armazenam em celeiros; contudo, o Pai celestial as alimenta. Não têm vocês muito mais valor do que elas? Quem de vocês, por mais que se preocupe, pode acrescentar uma hora que seja à sua vida?
MATEUS 6.26-27

Jesus disse àqueles que enfrentavam dificuldades e tinham preocupações que observassem as aves do céu. Jesus, ao lado do Pai, criou as aves, assim como toda a terra que sustenta a vida dessas aves. Quando ele as usou como exemplo para os cristãos, não havia pensado nessa comparação na noite anterior à preparação de seu sermão. Jesus criou as aves milhares de anos antes de fazer esse sermão. No momento da criação, ele já havia previsto o dia em que usaria esse animal como exemplo.

As aves foram criadas para emitir lindos sons, para trazer alegria a quem as observa e as ouve e para nos mostrar como devemos viver. As aves acordam sabendo que encontrarão minhocas na terra. Elas pegam a quantidade necessária para o dia, voam livremente pelos céus sem motivo algum e pegam mais algumas minhocas quando sentem fome novamente. Elas, então, vão dormir com a total confiança de que o dia seguinte será tão bom quanto o dia de hoje.

Deus, obrigada por ter criado as aves, que nos mostram tão bem como devemos viver. Ajuda-me a viver em total confiança na tua provisão para o dia de hoje!

22 de julho

AJUDA-ME A ENXERGAR PARA ALÉM DE MIM MESMA!

porque ainda são carnais. Porque, visto que há inveja e divisão entre vocês, não estão sendo carnais e agindo como mundanos?
1CORÍNTIOS 3.3

A inveja destrói relacionamentos e demonstra um sistema de valores que não está em alinhamento com o Reino de Deus. Quando o seu foco está predominantemente em si mesma, a inveja se manifestará constantemente em seu coração. Você notará apenas o que as outras pessoas possuem, e não o que você tem — talvez até julgue em seu coração se a forma como elas adquiriram aquilo foi honesta.

Qual é a alternativa? Reconhecer que foi Deus quem deu tudo o que você tem e se contentar com isso. Saiba que você não sabe de tudo o que acontece na vida daqueles de quem sente inveja. Ore para que Deus coloque amor por eles em seu coração. Alegre-se com o sucesso das pessoas e sofra com as perdas delas.

Senhor, que o meu coração se importe com os outros, em vez de se concentrar demais em mim mesma. Tira toda a inveja do meu coração e preenche-o com sabedoria e contentamento.

23 de julho

Nosso Criador

Quando contemplo os teus céus, obra dos teus dedos, a lua e as estrelas que ali firmaste, pergunto: Que é o homem, para que com ele te importes? E o filho do homem, para que com ele te preocupes? Tu o fizeste um pouco menor do que os seres celestiais e o coroaste de glória e de honra.

SALMOS 8.3-5

Saltar de paraquedas parece ser completamente emocionante e aterrorizante. Aqueles que tiveram coragem de saltar de um avião afirmam que se trata de uma experiência intensa, que não pode ser explicada. Uma mulher contou que, enquanto flutuava pelo ar, mal pôde conter o louvor que surgiu em sua alma à medida que contemplava a maravilhosa criação de Deus por um ponto de vista totalmente diferente. O salmista estava tão fascinado quanto ela com as poderosas obras da criação divina e perplexo com o fato de que Deus repara e se importa com meros mortais como nós. Deus criou o homem à sua própria imagem, coroando-o com glória e honra, dando-lhe domínio sobre a terra.

Você está se sentindo um pouco insignificante nesta manhã, ou talvez até mesmo esquecida? Considere isto: você foi feita de modo assombroso e maravilhoso! O seu valor não pode ser medido. Ao longo do vasto esplendor do Universo, Deus nos vê, ele pensa em nós e se importa com a nossa vida. Maravilhe-se nessa verdade por alguns momentos.

Ó Deus, é maravilhoso que tu, o Deus de todo o Universo, te importes comigo! Tu me criaste à tua imagem para um propósito divino. Ajuda-me a viver nessa verdade.

LOUVE O SENHOR!

Aleluia! Louve, ó minha alma, o SENHOR. Louvarei o SENHOR por toda a minha vida; cantarei louvores ao meu Deus enquanto eu viver.

SALMOS 146.1-2

Somos convocadas por Deus, inúmeras vezes em sua Palavra, a louvarmos o seu nome. Como ele pode esperar que cumpramos uma ordem como essa? Em algum dia, o fato de encontrarmos uma pequena migalha de algo pelo que somos gratas já é um grande feito. Os pensamentos negativos podem povoar a nossa mente como uma nuvem sombria, e se permitirmos que permaneçam ali, eles podem escurecer o nosso dia inteiro.

O salmista compreendia isso. Embora a sua vida estivesse em perigo constante, ele sabia que, ao se concentrar na grandeza de Deus, os seus problemas seriam divinamente resolvidos. Ele não vivia absorto em sua própria vida. Ele olhava para Deus e enxergava quem ele era: ajudador, criador, cumpridor de promessas, provedor, libertador, protetor e defensor. Faça das palavras de Davi a sua oração ao Senhor. Ao fazer isso, o seu coração se alegrará e se encherá de esperança.

Senhor, tu és maravilhoso e digno de louvor! Eu elevo a minha voz em louvor e ações de graças neste dia. Que o teu nome seja exaltado.

25 de julho

CABO DE GUERRA

Contudo, se você lhe consagrar o coração e estender as mãos para ele; se afastar das suas mãos o pecado e não permitir que a maldade habite em sua tenda, então você levantará o rosto sem envergonhar-se; será firme e destemido.

JÓ 11.13-15

Se você convive com crianças, é possível observar uma enorme quantidade de comportamentos egoístas. Elas não ligam para um determinado brinquedo, até que outra criança comece a brincar com ele. Logo, logo, a situação se transforma em um cabo de guerra. Por serem imaturas, as crianças se concentram em sua própria felicidade, sem consideração alguma pelas outras pessoas. Você concorda que, às vezes, quando não conseguimos o que queremos, nos comportamos como crianças?

Você está no meio de um cabo de guerra com Deus nesta manhã? Está agindo de forma resistente e birrenta por causa da sua circunstância atual? A melhor decisão a tomar para começar o dia é se render — entregue seus desejos e vontades e deixe Deus agir como quiser. Ele nos ama muito e sabe que tem o melhor para nós. Não há nada como a paz da entrega.

Senhor, nesta manhã eu me entrego novamente a ti. Perdoa-me pela minha teimosia. Deixo de lado os meus planos egoístas que não estão em harmonia com o que tu tens para mim. Obrigada por me amar tanto!

26 de julho

Redimida

Os meus lábios gritarão de alegria quando eu cantar louvores a ti, pois tu me redimiste.
SALMOS 71.23

Certo menino fez um barquinho de madeira. Orgulhoso de seu feito, decidiu testá-lo no riacho próximo de casa. Ele colocou o barco sobre a água e correu, acompanhando-o do lado de fora. Logo, veio uma correnteza mais forte e levou o barquinho, e o menino não conseguiu mais acompanhá-lo. Semanas mais tarde, enquanto passeava com o pai pela cidade, ele viu o seu barquinho na vitrine de uma loja com uma etiqueta de preço! Ele correu, alegremente, até a loja, com esperança de recuperar seu barquinho. Mas não, ele teria que pagar pelo barquinho. No final, o menino juntou dinheiro suficiente para comprar de volta algo que já lhe pertencia.

Não foi exatamente isso que Cristo fez por nós? Ele nos criou, nos perdeu e depois nos comprou de volta, pagando por nós com a própria vida. O salmista mal pôde conter a sua alegria ao contemplar essa maravilha! Deus nos redimiu. Na manhã de hoje, lembre-se de agradecer a Deus por ter nos redimido. Grite de alegria e cante louvores.

Ó Senhor, tu me criaste, mas eu me perdi no pecado até que tu me encontraste. Obrigada por me comprares de volta! Que o teu santo nome seja exaltado.

27 de julho

Pare com isso!

Não andem ansiosos por coisa alguma, mas em tudo, pela oração e súplicas, e com ação de graças, apresentem seus pedidos a Deus. E a paz de Deus, que excede todo o entendimento, guardará o coração e a mente de vocês em Cristo Jesus.
FILIPENSES 4.6-7

A preocupação, o estresse e a tensão são algumas das forças mais destrutivas que enfrentamos. O Diabo usa essas coisas contra nós para nos tornar ineficazes e improdutivas. A preocupação é uma agitação revestida de medo e, se não estivermos atentas, ela pode se transformar em ansiedade e depressão. Deus entende essas tendências, por isso nos oferece uma solução: Pare com isso! Em vez de se preocupar, *ore*. Ore sobre tudo. Quando agirmos assim, a paz de Deus — que excede todo entendimento e que guarda nossa mente e nosso coração — se instalará em nossa alma.

Não deixe o dia de hoje começar com nem uma preocupação sequer! Coloque tudo diante de Deus, entregando-se completamente. Você ficará maravilhada quando o seu fardo for tirado e a paz invadir o seu coração.

Senhor, peço-te perdão pela minha falta de fé que se manifesta em minhas preocupações. Entrego-te a minha ansiedade e recebo a paz que tu prometes a mim. Obrigada por tudo o que fizeste.

28 de julho

O CAMINHO ANTIGO

Ponham-se nas encruzilhadas e olhem; perguntem pelos caminhos antigos, perguntem pelo bom caminho. Sigam-no e acharão descanso.

JEREMIAS 6.16

Algumas pessoas são fascinadas por coisas antigas: ruínas, terrenos abandonados ou uma cerca velha aos pedaços — sombras de vidas passadas. Imagens assim podem suscitar um anseio, uma melancolia que nos faz desejar saber mais sobre a história daquele lugar. Outras pessoas se interessam apenas pelo presente. Elas vivem na vanguarda de todas as novidades e não possuem uma fibra nostálgica em seu corpo. Tipos diferentes de pessoas com diferentes pontos de vista. Na vida natural, esses dois estilos são aceitáveis.

No entanto, em nossa caminhada espiritual, parece que Deus se interessa mais pelo passado. Jeremias nos diz que paremos nas encruzilhadas e observemos antes de tomarmos uma decisão. Em uma direção, está o pensamento mundano. Na outra, o bom e antigo caminho de Deus. Você precisa tomar alguma decisão hoje? Observe o Livro antigo: ele é velho, mas tão relevante e perfeito quanto no dia em que foi escrito. Siga as orientações dele, e você encontrará paz.

Senhor, guia-me hoje quando eu tiver de tomar decisões que afetem a minha vida e a de outras pessoas. Dá-me discernimento e coragem para seguir o teu caminho.

29 de julho

Renovação

Graças ao grande amor do SENHOR é que não somos consumidos, pois as suas misericórdias são inesgotáveis. Renovam-se cada manhã; grande é a sua fidelidade!
LAMENTAÇÕES 3.22-23

Você já refletiu sobre partes de sua vida no passado e desejou poder voltar atrás? Com o passar do tempo, você adquiriu uma nova perspectiva sobre o que passou. Nós conseguimos perceber, facilmente, uma má escolha e passamos a querer voltar atrás e fazer tudo de novo. As lembranças dos nossos pecados e erros passados são difíceis de esquecer, e, apesar de sabermos que Deus nos perdoou, às vezes não nos perdoamos. É exatamente assim que o Diabo quer que nos sintamos.

Vamos considerar a visão de Deus sobre a nossa situação. Em primeiro lugar, ele lida conosco como pessoas perdoadas; e já esqueceu os nossos pecados. Além disso, o amor e a misericórdia dele não têm fim. Eles são renovados todas as manhãs. Deixe o amor e a misericórdia de Deus se derramar sobre você nesta manhã e lembre-se de que a cada vinte e quatro horas você pode recomeçar!

Jesus, eu recebo o teu amor e a tua misericórdia nesta manhã. O dia de ontem não voltará jamais, portanto viverei o dia de hoje submersa em tua misericórdia.

30 de julho

MELHOR QUE SEJAM DOIS

É melhor ter companhia do que estar sozinho, porque maior é a recompensa do trabalho de duas pessoas. Se um cair, o amigo pode ajudá-lo a levantar-se. Mas pobre do homem que cai e não tem quem o ajude a levantar-se! E se dois dormirem juntos, vão manter-se aquecidos. Como, porém, manter-se aquecido sozinho?
ECLESIASTES 4.9-11

Compartilhar as nossas dificuldades com as pessoas nunca é uma coisa fácil. Ninguém gosta de admitir quando está fraco, perdido ou magoado. Em vez de buscarmos aqueles que podem nos ajudar quando precisamos, nós, de maneira tola, tentamos disfarçar as nossas dificuldades. Isso só nos leva ao isolamento e a uma dor maior. Buscar ajuda não é um sinal de fraqueza. Deus nos deu uns aos outros para auxílio, encorajamento, compreensão e união.

Todas nós temos nossos momentos de necessidade, e é importante que fiquemos vulneráveis diante de nossos amigos. É em nossa vulnerabilidade que podemos perceber a beleza da amizade. Os verdadeiros amigos não nos abandonam quando enfrentamos dificuldades; eles se juntam a nós em nossas batalhas, lutando ao nosso lado, nos ajudam a seguir adiante quando nos sentimos muito fracas para continuar. Eles exemplificam o amor de Deus por nós. Se você está se sentindo fraca nesta manhã, procure uma amiga. Recuse-se a esconder-se neste momento.

Jesus, obrigada pelas amizades verdadeiras, sinceras e honestas em minha vida. Obrigada pelas pessoas que podem me ajudar a enfrentar os momentos difíceis da vida.

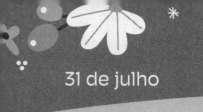

31 de julho

O MAIOR MANDAMENTO

"Ame o Senhor, o seu Deus de todo o seu coração, de toda a sua alma e de todo o seu entendimento."
MATEUS 22.37

Se você foi criada na igreja, provavelmente se lembra de ouvir que Jesus nos ama e que também devemos amá-lo. Parecia algo tão simples, e nós, da nossa maneira infantil, amávamos a Deus. Agora, adultas, essas palavras também podem sair de nossa boca com facilidade, mas como amamos a Deus? A obediência envolve, necessariamente, todas as partes do nosso ser: mente, vontade e emoção. O nosso amor por Deus deve ser refletido em nossos pensamentos, palavras, relacionamentos, comportamento, maneira de vestir e nas formas de entretenimento que escolhemos.

Amar a Deus com esse nível de intensidade não pode ser feito humanamente. O poder para isso vem do próprio Deus. Ele nos amou primeiro! Peça a Deus uma nova compreensão do amor dele por você nesta manhã e decida amá-lo com todo o seu ser como resposta ao grande e maravilhoso amor divino.

Jesus, obrigada por me amares com um amor que não pode ser medido. Eu quero te amar de volta com todo o meu ser. Ajuda-me a demonstrar o meu amor por ti em tudo o que eu fizer hoje.

AGOSTO

Deem graças ao SENHOR, porque ele é bom.
O seu amor dura para sempre!

SALMOS 136.1

1° de agosto

As promessas de Deus

Por isso não tema, pois estou com você; não tenha medo, pois sou o seu Deus. Eu o fortalecerei e o ajudarei; eu o segurarei com a minha mão direita vitoriosa.
ISAÍAS 41.10

A Palavra de Deus está cheia de promessas maravilhosas que são, muitas vezes, condicionais: um mandamento e uma promessa. Pense no pai que diz ao filho: "Coma todos os legumes, e eu compro um sorvete de sobremesa." A criança se sente motivada a obedecer por causa da promessa tentadora. Isaías se refere a nós como filhos de Deus, nos desafiando a abraçar a oferta de Deus para nos ajudar e nos fortalecer se cumprirmos as suas condições. Ele nos dará força, auxílio e nos impedirá de afundar se recusarmos o medo e o desânimo. Quando aceitamos a verdade de que Deus está sempre presente, poderoso e cheio de amor, nos colocamos em uma posição de receber as promessas que ele nos oferece.

Como está a sua perspectiva para o dia de hoje? Você se sente desanimada e com medo dos problemas que podem surgir? Talvez você precise se arrepender de sua falta de fé e se lembrar de quem é Deus. Forte. Capaz. Poderoso. Presente.

Senhor, eu amo as tuas promessas e desejo experimentar cada uma delas. Ajuda-me a cumprir a parte que me é devida. Perdoa-me pela minha incredulidade, por meu medo e desânimo. Eu escolho colocar a minha confiança totalmente em ti neste dia.

2 de agosto

TRANSFERÊNCIA E TRANSFORMAÇÃO

Pois ele nos resgatou do domínio das trevas e nos transportou para o Reino do seu Filho amado, em quem temos a redenção, a saber, o perdão dos pecados.

COLOSSENSES 1.13-14

Se você já viajou alguma vez para fora do país, provavelmente experimentou o choque cultural em algum grau. Sentimentos de confusão e ansiedade são comuns quando nos deparamos com estilos de vida completamente diferentes do nosso. É a transferência de uma sociedade a outra totalmente diferente.

O livro de Colossenses fala sobre um tipo diferente de mudança de lugar — não de uma mudança física, mas espiritual. Por meio do perdão de Cristo fomos resgatadas de uma vida guiada pelo poder do Diabo e transferidas para um Reino completamente novo — o Reino que está sob o domínio de um Salvador amoroso. Essa transferência é muito mais importante do que uma simples transferência de local; trata-se da transformação do nosso caráter. Não estamos mais onde estávamos e não somos mais quem costumávamos ser. Dedique alguns minutos desta manhã para louvar a Deus por resgatá-la da escuridão e oferecer nova vida em uma nova terra!

Senhor, o meu coração está cheio de ações de graças nesta manhã pelo milagre da transformação. Obrigada por tu me resgatares do pecado e da vergonha e por me ofereceres a vida eterna.

3 de agosto

Um coração quebrantado

> O SENHOR está perto dos que têm o coração quebrantado e salva os de espírito abatido.
> SALMOS 34.18

As despedidas são, provavelmente, um dos maiores desafios que enfrentamos — quer seja por causa da morte ou por alguma mudança. Amar profundamente tem um preço alto. O preço que Jesus pagou por nos amar foi a morte. Ele entende a dor da separação — o seu próprio Pai o abandonou quando ele assumiu os pecados do mundo. Mas, agora, ele está sentado à direita do Pai, como nosso intercessor e sumo sacerdote que entende as nossas fraquezas. Ele sabe o que é ter um coração quebrantado; e nos resgata.

Durante o curso de nossa vida comum, há momentos em que temos nosso coração partido por diferentes razões. É reconfortante saber que Jesus nos entende porque ele também já passou por isso. Lembre-se, nesta manhã, de que ele está especialmente próximo de você e resgatará o seu espírito ferido. Clame ao Senhor — o ouvido dele está inclinado para você!

Senhor, eu sou muito grata porque tu te identificas com a minha dor. Obrigada por estares sempre próximo de mim. Ajuda-me a continuar confiando em ti até a chegada do meu alívio.

4 de agosto

Fé sem ver

Pela fé Abraão, quando chamado, obedeceu e dirigiu-se a um lugar que mais tarde receberia como herança, embora não soubesse para onde estava indo.
HEBREUS 11.8

Abraão, o pai dos fiéis, era um homem de obediência. Se ele tivesse ouvido o chamado de Deus, mas por medo ou falta de fé não tivesse respondido, o Senhor não poderia ter estabelecido uma nova nação por meio dos seus descendentes. Abraão correu o risco porque estava convencido de que Deus era verdadeiro e havia separado um lugar que ele não conhecia. A fé verdadeira sempre obedece a Deus. Na verdade, a nossa obediência a Deus mostra se a nossa fé é verdadeira. Abraão dava um passo de cada vez, até que o próximo fosse revelado.

Nesta manhã, você pode estar seguindo Deus, mesmo sem saber para onde está indo. Você não consegue ver para onde ele a está guiando. Lembre-se de que Deus vê o todo e trabalha em cada circunstância da sua vida detalhadamente, com todo o cuidado. Ele sabe o que está fazendo e pede que você apenas dê um passo de cada vez.

Ó Senhor, eu venho a ti neste dia para reafirmar a minha fé. Tu és bom, amoroso e fiel; e tu me amas demais para me deixar sem direção. Ajuda-me a confiar mais em ti e guia-me em teus caminhos eternos.

5 de agosto

CONFIANÇA CEGA

Mesmo não o tendo visto, vocês o amam; e apesar de não o verem agora, creem nele e exultam com alegria indizível e gloriosa, pois vocês estão alcançando o alvo da sua fé, a salvação das suas almas.
1PEDRO 1.8-9

É possível amar e confiar em alguém que nunca vimos? Pedro parecia pensar que sim. O apóstolo escreveu aos cristãos em tempos de grande perseguição sob o reinado do tirano Nero e os lembrou da sua fé e amor pelo Deus que eles nunca haviam visto com os próprios olhos. Pedro e os outros apóstolos tiveram o privilégio de conviver pessoalmente com Jesus, mas a confiança daquelas outras pessoas transcendia o natural e, com os olhos da fé, elas experimentaram a inexprimível alegria da salvação.

Como você tem se saído na área da "confiança cega"? Deus parece estar distante e indiferente nesta bela manhã? Lembre-se de que, embora você não possa ver Deus com os seus olhos físicos, ele está ao seu lado. Os olhos do nosso Senhor estão sobre você, e os ouvidos dele estão sensíveis ao seu clamor. Confie nele hoje. A recompensa dessa confiança será a salvação de sua alma.

Jesus, seria tão maravilhoso poder sentar para tomar um chá com o Senhor pessoalmente para que pudéssemos conversar sobre tudo o que me preocupa hoje. Mas, Senhor, sei que tu és real, mesmo que eu não possa ver o teu rosto com os meus olhos físicos. Obrigada por estares sempre comigo.

6 de agosto

FORÇA

Não estou dizendo isso porque esteja necessitado, pois aprendi a adaptar-me a toda e qualquer circunstância. Sei o que é passar necessidade e sei o que é ter fartura. Aprendi o segredo de viver contente em toda e qualquer situação, seja bem alimentado, seja com fome, tendo muito, ou passando necessidade. Tudo posso naquele que me fortalece.

FILIPENSES 4.11-13

Paulo era um homem que sabia como sobreviver e prosperar em qualquer situação. Ele foi açoitado, amarrado, espancado, apedrejado, sofreu um naufrágio, se perdeu, foi preso, passou fome, sede e frio. No entanto, apesar de tudo isso, ele aprendeu o segredo para viver contente por intermédio da confiança completa em Cristo, que o fortalecia.

Os nossos problemas são pequenos quando comparados aos de Paulo, mas ainda assim são importantes para nós e para Deus. Lembre-se de que o nosso Deus jamais pediria algo de nós se não estivesse disposto a nos oferecer a força necessária para realizá-lo. Nesta manhã, saiba que, independentemente do que esteja no seu caminho, você pode descansar na certeza de que a força de Cristo é suficiente para ajudá-la — não um pouco, mas completamente!

Obrigada, Senhor, por compartilhares comigo o segredo de Paulo. Ajuda-me a me contentar com a minha situação atual e a confiar plenamente na força que tu prometes me conceder. Eu tudo posso naquele que me fortalece.

7 de agosto

QUERIDOS PÉS

O SENHOR, o Soberano, é a minha força; ele faz os meus pés como os do cervo; faz-me andar em lugares altos.
HABACUQUE 3.19

Quando Deus criou os cervos, ele os fez com pés que fossem capazes de suportar o que fosse preciso. Galopar em meio a campos enormes, limpar cercas vivas, subir terrenos íngremes — enfim, eles precisavam ser extremamente atléticos. A força para o movimento à frente vem dos músculos de suas pernas traseiras. Nós não somos cervos, mas certamente precisamos desse tipo de músculo em nosso interior. Como devemos agir em meio às reviravoltas inesperadas da vida, tendo a habilidade para manobrar nas dificuldades que emergem no caminho? Somente pela força do nosso poderoso, soberano e presente Deus. A jornada da vida é, muitas vezes, íngreme e escorregadia, mas o nosso objetivo é o céu, onde caminharemos eternamente com Cristo nos lugares celestiais.

O seu Deus, todo-poderoso e vitorioso, é a sua força hoje. Ele lhe concederá o que for necessário para atravessar os vales e montanhas. Ele firmará os seus pés!

Obrigada, Deus, por me dares força e confiança para firmar os meus passos para que eu não tropece. Segura-me quando eu perder o equilíbrio e guia-me com a tua maravilhosa mão.

8 de agosto

FIXE OS SEUS PENSAMENTOS

Finalmente, irmãos, tudo o que for verdadeiro, tudo o que for nobre, tudo o que for correto, tudo o que for puro, tudo o que for amável, tudo o que for de boa fama, se houver algo de excelente ou digno de louvor, pensem nessas coisas.

FILIPENSES 4.8

Uma menina de quatro anos de idade reclamava constantemente de tédio. A sua mãe tentava fazer com que ela reconhecesse tudo o que elas haviam feito durante aquele dia inteiro, mas, mesmo assim, não conseguia convencê-la do contrário. As suas queixas continuaram. Quando a mãe tentava novamente, ela respondia: "Você não pode controlar o que eu penso!" Isso é verdade. Ninguém pode controlar o que pensamos, exceto nós mesmas. Pensamentos podem ser controlados e administrados — não é uma tarefa fácil, mas podemos controlá-los. Na verdade, é exatamente isso que devemos fazer! Preencher a nossa mente com a verdade da Palavra de Deus nos ajudará a nos concentrar em coisas boas e nos dará a capacidade para identificar quaisquer mentiras.

Comece o seu dia hoje com a verdade de Deus e rejeite qualquer pensamento que não se alinhe a ela. Acredite que você é amada, cuidada e que Deus jamais a abandonará. Pense nas coisas que são excelentes e dignas de louvor.

Senhor, hoje escolho fixar os pensamentos em ti e crer que tu manténs a tua Palavra. Ajuda-me a me livrar dos meus pensamentos negativos e a entregá-los a ti.

9 de agosto

Esquecendo

Irmãos, não penso que eu mesmo já o tenha alcançado, mas uma coisa faço: esquecendo-me das coisas que ficaram para trás e avançando para as que estão adiante, prossigo para o alvo, a fim de ganhar o prêmio do chamado celestial de Deus em Cristo Jesus.
FILIPENSES 3.13-14

Você já saiu correndo apressada para algum lugar e quando chegou lá não conseguiu se lembrar do que tinha para fazer ali? Esquecer-se das coisas pode ser algo realmente irritante. Em nossa vida espiritual, no entanto, esquecer é uma obrigação! Se não fizermos isso, ficaremos presas a memórias de pecados e erros passados ou tentaremos viver das conquistas e bênçãos de tempos distantes. Paulo não olhava para trás. Nada poderia impedi-lo de receber o prêmio celestial que estava diante de si.

Deixe o seu passado para trás. Cristo fez isso. Ele cancelou o seu pecado e o removeu da sua vida e da memória dele. Dê continuidade à sua jornada em direção ao prêmio celestial com todo o seu ser!

Senhor, obrigada por perdoares o meu passado e por me dares vida nova em ti. Hoje, eu escolho me perdoar e esperar ansiosamente por tudo o que tu tens planejado para mim.

10 de agosto

Perdão

Mas se não perdoarem uns aos outros, o Pai celestial não perdoará as ofensas de vocês.
MATEUS 6.15

O perdão é algo necessário para os cristãos. Depois de começarmos a nossa nova vida por meio do perdão de Cristo, nós devemos oferecer o mesmo às outras pessoas. O primeiro livro de Samuel, no capítulo 24, nos conta a história de como Davi colocou em prática esse princípio em sua vida. Davi e seus homens estavam escondidos no fundo de uma caverna quando o seu perseguidor, o rei Saul, entrou. Davi teve, então, a oportunidade de se livrar de seu perseguidor, mas ele não conseguiu machucá-lo. Ele simplesmente cortou uma ponta do manto de Saul para provar que não havia sentimento de vingança em seu coração.

Às vezes, nós temos dificuldade para perdoar as pessoas porque achamos que isso minimizará, de alguma forma, o que elas fizeram, tirando a sua responsabilidade. Lembre-se de que não é nosso trabalho julgá-las. Um dia, Deus julgará todas as ações; enquanto esse dia não chega, perdoe, para que a alegria e a vida de Jesus possam reinar em sua vida.

Jesus, eu te confesso que já guardei mágoa e rancor em meu coração. Por favor, perdoa-me, assim como perdoei aqueles que me ofenderam. Obrigada, Senhor, pela liberdade encontrada no perdão.

11 de agosto

Tentação

Porque, tendo em vista o que ele mesmo sofreu quando tentado, ele é capaz de socorrer aqueles que também estão sendo tentados.

HEBREUS 2.18

Como somos humanas, seremos tentadas a pecar de várias maneiras diferentes — por toda a vida. O próprio Jesus foi tentado por Satanás quando viveu na terra. Não devemos nos sentir culpadas pelas coisas que nos tentam; não somos nós que estamos nos tentando. Sabemos que Satanás é o tentador, e é trabalho dele andar por aí tentando a humanidade a violar as leis de Deus de toda forma possível. Ele tentou suas táticas até mesmo em Jesus.

Se você sente que está enfrentando muitas tentações, siga o exemplo de Jesus e ore ao seu Pai celestial, que ouvirá o seu clamor. Deus se compadece de nós quando somos tentadas, e deseja que peçamos a ajuda dele.

Pai, obrigada por me amares, tanto quando sou tentada, quanto quando eu peco. Por favor, concede-me graça para clamar a ti quando eu sofrer tentações, para que eu encontre forças para resistir.

12 de agosto

Escolhida por Deus

Vocês, porém, são geração eleita, sacerdócio real, nação santa, povo exclusivo de Deus, para anunciar as grandezas daquele que os chamou das trevas para a sua maravilhosa luz.

1PEDRO 2.9

O mundo ama nos definir. Se não tivermos cuidado e aceitarmos essas definições como verdadeiras, elas podem ditar a nossa vida e determinar a forma como nos sentimos em relação a nós mesmas. Muitas vezes acreditamos no que o mundo nos diz sobre a nossa identidade: o nosso emprego determina se somos bem-sucedidas, e os nossos relacionamentos determinam se somos valorizadas. Até mesmo o local onde moramos pode determinar o nosso valor. Contudo, essas definições não são verdadeiras; elas destroem a nossa confiança e confundem a nossa autoestima.

Felizmente, o Senhor não mede o nosso valor com a mesma balança do mundo. Ele nos chama de amadas e dignas, simplesmente porque pertencemos a ele. Por sermos filhas de Deus, nós recebemos uma identidade única e especial. Embora possamos nos sentir insignificantes aos olhos do mundo, aos olhos de Deus somos preciosas e inestimáveis.

Senhor, ajuda-me a colocar o meu valor sempre em tuas mãos. Obrigada por me amares mais do que posso imaginar. Ajuda-me a ignorar todas as definições que as outras pessoas têm a meu respeito e a aceitar a identidade que tu me deste.

13 de agosto

ELE É SUFICIENTE

Mas ele me disse: "Minha graça é suficiente para você, pois o meu poder se aperfeiçoa na fraqueza." Portanto, eu me gloriarei ainda mais alegremente em minhas fraquezas, para que o poder de Cristo repouse em mim.
2CORÍNTIOS 12.9

O médico, um cristão sábio e devoto, ouvia com compaixão a história contada pela paciente. O marido daquela mulher estava gravemente doente e ela estava sofrendo emocional e fisicamente, pois enfrentava cada novo dia sem muita esperança para o futuro. Então, ele disse algo que a surpreendeu e a encorajou: "Sabe, se o seu marido morrer, você ficará bem. Você tem Jesus."

Você se lembra de que tem Jesus nesta manhã? O dia de hoje pode ter amanhecido lindo e ensolarado, mas em seu interior nem tudo está bem, e as próximas vinte e quatro horas parecem desesperadamente sombrias. Levante-se. Se você conhece Cristo, então sabe que a sua graça é suficiente, e que a força do Senhor se aperfeiçoa em nossa fraqueza. A presença de Jesus nos sustenta. Você está em um solo firme, inabalável e imutável. Cristo tem você nas mãos — agarre-se a ele e saiba que isso é suficiente!

Senhor, ajuda-me neste dia. A minha fé está vacilando, e eu não estou motivada a perseverar. Sei que a tua graça é suficiente para mim e que o teu poder se aperfeiçoa em minha fraqueza. Eu confio em ti neste momento. Tu és suficiente.

14 de agosto

ELE ENTENDE

Será que você não sabe? Nunca ouviu falar? O SENHOR é o Deus eterno, o Criador de toda a terra. Ele não se cansa nem fica exausto; sua sabedoria é insondável.
   ISAÍAS 40.28

Existe algo em nós que deseja ser compreendido. Quando a tragédia nos atinge de repente — dificuldades financeiras ou perdas devastadoras —, precisamos de alguém que se identifique conosco e ofereça mais do que simples conversas banais. Desejamos uma palavra reconfortante ou um ombro para nos apoiar, um ombro de alguém que já passou pela mesma situação. As pessoas participam de grupos de apoio por este motivo: elas podem se comunicar com outros que tiveram experiências parecidas.

Seria um dia muito triste mesmo se Isaías não tivesse nos oferecido uma resposta para esse dilema. Deus sabe exatamente o que estamos enfrentando e o compreende. Ele nunca se cansa de oferecer a sua força ilimitada e o seu consolo em resposta às nossas orações. Fixe os seus olhos no Senhor hoje, e não nas outras pessoas.

Ó Deus, tu me entendes, e eu sou muito grata por isso. Tu me criaste; tu me conheces melhor do que qualquer pessoa e me amas mais do que posso imaginar. Obrigada por nunca te cansares de mim e por me entenderes completamente.

15 de agosto

Esperança em Deus

Mas agora, SENHOR, que hei de esperar? Minha esperança está em ti.
SALMOS 39.7

Era um dia como todos os outros. O homem coxo chegou com a ajuda da família para passar o dia pedindo esmolas na entrada do templo. Como era aleijado de nascença, essa era a única coisa que ele podia fazer para conseguir o seu sustento. Eram três horas da tarde — a última hora de oração formal do dia, quando os judeus faziam os seus sacrifícios e davam esmolas aos pobres. Quando Pedro e João se aproximaram da entrada do templo, o coxo lhes pediu dinheiro, esperando receber uma ou duas moedas. Imagine a sua surpresa quando Pedro disse: "Não tenho prata nem ouro, mas o que tenho, isto lhe dou. Em nome de Jesus Cristo, o Nazareno, ande" (Veja Atos 3.6).

Você está sentada na entrada do templo nesta manhã, esperando receber um pouco de alegria ou incentivo de alguém? Lembre-se disto: ninguém pode satisfazer as suas necessidades — apenas Deus. Você tem colocado a sua esperança nas pessoas, em vez de em Deus? O aleijado olhou para cima e recebeu muito mais do que havia imaginado. Neste dia, coloque a sua esperança em Deus.

Senhor, eu escolho depositar a minha esperança em ti, pois tu és a fonte de tudo o que preciso. Perdoa-me por olhar para os lados e ajuda-me a manter meus olhos no Senhor.

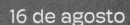

16 de agosto

À SUA IMAGEM

Tornarei o homem mais escasso do que o ouro puro, mais raro do que o ouro de Ofir.
ISAÍAS 13.12

Qual é o bem mais valioso que você possui? É a sua conta bancária, o seu carro, a sua casa ou a sua casa de praia? Em um nível menos superficial, você pode dizer que é a sua família, os seus amigos, a sua igreja ou o seu trabalho. Se fizéssemos essa mesma pergunta ao Deus do Universo (e lembre-se de que ele é o dono de tudo!), ele responderia: "Você!" Pense nisso por um minuto. Deus nos criou à sua própria imagem. Nós não somos Deus, mas possuímos qualidades parecidas, assim como um talentoso artista que pinta um autorretrato. A pintura não é o artista em si, mas possui uma enorme semelhança.

Talvez hoje você se sinta negligenciada, despercebida e, até mesmo, insignificante. Lembre-se disto: você possui um valor inestimável. Você foi criada para amar, para ter um relacionamento com Deus e com as pessoas, para pensar, raciocinar, sentir e criar. O seu potencial é ilimitado. Você é mais rara do que o ouro puro. Creia nisso!

Senhor, eu estou fascinada pelo maravilhoso amor que tens por mim. Obrigada por me criar à tua imagem e com um valor infinito. Quero viver este dia para demonstrar a tua glória. Tu és digno!

17 de agosto

MEU GUIA

Conduzirei os cegos por caminhos que eles não conheceram, por veredas desconhecidas eu os guiarei; transformarei as trevas em luz diante deles e tornarei retos os lugares acidentados. Essas são as coisas que farei; não os abandonarei.
ISAÍAS 42.16

O povo de Deus, os israelitas, estava em cativeiro fazia setenta anos e precisava desesperadamente de alguém para guiá-lo de volta para casa. Era como se eles fossem cegos e não fizessem a menor ideia de que direção seguir. Deus prometeu remover os obstáculos de seu caminho e iluminar a sua jornada.

A nossa vida também é como uma peregrinação por território desconhecido. Tantas pessoas já viveram antes de nós, mas parece que estamos caminhando no escuro. Talvez haja em seu caminho obstáculos que parecem insuperáveis. Talvez você tenha planejado algo completamente diferente para a sua vida. Você precisa de um guia — um guia amoroso, bom e compassivo — para guiá-la na direção certa. Você possui um. Ele é um maravilhoso conselheiro, todo-poderoso, Pai eterno e Príncipe da Paz. Confie nele hoje.

Obrigada, Senhor, por tua promessa de me guiar pela escuridão e obstáculos da vida. Embora eu não consiga enxergar claramente o meu caminho, tu o enxergas e caminharás sempre ao meu lado. Tu és o meu amoroso e bom Deus.

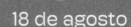

18 de agosto

COLOQUE O SEU CINTO

Assim, mantenham-se firmes, cingindo-se com o cinto da verdade, vestindo a couraça da justiça.
EFÉSIOS 6.14

Todos os dias, o tribunal está em sessão por todo o país. O objetivo principal de todo esse processo é descobrir a verdade. Quando descoberta, a verdade pode libertar o acusado ou mandá-lo para a prisão. Há poder na verdade, mas também há poder nos enganos do inimigo. Colocar o cinto da verdade nos capacita a discernir esses dois. Para o soldado romano, o cinto era onde se guardava a espada. Ele sustentava a sua couraça pesada e oferecia um lugar para pôr a túnica para dentro, evitando que ele tropeçasse nela. A verdade da Palavra de Deus faz o mesmo por nós espiritualmente. Ela pode ser empunhada como uma espada contra os enganos do inimigo e pode nos impedir de cair em pecado. A Palavra nos dá segurança.

Você já colocou o seu cinto da verdade hoje? Dedique algum tempo para meditar na Palavra de Deus e absorva toda a verdade contida ali. Não confie em nenhuma outra fonte para guiá-la. Fique firme na verdade!

Senhor, eu sou muito grata, pois tu estabeleceste um padrão de verdade absoluta e infalível para a minha vida. Eu coloco o cinto nesta manhã e aguardo ansiosamente por um dia cheio de alegria e vitórias.

19 de agosto

Escorregando

Quando eu disse: Os meus pés escorregaram, o teu amor leal, SENHOR, me amparou! Quando a ansiedade já me dominava no íntimo, o teu consolo trouxe alívio à minha alma.
SALMOS 94.18-19

Se você já teve a oportunidade de visitar a parte norte dos Estados Unidos, onde há muito gelo e neve, provavelmente já escorregou e caiu pelo menos uma vez. Como você deve saber, tudo acontece muito rápido! Numa simples caminhada, de repente, seu pé escorrega e você cai direto no chão. Depois de se certificar de que não foi nada grave, você olha ao redor para ver se alguém viu a cena. É constrangedor perder o controle dessa maneira.

A vida, às vezes, nos pega de surpresa com dificuldades que nos roubam completamente o equilíbrio. E, sim, é bom quando nos damos conta de que não temos controle total sobre a nossa vida. Sem a ajuda de Deus, nós podemos cair. O plano do Diabo para a nossa vida é nos fazer escorregar e cair, cedendo à raiva, medo, depressão e incredulidade. Clame a Deus nesta manhã; segure-se firme no Senhor, e ele não a deixará cair.

Hoje, Senhor, eu clamo por tua ajuda. Não tenho certeza se serei capaz de manter os meus pés firmes ao lidar com circunstâncias inesperadas. Obrigada, pois o teu consolo renova as minhas esperanças.

20 de agosto

O Deus de toda consolação

Bendito seja o Deus e Pai de nosso Senhor Jesus Cristo, Pai das misericórdias e Deus de toda consolação.
2CORÍNTIOS 1.3

Consolação é algo de que o nosso coração necessita desesperadamente quando passamos por dificuldades ou tristezas. Precisamos de alguém que se sente ao nosso lado, nos ouça, nos abrace e simplesmente esteja ali, nos oferecendo apoio. A nossa família e os nossos amigos, por mais que nos amem, são limitados pelo tempo e pelos seus recursos. Eles nem sempre são capazes de satisfazer as nossas necessidades. É nesse momento que devemos olhar para Deus — a fonte de compaixão e consolação. Leia os salmos e agarra-se às promessas encontradas nele. Deus não se cansa de nós nem perde a paciência com os nossos problemas; ele está sempre perto.

Tenha um ótimo dia hoje — sim, e até feliz! Você tem um Deus que a ama. Ele tem muita compaixão e é a própria fonte de toda consolação. Corra para ele nesta manhã e permita que o Senhor acalme a sua alma perturbada.

Pai, tu és o meu Deus — cheio de compaixão e pronto para consolar a minha alma. Entrego a ti os meus problemas e peço que tu firmes o meu coração. Eu começo este dia com a tua força.

21 de agosto

Espere pelo Senhor

Espero no SENHOR com todo o meu ser, e na sua palavra ponho a minha esperança. Espero pelo SENHOR mais do que as sentinelas pela manhã; sim, mais do que as sentinelas esperam pela manhã!
SALMOS 130.5-6

Vivemos em uma cultura de imediatismos. Mensagens instantâneas, *fast-food*, internet de alta velocidade e tudo automatizado! Quanto mais rápido e curto, mais gostamos. Esperar simplesmente não é uma das coisas que gostamos de fazer. Acostumamo-nos a fazer as coisas de forma relativamente eficiente, contudo, quando oramos, Deus parece estar em um tempo completamente diferente. Ele muitas vezes pede que esperemos. Por quê? Porque Deus está mais interessado em desenvolver o nosso caráter do que em enviar mensagens instantâneas. A nossa paciência, resistência, fidelidade e perseverança estão sendo desenvolvidas durante a espera.

Você se sente frustrada por orações não respondidas nesta manhã? Enquanto espera que Deus responda à sua oração, lembre-se de que ele está operando muitas coisas nos bastidores. Deus está preparando o terreno, operando na vida de outras pessoas e organizando todas as circunstâncias para que o momento certo chegue. Então, a sua resposta chegará. Não seja passiva enquanto espera; ore, leia a Bíblia e agarre-se às promessas de Deus. Você consegue!

Senhor, por favor, ajuda-me a ser paciente enquanto espero pelo teu mover em minha vida. Nada é desperdiçado. Tu operas todas as coisas para o meu bem. Eu confio que tu farás o que for melhor para mim.

22 de agosto

APARÊNCIAS

"Não considere sua aparência nem sua altura, pois eu o rejeitei. O SENHOR não vê como o homem: o homem vê a aparência, mas o SENHOR vê o coração."

1SAMUEL 16.7

Quando se olha no espelho, você gosta do que vê? Nós, frequentemente, nos apressamos para criticar e julgar as nossas aparências exteriores. Algumas de nós desejam ter cabelos mais longos, ou olhos mais claros, ou um sorriso mais bonito. Podemos passar muito tempo nos preocupando com o que os outros pensam de nossa aparência exterior, ou nos comparando a modelos e, até mesmo, às nossas amigas.

Não importa quão bonita você seja por fora, ou qual seja a sua aparência se comparada a de outras pessoas, a única coisa que realmente importa é como você é por dentro. Deus vê a sua totalidade; ele vê partes suas que as outras pessoas são incapazes de ver. A beleza, a bagunça e as mágoas — tudo emaranhado dentro de você. E Deus nos ama apesar de tudo o que vê. Na próxima vez que você se observar no espelho, tenha a certeza de que é completamente amada. Você possui uma beleza que não pode ser medida.

Jesus, ajuda-me a me enxergar como o Senhor me vê. Na próxima vez que eu me olhar no espelho e me sentir tentada a criticar o que vejo, lembre-me de que tu enxergas além da cor dos meus olhos e vês o interior do meu coração.

23 de agosto

Não fique sentada

Portanto, visto que temos tal esperança, mostramos muita confiança.
    2CORÍNTIOS 3.12

Você já se encontrou em alguma situação em que sabia que algo não estava certo, mas teve medo de dizer alguma coisa? Talvez uma amiga estivesse sendo maltratada, ou um colega de trabalho estivesse fazendo algo errado. É preciso muita coragem para defender o que é certo, especialmente quando todos à sua volta parecem não se importar.

Talvez, naquele momento, você sentiu que estava havendo uma tremenda injustiça e precisou agir. Pelo peso em sua consciência, você simplesmente não conseguiu ficar sentada, sem fazer nada. Em situações assim, não precisamos ter medo. Podemos ter confiança, porque sabemos que não estamos sozinhas. Aquele que nos dá coragem está bem ao nosso lado.

Jesus, obrigada, pois eu posso ser corajosa, porque tu prometes estar ao meu lado. Por favor, não permitas que eu esqueça que tu nunca me abandonas quando estou com medo. Tu, Senhor, me manténs de pé.

24 de agosto

Carga pesada

Pois se perdoarem as ofensas uns dos outros, o Pai celestial também perdoará vocês.
MATEUS 6.14

Pode ter sido uma observação descuidada, uma promessa quebrada ou uma ação mal-intencionada para magoá-la. Quando outras pessoas nos machucam, especialmente aquelas que amamos, nós, facilmente, nos sentimos profundamente ofendidas e guardamos rancor. Às vezes, quando somos feridas, reagimos a isso nos fechando. Justificamos os nossos motivos para não perdoar e continuamos com a nossa dor, nutrindo-a como uma ferida de batalha.

A amargura é uma carga pesada. Embora estejamos tentando nos proteger de outro sofrimento, carregar ressentimentos faz mais mal a nós mesmas do que a qualquer outra pessoa. Isso tira o melhor que temos dentro de nós e coloca a amargura em seu lugar. Pode ser muito difícil entregar a nossa dor ao Senhor e enxergar com compaixão e misericórdia quem nos magoou. Contudo, quando fazemos isso, podemos respirar novamente. Podemos perdoar, porque Deus nos mostrou como fazer isso. Podemos sempre buscar Deus, pois sabemos que ele jamais nos rejeitará.

Jesus, quando eu me sentir tentada a me esconder em minha dor, faz-me lembrar de que tu és sempre compassivo e bom comigo. Ajuda-me a amar aqueles que me magoaram, assim como tu me amas.

25 de agosto

Precisando de graça

Mas ele nos concede graça maior. Por isso diz a Escritura: "Deus se opõe aos orgulhosos, mas concede graça aos humildes."

TIAGO 4.6

Quando os nossos dias vão bem, podemos esquecer, com facilidade, que somos totalmente dependentes do Senhor e da sua graça sem fim. É claro que podemos ser fortes, pacientes, gentis, amorosas, altruístas e generosas por conta própria, por um curto período de tempo. Uma hora, no entanto, não conseguiremos mais fazer isso se não confiarmos em Deus para derramar sobre nós a sua bondade.

O perigo de nos sentirmos tão capazes assim é que nos esquecemos de que precisamos de Jesus. É muito tentador permitirmos que o nosso orgulho cresça no lugar da humildade. Se começarmos os nossos dias de joelhos dobrados, reconhecendo que precisamos de Jesus, ele derramará a sua graça sobre todas as nossas fraquezas e deficiências. É a graça de Deus que nos permite crescer e nos aproximar dele.

Senhor, eu te peço perdão pelas vezes que permito que o orgulho tome conta de mim. Muito obrigada por me concederes a tua graça sem fim. Obrigada por eu ter sido criada para depender de ti.

26 de agosto

BRAÇOS ABERTOS

Portanto, aceitem-se uns aos outros, da mesma forma com que Cristo os aceitou, a fim de que vocês glorifiquem a Deus.
ROMANOS 15.7

Na próxima vez que você estiver em uma festa ou reunião, experimente olhar ao seu redor. Há grandes chances de você encontrar uma ou duas mulheres nos cantos, parecendo nervosas e desconfortáveis. Elas provavelmente se sentem deslocadas, talvez solitárias. Você já se sentiu assim em algum evento social? Como se todo mundo estivesse bem ali, menos você? Nunca é algo agradável se sentir de fora. Às vezes, a melhor maneira de demonstrar o amor de Deus aos que se sentem solitários é abrindo os nossos braços e nosso coração a eles.

Temos grande necessidade de nos sentir queridas, amadas e aceitas. Deus não deseja que nos sintamos sozinhas. Ele assumiu a missão de nos fazer saber que somos muito amadas e aceitas por ele. Como suas filhas e amigas, nós pertencemos ao Senhor. Deus vê quando nos sentimos tristes, e deseja nos consolar. Ele quer que saibamos que pertencemos a um lugar, que somos ouvidas e conhecidas.

Pai, ajuda-me a ver e amar as pessoas solitárias como tu vês. Quando eu me sentir sozinha, que eu seja capaz de sentir o teu abraço caloroso. Obrigada, pois tu sempre me recebes em teus braços.

27 de agosto

Inúmeras bênçãos

Como é grande a tua bondade, que reservaste para aqueles que te temem, e que, à vista dos homens, concedes àqueles que se refugiam em ti!
SALMOS 31.19

Como as folhas de outono que caem das árvores, assim o Senhor derrama maravilhosas bênçãos sobre a sua vida. No entanto, diferentemente das folhas, as bênçãos de Deus não caem em apenas uma estação; ele as derrama sobre nós todos os dias.

Essas bênçãos podem não ser exatamente como você as imaginava; conforto, luxo e sucesso não são, necessariamente, as melhores coisas para nós, uma vez que elas nos fazem olhar para o mundo, em vez de nos fazer olhar para Deus. Porém, ele nos dá tudo de que precisamos para uma vida que glorifique o nome dele, e nós podemos nos alegrar com o testemunho da sua grandeza. De fato, nada nos falta quando nos regozijamos em nossa salvação e no amor que Jesus derramou, tão maravilhosamente, sobre nós.

Deus, eu posso ver as tuas bênçãos em cada área da minha vida sendo derramadas com beleza e graça. Obrigada por tu não seres mesquinho com elas, ao contrário, tu as derramas sobre mim! Ajuda-me a reconhecer as tuas bênçãos e a te agradecer como tu mereces.

28 de agosto

Ele é mais do que um "senhor faz tudo"

Entrem por suas portas com ações de graças, e em seus átrios, com louvor; deem-lhe graças e bendigam o seu nome.
SALMOS 100.4

Como devemos nos aproximar de Deus? Com amor? Com paz? Com louvor? Ou com uma lista de reclamações, desejos e necessidades? Nós, às vezes, vemos Deus como a nossa conta bancária, ou como o "senhor faz tudo", ou até mesmo como um saco de pancadas emocional. Quantas vezes as nossas orações a Deus começam com aquilo que queremos, que precisamos ou com aquilo que precisa ser consertado no momento?

Deus deseja que expressemos, livremente, as nossas necessidades, os nossos medos e mágoas, mas isso não é *tudo* o que ele quer de nós. Somos suas filhas. Será que também corremos até o Senhor quando estamos explodindo de alegria? Nós podemos entrar em sua presença com mais do que apenas pedidos e desejos. Podemos nos aproximar com ações de graças e louvores porque ele é digno.

Deus, agradeço-te por tudo de bom e correto que há em minha vida. Sou muito grata, pois tu participas da minha alegria e das minhas bênçãos. Obrigada por tua presença em minha vida.

29 de agosto

Pelo bem dos outros

Levem os fardos pesados uns dos outros e, assim, cumpram a lei de Cristo.
GÁLATAS 6.2

Amizades íntimas e comunhão podem ser coisas lindas — principalmente quando enfrentamos dificuldades na vida. Deus nos criou para precisarmos uns dos outros. A vida não se torna apenas mais fácil quando temos pessoas em quem confiar e contar como apoio emocional, como também encontramos muita alegria nas amizades sólidas e profundas.

Deus não nos criou para sermos independentes; ele não quer que lutemos sozinhas. Ele nos criou para servirmos uns aos outros, com muito amor, dever implacável e coração compassivo. Você tem alguma amiga que esteja precisando de um ombro para chorar? Esteja disponível para ela. Ao fazer isso, você estará obedecendo ao principal desejo de Deus sobre como nós devemos viver — pelo bem dos outros.

Jesus, obrigada por podermos carregar os fardos uns dos outros, simplesmente porque, no final das contas, tu carregas todos eles. Sei que as pessoas podem se apoiar em mim, pois eu me apoio em ti. Ajuda-me a demonstrar amor àqueles ao meu redor. Obrigada pelas amizades e pela comunhão.

30 de agosto

Não mais escravas

Portanto, se o Filho os libertar, vocês de fato serão livres.
JOÃO 8.36

Ao vivermos a nossa caminhada com Cristo, nós enfrentamos, constantemente, adversidades, medos, tentações e lutas. Podemos nos sentir sobrecarregadas se permitirmos que esses medos e tentações nos aprisionem. Podemos esquecer, com facilidade, que Jesus nos libertou quando morreu naquela cruz.

Em Cristo, não somos mais escravas do pecado e do medo. Nós somos livres — capazes de nos libertar de tudo que nos escraviza. Somos livres para caminhar, livres para amar, livres para viver. Livres da vergonha, livres da culpa, livres do medo e livres de toda escravidão.

Obrigada, Jesus, pois em ti eu sou nova criatura. A minha antiga vida não existe mais. Obrigada por seres o meu Salvador e por me resgatares, para que eu possa viver totalmente livre para o Senhor.

31 de agosto

Rodeada de bênçãos

> O meu Deus suprirá todas as necessidades de vocês, de acordo com as suas gloriosas riquezas em Cristo Jesus.
> FILIPENSES 4.19

Recebemos bênçãos de tantas maneiras diferentes que às vezes temos dificuldade de reconhecê-las ou valorizá-las. Quando a vida fica confusa e complicada, a nossa inclinação natural é focar as dificuldades e tudo o que está errado. Às vezes, a nossa situação atual nos deixa cegas para as pequenas bênçãos em nossa vida. Uma bênção, por exemplo, pode ser uma amiga que aparece de surpresa para tomar um café. A mudança de cores em um dia de outono. Pode ser uma geladeira e uma despensa cheias de comida. Uma mesa composta por aqueles que mais amamos compartilhando uma refeição. Uma amizade reatada...

Todas essas bênçãos vêm de Deus. Ele ama nos agradar com bênçãos bem pensadas e lindas. Elas nos fazem lembrar que ele vê as nossas necessidades e faz todo o possível para nos mostrar que se importa conosco.

Jesus, que o meu coração e os meus olhos sejam capazes de ver todas as bênçãos ao meu redor no dia de hoje.

SETEMBRO

O SENHOR é fiel em todas as suas promessas
e é bondoso em tudo o que faz.
O SENHOR ampara todos os que caem e
levanta todos os que estão prostrados.

SALMOS 145.13-14

1º de setembro

RESPIRE NOVAMENTE

Lancem sobre ele toda a sua ansiedade, porque ele tem cuidado de vocês.
1 PEDRO 5.7

A ansiedade pode tirar o nosso fôlego. Ela pode vir em diversas formas: contas não pagas, um amigo doente, um futuro incerto. Quando nos sentimos sobrecarregadas de ansiedade, nós podemos paralisar. A nossa vida toda para e, lentamente, vamos afundando cada vez mais na preocupação e no medo. Às vezes, quando nos sentimos ansiosas, tentamos afastar esses sentimentos comendo a nossa comida preferida, ou tirando o dia para fazer compras. Podemos, também, procurar alguma amiga. No entanto, na maioria das vezes, tentamos lidar com isso solitariamente, porque se trata de algo muito assustador. Quem poderia nos entender?

Deus entende, e ele não julga as nossas dificuldades. Se entregarmos as nossas preocupações ao Senhor, ele virá ao nosso socorro rapidamente. Da próxima vez que a ansiedade pressioná-la, volte-se para o Senhor. Purifique-se por meio da santa Palavra de Deus. Permita que as promessas do Pai a consolem e lhe tragam paz.

Deus, quando a ansiedade chegar e ameaçar me paralisar, sussurra as tuas palavras de consolo e as tuas promessas de paz em meu ouvido. Obrigada, porque quando confio em ti, eu sou capaz de respirar novamente.

2 de setembro

PRIORIZANDO RELACIONAMENTOS

Aquele que anda com os sábios será cada vez mais sábio, mas o companheiro dos tolos acabará mal.
PROVÉRBIOS 13.20

A vida tem a capacidade de ficar agitada com muita rapidez. Trabalho, compromissos, prazos... e a lista não para de crescer. O nosso calendário se enche de listas de afazeres intermináveis. Por fim, alguma coisa precisa ser deixada de lado; precisamos ter prioridades. Todas nós temos a tendência de colocar o trabalho na frente das amizades. *Assim que essa fase agitada passar, eu procuro novamente as minhas amigas. Assim que eu cumprir este prazo, vou marcar aquele almoço.* Contudo, isso nunca acontece realmente. Dias, semanas e até meses passam, pois sempre haverá novos compromissos, novos prazos e novas obrigações.

Quando priorizamos o trabalho em vez das amizades, lentamente, começamos a perder o nosso círculo de apoio, encorajamento e os conselhos sensatos e racionais. Nós precisamos de amizades sólidas. Elas são fundamentais para que vivamos bem e nos ajudem a tomar boas decisões nas questões mais importantes. Há algo muito especial em um grupo de amigos que compartilham dos desafios e bênçãos da vida. Aquela lista de afazeres pode esperar; as nossas amizades, não.

Querido Jesus, ajuda-me a colocar as minhas amizades acima do meu trabalho e das minhas ambições. Que os relacionamentos sejam a maior prioridade da minha lista. Obrigada pelas amizades que enriquecem a minha vida de uma maneira tão linda.

3 de setembro

Quem me cura

SENHOR meu Deus, a ti clamei por socorro, e tu me curaste.
SALMOS 30.2

Todas nós encontramos consolo em coisas diferentes. Talvez ao ler um bom livro em frente à lareira. Ou pode ser no prato de massa que a sua mãe cozinha. Para algumas pessoas, é no cheiro dos pinheiros e na névoa da manhã. Quando estamos doentes, tristes, assustadas ou preocupadas, desejamos nos cercar de pessoas e coisas que nos trazem consolo. Queremos que as nossas necessidades sejam percebidas e supridas de forma amorosa e gentil. Quando enfrentamos aflições, ficamos desesperadas pela chegada de um resgate.

Sempre podemos encontrar consolo no Senhor. Ele ama chegar perto e cuidar de nós durante os nossos momentos de maior fraqueza. Deixe-o ser aquele cobertor quentinho em volta do seu corpo. Deixe que ele seja o sol queimando o seu rosto. É Deus quem deseja abraçá-la, afastar os seus medos e curar as suas doenças. Tudo que você precisa fazer é pedir, e ele fará isso.

Jesus, obrigada, pois tu estás sempre perto com a tua presença reconfortante. Tu és o que me cura. Obrigada!

4 de setembro

ARMA CONTRA A DÚVIDA

Peça-a, porém, com fé, sem duvidar, pois aquele que duvida é semelhante à onda do mar, levada e agitada pelo vento.
TIAGO 1.6

Há períodos em nossa vida que nos fazem ficar calmas, esperar e ter fé em Deus. Nesses momentos de espera, na quietude e no silêncio, as dúvidas ameaçam tirar a nossa fé. Passamos a ter pensamentos de incredulidade e começamos a nos perguntar se Deus é realmente tão bom quanto ele afirma ser.

Fé é acreditar e confiar na bondade de Deus e na sua fidelidade, independentemente de quão grandes sejam as nossas dúvidas. Quando o nosso coração está enraizado em Deus, é difícil que as dúvidas rachem a nossa fé. Saber quem Deus é, crer em suas promessas e confiar em seu amor por nós é o que nos ajuda nos momentos em que a nossa fé vacila. Quando ancoramos a nossa confiança no Senhor, as vozes da incredulidade são silenciadas. Lembre-se de todas as vezes que Deus apareceu quando você estava esperando e use essa memória como a sua arma contra as dúvidas.

Jesus, ajuda-me a ter fé em ti, e não nas minhas circunstâncias. Mesmo quando as dúvidas me assombram e ameaçam me roubar as esperanças, tu fazes a minha fé ser indestrutível. Obrigada, Senhor!

5 de setembro

Aumento da fé

A esperança que se retarda deixa o coração doente, mas o anseio satisfeito é árvore de vida.
PROVÉRBIOS 13.12

Quando esperamos de verdade por alguma coisa, nós expomos o nosso coração. Em momentos de esperança, podemos nos sentir nuas, expostas e muito vulneráveis. Às vezes, temos medo de nutrir esperanças, pois quando fazemos isso, sempre corremos riscos — risco de nos decepcionar, de sermos desiludidas ou magoadas. Quando depositamos a nossa esperança em pessoas e sistemas, risco ainda maior estamos correndo. Não há garantia alguma de que eles cumprirão os nossos desejos.

Quanto mais depositamos a nossa esperança em Deus, e não nas pessoas ou circunstâncias, menos riscos corremos. Embora o resultado possa não ser sempre o que imaginamos de início, quando a nossa esperança está em Deus, nós não seremos decepcionadas nem ficaremos insatisfeitas; ao contrário, a nossa fé aumentará graças à fidelidade do Senhor para conosco. Ele promete nos ajudar em todas as nossas dificuldades e desafios. Deus nunca permitirá que as nossas esperanças nele sejam frustradas.

Jesus, o meu consolo é saber que a minha esperança em ti sempre me concederá um aumento de fé. Obrigada por, no Senhor, eu encontrar permissão para ter esperanças e sonhar livremente.

6 de setembro

Difícil de amar

Amados, amemos uns aos outros, pois o amor procede de Deus. Aquele que ama é nascido de Deus e conhece a Deus.
1JOÃO 4.7

Você já conheceu alguém que considerou ser uma pessoa impossível de amar? Talvez fosse alguém crítico, maldoso ou arrogante. É fácil amar aqueles que são bons conosco. No entanto, há algumas pessoas difíceis de aceitarmos, pois temos o nosso instinto de proteção.

Temos, porém, em nós, a capacidade de amar qualquer pessoa, porque sabemos o que significa ser amada por Deus. Sabemos qual é a sensação de sermos perdoadas, ter graça derramada diariamente sobre nós e sermos aceitas repetidamente. Não merecemos um amor tão profundo, mas, ainda assim, o recebemos. Devemos fazer o mesmo com as pessoas. Podemos amar, porque Deus ama as partes mais feias e vergonhosas que existem em nós. Ele vê além do que está errado e derrama-se sobre nós.

Ó Deus, continua demonstrando o teu amor por mim para que eu possa amar as pessoas da minha vida. Ajuda-me a compartilhar uma palavra bondosa, um gesto de gentileza, um ato de compaixão ou, até mesmo, um abraço amoroso mesmo com aqueles que considero difíceis de amar.

7 de setembro

CORAGEM NECESSÁRIA

Não fui eu que ordenei a você? Seja forte e corajoso! Não se apavore, nem desanime, pois o SENHOR, o seu Deus, estará com você por onde você andar.
JOSUÉ 1.9

Todas nós precisamos de coragem. Independentemente de sermos jovens ou velhas, altas ou baixas, confiantes ou tímidas. Não importa qual seja a nossa profissão. Poderíamos estar na linha de frente de uma guerra ou lecionando em uma sala de aula. Todas nós precisamos reunir coragem para enfrentar a vida e os seus desafios com a cabeça erguida.

A nossa necessidade de coragem varia. Podemos precisar de coragem para restaurar um relacionamento, para procurar um novo emprego, para defender o que é certo ou para mudar para o outro lado do país. Precisamos de coragem para as áreas mais banais da vida e para as mais arriscadas. Independentemente do que vem a ser, não precisamos temer, pois Deus está conosco. Nós encontramos coragem na certeza de que nunca estamos sozinhas.

Jesus, ensina-me continuamente a me agarrar à tua verdade em todas as situações. Mostra-me como permanecer firme e compartilhar da coragem oferecida por ti. Obrigada por seres a minha força constante.

8 de setembro

Não temas

Deixo a paz a vocês; a minha paz dou a vocês. Não a dou como o mundo a dá. Não se perturbe o seu coração, nem tenham medo.
JOÃO 14.27

Assista ao noticiário por alguns segundos e você verá como o mundo é assustador. Há guerras, dor, caos e ódio. Acrescente a isso todos os outros motivos que temos para nos preocupar — problemas financeiros, relacionamentos, futuros incertos —, e é o bastante para nos roubar o sono.

Deus quer acalmar o nosso espírito. Ele não deseja que vivamos com medo, mas sim com fé de que ele reina sobre todo o Universo. Independentemente do barulho e desarmonia lá de fora, nas mãos de Deus está o dom da paz. Descanse, relaxe e respire. Ele está no controle de todas as situações, mesmo que não possamos ver ou perceber isso.

Obrigada, Jesus, pela tua paz. Quando o mundo está mergulhado no caos e há muitos motivos para temer, tu sussurras, gentilmente, que não é preciso ter medo. Eu sou grata, pois tu acalmas o meu espírito.

9 de setembro

Promessas quebradas

Todo aquele que o Pai me der virá a mim, e quem vier a mim eu jamais rejeitarei.
JOÃO 6.37

Promessas quebradas. Magoa, não é mesmo? Quando colocamos a nossa esperança e confiança em alguém e essa pessoa nos trai, sentimos o pior tipo de dor. Contudo, a verdade é que somos humanas e, apesar de nossas melhores intenções, às vezes quebramos promessas e magoamos aqueles a quem amamos. Por causa dessas experiências, nos colocamos na defensiva, e se torna cada vez mais difícil confiar em alguém novamente. Temos medo de nos colocar em posição vulnerável com as pessoas.

Há, contudo, alguém em quem podemos sempre confiar: Jesus Cristo. Não precisamos nos afastar dele ou evitá-lo por medo de rejeição. Ele promete nunca nos abandonar. Ele nunca nos recusará. Em um mundo cheio de promessas quebradas, essa é uma maravilhosa promessa que resistirá ao teste do tempo.

Senhor, as tuas promessas, contidas na Bíblia, não são vazias. Elas são cheias de amor, são feitas e cumpridas. Obrigada! E sempre que clamo a ti, tu respondes. Tu sempre respondes. Obrigada!

10 de setembro

Acalmando a decepção

Ao ver as multidões, teve compaixão delas, porque estavam aflitas e desamparadas, como ovelhas sem pastor.
MATEUS 9.36

Às vezes, é difícil saber o que fazer quando vemos alguém sofrendo. Será que a pessoa aceitaria a nossa ajuda? Será que deveríamos intervir? Oferecer palavras de encorajamento? Tomar os sofrimentos dela para nós? Com certeza. O Senhor deseja que tenhamos compaixão daqueles que sofrem, assim como ele tem por nós. Siga a direção de Deus. Quando nos vê sofrendo, ele vem em nossa direção.

Deus quer que façamos o possível para aliviar os fardos pesados das pessoas. Há muitas maneiras práticas de fazer isso, mas, às vezes, a melhor coisa a se fazer é simplesmente dizer: "Eu estou aqui, estou ouvindo, entendo e sinto muito pela sua dor." Nem sempre seremos capazes de tirar a dor de uma pessoa, mas podemos, com certeza, aliviar o seu fardo pesado.

Jesus, mostra-me as pessoas ao meu redor que estão sofrendo. Ajuda-me a mostrar compaixão e amor verdadeiros a elas, da mesma forma que tu fazes comigo.

11 de setembro

DE NENHUM VALOR

Os justos clamam, o SENHOR os ouve e os livra de todas as suas tribulações.
SALMOS 34.17

Sabe uma coisa que não possui valor algum em nossa vida, mas está geralmente presente, de alguma maneira? O estresse. Que desperdício de tempo e emoção! Quando a vida se torna caótica e exigente, o estresse mostra a sua cara feia. Às vezes, ele aparece de repente, tirando a nossa capacidade de desfrutar os agradáveis momentos que nos rodeiam. Ele afeta a nossa capacidade de amar as pessoas. E certamente diminui a nossa qualidade de vida.

Quando aceitamos o estresse, mostramos que não confiamos em Deus para nos ajudar em nosso momento de dificuldade. A solução para livrarmos a nossa vida desse sentimento é clamar ao Senhor quando sentimos que estamos perdendo o controle. Não precisamos ter estresse, e o estresse não precisa nos ter; podemos nos afastar dele e confiar que o Senhor está no controle. Porque ele, de fato, está.

Jesus, quando sinto o estresse me pressionando, eu clamo por ti, e tu me ajudas. Obrigada! Quando permito que tu guies a minha vida, tu tomas todas as minhas preocupações.

12 de setembro

O amor de Deus

Vocês possam, juntamente com todos os santos, compreender a largura, o comprimento, a altura e a profundidade, e conhecer o amor de Cristo que excede todo conhecimento, para que vocês sejam cheios de toda a plenitude de Deus.
EFÉSIOS 3.18-19

Não existe nada como o amor de uma mãe. É um amor que se sacrifica, é paciente, protetor e doador. O amor humano é uma coisa linda. Primeira Coríntios 13 detalha os atributos de um amor que não pode se expressar em nossa vida fora da presença do Deus do amor.

Que a sua oração hoje seja para que Deus lhe dê compreensão sobre a plenitude do amor que ele sente por você. Então, você será capaz de experimentar o amor de Deus e plenitude de vida. Quando temos Jesus, temos o amor que, por sua vez, se derramará sobre aqueles que estão em nossa vida.

Abre o meu coração hoje, Senhor, para identificar, pelo menos, uma amostra do teu enorme amor por mim. Eu sei disso em minha mente, mas peço que tu o reveles ao meu coração.

13 de setembro

Fazendo o bem

Portanto, meus amados irmãos, mantenham-se firmes, e que nada os abale. Sejam sempre dedicados à obra do Senhor, pois vocês sabem que, no Senhor, o trabalho de vocês não será inútil.
1CORÍNTIOS 15.58

Viver pelo bem dos outros pode ser esgotante. No entanto, é exatamente isso que o Senhor nos manda fazer. Ele deseja que sirvamos às pessoas, as amemos e que entreguemos a nossa vida para a glória do nome de Deus. Embora tenhamos as melhores intenções de cumprir esse chamado, ainda podemos experimentar decepções — especialmente quando parece que, dia após dia, nós estamos dando, mas não recebemos nada em troca. Em nossa exaustão, nos perguntamos se vale mesmo a pena fazer o bem aos outros.

Jesus vê todos os nossos atos de altruísmo. Ele vê quando você coloca a própria agenda de lado para o bem de um amigo. Vê você passando necessidade. Ele vê quando você tenta amar além de suas próprias capacidades. Ele não apenas proverá as suas necessidades, como também a abençoará pelo seu sacrifício. Fazer o bem não costuma ser a coisa mais fácil nem a mais glamorosa. Porém, fazendo isso, você encontrará o seu Salvador, e ele se agradará da sua conduta. O mundo pode não reconhecer as suas boas ações, mas Jesus as reconhecerá.

Jesus, às vezes, é uma luta conseguir fazer o que é certo e amar os outros mais do que a mim mesma. Obrigada por me ofereceres a força para perseverar e por me renovares quando me sinto cansada e vazia. Obrigada pela vida que encontro em ti quando entrego a minha.

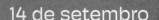

14 de setembro

Luz na escuridão

Falando novamente ao povo, Jesus disse: "Eu sou a luz do mundo. Quem me segue, nunca andará em trevas, mas terá a luz da vida."
JOÃO 8.12

Quando o mundo parece sombrio e cinzento, quando a vida nos parece muito difícil de administrar e achamos impossível nutrir qualquer esperança, podemos nos sentir tentadas a cair em desespero. Ninguém está imune à depressão. A depressão pode ameaçar até mesmo as pessoas mais alegres. Contudo, se não tivermos cuidado, ela pode se colocar sobre nós como um cobertor bem pesado. A depressão é tanto solitária quanto assustadora. Quando a sentimos, temos a sensação de que Jesus está muito distante de nós, e as dúvidas começam a se apossar do nosso coração.

Apesar de nossa incredulidade ou fé abalada, Jesus, ainda assim, virá nos resgatar. Ele abrirá os nossos olhos em lágrimas para enxergar as bênçãos que estão ao nosso redor. Podemos nos sentir desesperadas, mas ele preencherá a nossa vida com alegria mais uma vez. O nosso Pai fiel dispersará a escuridão sufocante e trará livramento para as nossas dificuldades. Tudo que temos a fazer é nos concentrar em sua bondade, clamar a ele e esperar. Deus virá e nos resgatará.

Jesus, obrigada pela tua presença, que é uma luz contínua em minha vida, mesmo quando a escuridão ameaça tomar conta. Tu és o meu resgate, o meu Salvador e aquele que me ama de maneira perfeita em meio a todas as situações que me cercam.

15 de setembro

O MAIS INSPIRADOR

Ninguém tem maior amor do que aquele que dá a sua vida pelos seus amigos.
         JOÃO 15.13

É bastante comum nos sentirmos inspiradas pelas pessoas à nossa volta. Às vezes, a criatividade de alguém nos inspira a criar. Podemos nos sentir atraídas a um estilo de vida. Uma atitude de heroísmo pode nos desafiar. Ou, talvez, o amor sacrificial pelos outros nos tenha despertado um sentimento de compaixão. Ao longo da Bíblia, vemos muitas pessoas inspiradoras: Davi com a sua coragem, Calebe com o seu compromisso, Moisés com o seu heroísmo, Paulo com a sua paixão, Daniel com a sua bravura e José com a sua liderança.

No entanto, o mais inspirador de todos eles é Jesus Cristo. Ele viveu de maneira sacrificial, com os braços abertos e um coração cheio de amor. Ele não rejeitava ninguém e amava quem os outros não conseguiam amar. Ele andou sobre as águas, ressuscitou os mortos e curou os doentes. Como se tudo isso não bastasse, ele fez o impensável, entregando a vida por nós. A vida dele englobava liderança, bravura, força, heroísmo e humildade. Se seguíssemos o exemplo de Cristo em nossa vida, nós deixaríamos um impacto duradouro na vida de outras pessoas.

Jesus, tu me inspiras a viver pelos outros, a amá-los incondicionalmente e a oferecer misericórdia abundante. Obrigada pelo teu exemplo de humildade e graça. Eu desejo ser mais parecida com o Senhor.

16 de setembro

NECESSIDADE DE AMIZADES

Só ele cura os de coração quebrantado e cuida das suas feridas.

SALMOS 147.3

Quando Deus nos fez, ele criou em nós uma profunda necessidade de relacionamento. Era da vontade dele que tivéssemos família e amigos. Quando essa necessidade não é saciada, nos sentimos terrivelmente sozinhas e vazias. A solidão não faz parte do plano de Deus para nenhuma de nós. E, no entanto, em alguns momentos de nossa vida nos sentimos desesperadamente sozinhas. Desejamos relacionamentos profundos e verdadeiros. Desejamos nos cercar de pessoas com as quais possamos compartilhar a nossa vida.

A necessidade de amizades é universal. Todas nós compartilhamos o desejo de amar e sermos amadas, de conhecer e sermos conhecidas. Porém, o único relacionamento que pode nos satisfazer verdadeiramente é o nosso relacionamento com Cristo. Ele deseja ter comunhão conosco, tanto quanto desejamos ser ouvidas, compreendidas e amadas. Ele pode curar a dor da solidão com a presença dele.

Obrigada, Jesus, pois tu não apenas nos ofereces comunhão, família e amigos, como também completas a minha vida com a tua presença. Tu estás sempre ao meu lado, me amando e me presenteando com a tua bendita presença.

17 de setembro

Nenhuma condição

> Assim, aproximemo-nos do trono da graça com toda a confiança, a fim de recebermos misericórdia e encontrarmos graça que nos ajude no momento da necessidade.
> HEBREUS 4.16

É difícil acreditar que o amor dura para sempre. Imaginamos que existam condições no amor. *Eu serei amada se for sempre boa. Eu serei amada se não pisar na bola. Se eu fizer x, y ou z, então serei sempre amada.* O amor do Pai por nós não possui regras ou condições. Não há absolutamente nada que possamos dizer ou fazer para tirar o seu amor por nós.

Apesar do nosso pecado, nós podemos nos aproximar de Deus, com confiança, em busca de misericórdia, graça e perdão, que ele nos receberá. É o seu amor sem fim que nos dá confiança para vivermos a nossa salvação com graça e ousadia. Sabemos que o amor de Deus por nós não tem limites. Ele não pode ser merecido ou encontrado. Ele é oferecido como um presente que jamais será tomado de volta.

Obrigada, Jesus, por eu poder confiar em ti, e quando eu precisar da tua graça, da tua misericórdia e de teu amor infalível, tu não me rejeitarás. Eu sou grata pela certeza de que o teu amor por mim jamais vacilará.

18 de setembro

Amada por meio da perda

Assim acontece com vocês: agora é hora de tristeza para vocês, mas eu os verei outra vez, e vocês se alegrarão, e ninguém tirará essa alegria de vocês.
JOÃO 16.22

Se você já perdeu alguém ou alguma coisa que lhe era importante, então conhece o sentimento de intensa dor e tristeza. Ele pode ser avassalador — e até sufocante. Quando perdemos alguém que amamos, seja uma grande amiga, um filho ou um membro da família, podemos sentir como se tivéssemos perdido uma parte de nós. É um sentimento devastador. Especialmente quando nos sentimos sozinhas em nossa dor.

Quando enfrentamos uma perda, parece que a dor da perda e da separação fará parte de nós para sempre e que jamais seremos capazes de nos recuperar. A tristeza é um sentimento solitário e intenso. O mundo à nossa volta continua, mas a nossa vida parece ficar presa no tempo. É difícil superar a perda, e sentimos que a dor ficará para sempre gravada em nosso coração. Mesmo em meio à escuridão, solidão e confusão, o Senhor está conosco. Ele sempre será o nosso consolo se assim permitirmos. Ele pode aliviar a nossa dor, curar as nossas feridas e restaurar a nossa esperança, alegria e paz.

Jesus, obrigada, pois mesmo neste mundo, onde posso ter muitas perdas, eu jamais perderei o Senhor. Obrigada, pois quando eu me sinto triste, tu também te entristeces; quando eu choro, tu choras. Tu me amas de maneira muito doce em meio às minhas perdas com a tua presença.

19 de setembro

Certeza absoluta

Mas eu, quando estiver com medo, confiarei em ti. Em Deus, cuja palavra eu louvo, em Deus eu confio, e não temerei. Que poderá fazer-me o simples mortal?
SALMOS 56.3-4

Sempre que entregamos a nossa vida aos cuidados de outras pessoas, é preciso muita confiança. Confiar em alguém não é a coisa mais fácil a se fazer; contudo, nós fazemos isso diariamente quando entramos em um carro, em um ônibus ou embarcamos em um avião. Às vezes, precisamos colocar a nossa vida nas mãos de um médico. Outras vezes, escolhemos colocar o nosso coração em risco ao decidir amar uma pessoa. A confiança pode envolver muitos riscos.

Quando entregamos a nossa vida a Deus, podemos confiar que ele nos protegerá. Podemos confiar que as suas intenções para nós são sempre boas. Podemos confiar que Jesus nunca nos decepcionará. Podemos confiar que ele nos concederá amor, paz e a medida de graça necessária para nós. Quando nos sentimos com medo, confusas e inseguras, podemos buscá-lo, sabendo que ele cuidará de nós. Quando confiamos no Senhor, estamos sempre seguras. Saber que ele não nos decepcionará nos permite viver uma vida livre do medo.

Jesus, obrigada por seres tu minha fonte absoluta de certeza e confiança. Quando tenho medo, sei que tu me consolarás. Embora seja difícil confiar nas pessoas, não é difícil confiar no Senhor.

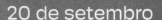

20 de setembro

Um lindo presente

Deem graças em todas as circunstâncias, pois esta é a vontade de Deus para vocês em Cristo Jesus.
1TESSALONICENSES 5.18

É fácil sermos gratas quando tudo vai bem em nossa vida. Porém, é uma história completamente diferente quando enfrentamos dificuldades. Sempre temos uma escolha. Podemos ficar descontentes com tudo o que está acontecendo de errado ao nosso redor, permitindo que a amargura e a insatisfação roubem a nossa alegria e as nossas bênçãos. Ou podemos acalmar o nosso espírito preocupado e escolher a gratidão.

A gratidão é um dom maravilhoso que abre os nossos olhos e o nosso coração para todas as bênçãos presentes, mesmo em circunstâncias ruins. As nossas contas podem estar se amontoando, mas ainda podemos ser gratas pela nossa saúde. Os nossos relacionamentos podem estar enfrentando dificuldades, mas podemos ser gratas por servirmos a um Deus que cura e redime. A nossa saúde pode estar ruim, mas ainda podemos ser gratas pela misericórdia, compaixão e graça de Deus. Podemos nos sentir sobrecarregadas e estressadas, mas ainda temos um Deus que está no controle.

Obrigada, Jesus, pois a gratidão é uma dádiva. Ajuda-me a perceber todas as bênçãos ao meu redor. Eu sou grata, pois mesmo em meio às dificuldades, o meu coração pode se alegrar na tua bondade.

21 de setembro

Ele é forte

Deus é a minha salvação; terei confiança e não temerei. O SENHOR, sim, o SENHOR é a minha força e o meu cântico; ele é a minha salvação!
   ISAÍAS 12.2

Tantas vezes nos dizemos: *Preciso ser forte. Eu sou a rocha da minha família. Estou conseguindo me manter firme no trabalho. Meus amigos contam comigo para ajudá-los.* Carregamos fardos em tantas áreas de nossa vida que, às vezes, sentimos que não resistiremos a tanta pressão.

Contudo, temos boas notícias. A nossa força não precisa vir do nosso próprio esforço. Deus se alegra em estar ao nosso lado, carregando os nossos fardos por nós. Não precisamos ter medo de sucumbir, pois Deus é forte o bastante para cuidar de tudo. Na verdade, podemos usar nossas próprias forças, mas o fato é que somos mais fortes quando nos apoiamos no Senhor.

Senhor, obrigada por carregares os meus fardos pesados. Que eu continue a confiar em ti e a buscar-te quando eu precisar de ajuda, em vez de tentar resolver tudo sozinha. Obrigada por seres a minha força e defesa em tempos difíceis.

22 de setembro

Doce alívio

Quando você atravessar as águas, eu estarei com você; quando você atravessar os rios, eles não o encobrirão. Quando você andar através do fogo, não se queimará; as chamas não o deixarão em brasas.
ISAÍAS 43.2

Não existe nada pior na vida do que enfrentar uma dificuldade e se sentir sozinha. Enfrentar sozinha as crises e dificuldades da vida pode ser algo esmagador, confuso e bastante solitário. Se pudermos ter um amigo de confiança ao nosso lado, as coisas ficam bem mais tranquilas. Ter um sistema de apoio, um aliado, alguém para nos encorajar e amar traz alívio aos nossos fardos.

Felizmente, não importa o que estejamos enfrentando; nunca estamos sozinhas. Jesus é o nosso amigo fiel e de confiança que está sempre presente. Ele está presente nos bons e nos maus momentos. Respire fundo e saiba que, embora esteja enfrentando uma fase difícil em sua vida, você pode se apoiar no Senhor e receber força na presença dele.

Jesus, a tua presença é um alívio muito doce. Obrigada, pois não preciso caminhar sozinha; ao contrário, posso caminhar sempre com o Senhor, meu amigo confiável e fiel.

23 de setembro

Um novo começo

Tem misericórdia de mim, ó Deus, por teu amor; por tua grande compaixão apaga as minhas transgressões. Lava-me de toda a minha culpa e purifica-me do meu pecado.
SALMOS 51.1-2

Não é reconfortante saber que ninguém é perfeito? Melhor ainda é que Deus nos ama de qualquer jeito, não importa quantas vezes falhemos. Muitas vezes somos duras demais conosco, cobrando perfeição em tudo o que fazemos. Porém, quando nos arrependemos, o Senhor nos perdoa e nos demonstra misericórdia.

Leia a oração que o rei Davi escreveu muitos anos atrás. Depois de cometer os piores erros de sua vida, ele sabia que podia procurar seu Pai celestial para ter um novo começo. Nós podemos fazer o mesmo! O nosso Deus maravilhoso nos derrama a sua graça quando menos merecemos, se simplesmente o buscarmos.

Senhor, a minha vida está cheia de erros. Eu peço o teu perdão: para que os meus pecados sejam lavados e eu possa ter um novo começo. Mostra-me misericórdia, Senhor! Obrigada pela tua compaixão e pelo teu perdão. Sei que não mereço, mas aceito essa bênção com alegria.

24 de setembro

LISTA DE NECESSIDADES

Venham a mim, todos os que estão cansados e sobrecarregados, e eu darei descanso a vocês. Tomem sobre vocês o meu jugo e aprendam de mim, pois sou manso e humilde de coração, e vocês encontrarão descanso para as suas almas. Pois o meu jugo é suave e o meu fardo é leve.
MATEUS 11.28-30

Se escrevêssemos uma lista com todas as coisas que nos preocupam, essa seria, provavelmente, uma relação enorme. Finanças. Relacionamentos. Planos futuros. Poderíamos passar o dia inteiro perdendo a cabeça com nossas preocupações. Mas, geralmente, a preocupação vem da falta de confiança e do medo de não obter o que desejamos.

Deus promete cuidar de nós e satisfazer cada necessidade do nosso coração. Podemos confiar no Senhor. Em vez de gastarmos energia pensando "e se", podemos simplesmente entregar as nossas necessidades aos pés do Senhor, sabendo que ele não se esqueceu de nós. Na verdade, ele já conhecia todas as nossas preocupações, antes mesmo de as expressarmos.

Jesus, sou muito grata por seres o meu provedor. Todas as minhas necessidades serão satisfeitas por ti, portanto, eu não preciso me preocupar.

25 de setembro

AMIGO FIEL

Quem tem muitos amigos pode chegar à ruína, mas existe amigo mais apegado que um irmão.
PROVÉRBIOS 18.24

No fim de um dia longo, às vezes, tudo o que queremos é sentar com uma boa amiga e conversar — não por simples necessidade de falar, mas por um profundo desejo de ser ouvida. Desejamos compartilhar as nossas alegrias, preocupações, frustrações e esperanças com alguém disposto a nos ouvir. Alguém que prestará atenção a nossas palavras. Alguém que se importe de verdade. Todo mundo precisa de uma amizade assim.

É bom ser ouvida. Quando sentimos que isso não acontece, começamos a acreditar que não temos importância. Acreditamos na mentira de que ninguém se importa. Mas Deus se importa e nos ouve. Quando ninguém está disponível, ele está. Ele nos vê e deseja preencher o vazio que existe dentro de nós com a sua presença.

Deus, eu sou grata, pois tu és o meu amigo fiel. Tu me conheces pelo nome e estás sempre disposto a ouvir o que está em meu coração.

26 de setembro

Desesperada por um Salvador

De modo nenhum! Cremos que somos salvos pela graça de nosso Senhor Jesus, assim como eles também.
ATOS 15.11

Desde pequenas, somos condicionadas a acreditar que se fizermos coisas boas, nós seremos recompensadas com coisas boas também. Quadros com estrelas douradas para bom comportamento reforçam essa ideia, e, logo, logo, isso se transforma em promoções e bônus quando alcançamos a vida adulta. Acostumamo-nos com esse sistema pautado no mérito e aprendemos a viver dessa maneira.

Não é de surpreender, portanto, que muitos cristãos tentem merecer a salvação vivendo uma vida boa. Felizmente, não é assim que funciona a graça de Deus. Jamais seremos capazes de atingir a perfeição. Nós caímos constantemente. Apesar de nossas boas intenções, cometemos erros. Pecamos e estamos desesperadas por um Salvador. Glória a Deus, pois a salvação é um dom gratuito. Não merecemos uma graça tão maravilhosa, mas ele nos concede alegremente.

Obrigada, Jesus, pois a minha salvação é um dom gratuito, um verdadeiro presente. Eu sou grata, pois não preciso ser perfeita para ter a vida eterna ao teu lado.

27 de setembro

CONSOLADA NA DOR

Bem-aventurados os que choram, pois serão consolados.
MATEUS 5.4

Para viver a vida plenamente, precisamos estar dispostas a ter sentimentos profundos. Precisamos sentir alegria, paz e amor. E também necessitamos sentir perda e dor. A tristeza nunca foi a intenção de Deus para nós, mas, sem ela, não seríamos capazes de experimentar a bondade, o consolo e a presença de Deus na mesma medida. Enquanto lutamos contra o sofrimento e a dor e a confusão que vêm com ele, nós podemos saber, confiantemente, que não estamos sozinhas. Cada noite sem dormir, cada lágrima e cada grito de ajuda são vistos e ouvidos.

Quando nos prostramos, ele vem ao nosso encontro de braços abertos e com um ouvido compassivo. Ele é o nosso Consolador quando não temos mais ninguém. Ele pode aliviar a dor que arrasa o nosso coração quando o buscamos.

Jesus, obrigada, pois em cada caminho da minha vida, até mesmo no caminho da perda, tu estás sempre comigo. Tu não me abandonas em minha dor; tu estás sempre ao meu lado.

28 de setembro

Lutas temporárias

Bem-aventurados vocês, que agora têm fome, pois serão satisfeitos. Bem-aventurados vocês, que agora choram, pois haverão de rir.
LUCAS 6.21

Às vezes, temos a sensação de que a vida nunca será mais fácil. Acordamos todos os dias com as mesmas lutas e dificuldades. Tribulações que já estamos cansadas de enfrentar. Perguntamo-nos quando encontraremos descanso e alívio. Em meio ao nosso sofrimento pode ser difícil ver a bondade de Deus, e sentimos como se nunca fôssemos sentir novamente alegria ou felicidade.

Deus promete que as nossas lutas e tribulações serão apenas temporárias. Ele nos garante que substituirá as nossas dores e os nossos sofrimentos por felicidade e risos. É nessa promessa que podemos encontrar consolo.

Jesus, sou grata por minhas lutas serem apenas temporárias. Eu sou grata, pois tu prometes tirar toda a dor da minha vida e substituí-la por alegria e paz. Obrigada por teu consolo quando eu preciso da tua presença.

29 de setembro

JESUS NUNCA A ABANDONARÁ

O próprio SENHOR irá à sua frente e estará com você; ele nunca o deixará, nunca o abandonará. Não tenha medo! Não desanime!
DEUTERONÔMIO 31.8

Quando a escuridão e a sensação de peso rodeiam nossa vida, sentimos dificuldade para respirar. A depressão pode apoderar-se de nós, de fininho, como um ladrão à noite, ou pode cair sobre nós, de repente. Independentemente de como ela chegue até nós, trata-se de algo assustador.

Sempre existe ajuda quando nos sentimos totalmente desesperadas. Jesus é a luz que invade até os cantos mais escuros do nosso coração. Em meio às dificuldades, podemos clamar a ele. Ele nos promete paz e auxílio. Ele retirará toda a tristeza e nos cobrirá com uma alegria que só pode vir dele. A depressão pode ameaçar roubar a nossa vida, mas Jesus a devolve a nós. Ele nos salva. Ele nos protege. Fixe seus olhos em Cristo e respire bem fundo. Ele está com você.

Senhor, eu preciso da tua luz na minha vida. Vem ao meu socorro quando as coisas estiverem muito difíceis e eu só conseguir enxergar escuridão à minha frente. Obrigada pela vida cheia de esperança e paz que tu me deste.

30 de setembro

A PORTA DE ENTRADA PARA A VIDA

Digo-lhes verdadeiramente que, se o grão de trigo não cair na terra e não morrer, continuará ele só. Mas se morrer, dará muito fruto.

JOÃO 12.24

O outono no norte dos Estados Unidos é espetacular. As cores fortes e o clima fresco são uma lembrança de que o inverno se aproxima. As folhas secas caem suavemente pelo chão em suave submissão aos planos de seu Criador. É tempo de morte. Jesus falou sobre esse princípio em João 12, quando disse que era preciso que houvesse morte para que a vida nascesse. Paulo testemunhou em Gálatas 2 que ele havia sido crucificado com Cristo e que estava, então, morto para si mesmo, para o pecado e para o mundo. Não era mais ele quem vivia, mas sim Cristo nele. O poder do pecado havia desaparecido, e ele tinha vida nova.

Você está se agarrando a algo nesta manhã e sente que Cristo está pedindo que você leve isso à cruz? O pecado e o orgulho precisam morrer para que a ressurreição aconteça. A morte é a porta de entrada para a vida.

Pai, ajuda-me a compreender que a minha vida só pode ser plena e abundante quando eu viver em ti, por ti e para ti. Que neste dia eu deseje isso mais do que qualquer outra coisa.

OUTUBRO

"Porque sou eu que conheço os planos que tenho para vocês", diz o SENHOR, "planos de fazê-los prosperar e não de causar dano, planos de dar a vocês esperança e um futuro".

JEREMIAS 29.11

1º de outubro

Coragem além do possível

Espere no SENHOR. Seja forte! Coragem! Espere no SENHOR.
SALMOS 27.14

Quando sentimos que não seremos capazes de dar um passo a mais, ou reunir um pouco de coragem; quando as nossas lutas esgotam nossos últimos sinais de força; quando jogamos a toalha, desistimos, dizemos que não conseguimos mais...

É o Senhor quem se inclina diante de nós e sussurra em nossos ouvidos: "Amada, você consegue. Você consegue porque sou eu que vou capacitá-la. Você consegue porque, em sua fraqueza, eu estou com você. Porque a sua coragem vem de mim. Porque sou fiel. Porque a sua história está sendo escrita, e é uma história de coragem e bravura que vai além da capacidade humana. Porque eu a amo. Porque estou com você. Porque jamais a abandonarei."

Obrigada, Jesus, por seres o autor da minha vida. Obrigada pela coragem que vai além da minha capacidade e compreensão. Ensina-me a confiar em ti todos os dias da minha vida.

2 de outubro

Nunca desesperada

Mas se esperamos o que ainda não vemos, aguardamo-lo pacientemente.
ROMANOS 8.25

Você já olhou para alguma situação, suspirou e declarou: "Ah, não tem jeito!"? Mesmo nas mais terríveis circunstâncias, nós podemos ter esperança. Às vezes, precisamos esperar pacientemente por um resultado melhor, e isso pode ser extremamente difícil.

Enquanto esperamos, podemos escolher o desânimo e a incredulidade, ou podemos nos ajoelhar e orar, colocando a nossa fé na bondade de Deus, que desperta a esperança. A esperança nos faz olhar além da nossa perspectiva estreita e limitada. É a fé que colocamos nos mínimos detalhes que não podemos ver, mas que, por fim, nos mostra o contexto glorioso por trás do que está diante de nós. A esperança é a confiança em saber que, independentemente do que aconteça, não esmoreceremos nem seremos abandonadas. A esperança é a confiança completa de que as intenções de Deus para conosco são boas, e que a sua mão poderosa nos salvará da destruição.

Jesus, eu sou muito grata, pois, não importa em qual "situação desesperadora" eu me encontre, tu me dás esperança e paz em meio ao caos.

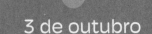

3 de outubro

Eu sou o bastante

"Antes de formá-lo no ventre eu o escolhi; antes de você nascer, eu o separei e o designei profeta às nações."
JEREMIAS 1.5

Na cabeça de toda mulher está a pergunta que penetra os lugares mais escondidos do coração e possui a capacidade de nos arrasar com a sua temida resposta. *Eu sou o bastante?* Como filha? Como mãe? Como irmã? Como amiga? Como profissional?

As nossas falhas, insuficiências e imperfeições nos dizem que não somos suficientes. Elas nos dizem que não somos dignas. Que há outras pessoas mais capazes e qualificadas. A vida é tão difícil. Nós somos o bastante simplesmente porque Deus diz que somos. Ele nos criou perfeitamente à sua imagem. Podemos ter confiança em saber que somos capazes de desempenhar qualquer função. Somos o bastante e somos imensamente queridas e amadas. Portanto, despeça-se de todas as suas inseguranças e aceite a identidade que Jesus lhe deu.

Jesus, quando eu me sentir pequena e inadequada, enche o meu coração com a verdade que tu dizes sobre mim: eu sou o bastante. Sou digna e amada. Eu pertenço a ti. Tu me capacitas. Obrigada por permitires que eu use a tua força para fazer o que preciso.

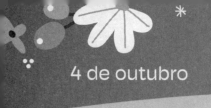

4 de outubro

ALEGRIA VIVIFICANTE

Pois no dia da adversidade ele me guardará protegido em sua habitação; no seu tabernáculo me esconderá e me porá em segurança sobre um rochedo. Então triunfarei sobre os inimigos que me cercam. Em seu tabernáculo oferecerei sacrifícios com aclamações; cantarei e louvarei ao SENHOR. Ouve a minha voz quando clamo, ó SENHOR; tem misericórdia de mim e responde-me.

SALMOS 27.5-7

Você já conheceu alguém e se perguntou como essa pessoa podia ser tão alegre? Talvez fosse alguém com uma doença terminal, alguém vivendo em extrema pobreza ou, até, uma pessoa que não parecia ter um amigo sequer. Nós sentimos compaixão pela situação dela, porém, elas parecem estar felizes — a alegria parece sair por cada poro de seu corpo. É algo desconcertante e intrigante.

A alegria não é circunstancial. Ela é diferente da felicidade, que vem e vai dependendo do dia. A alegria está profundamente enraizada em todos os cristãos e possui a capacidade de crescer e florescer. Não é algo que nós mesmos podemos realizar; é um dom de Deus que recebemos quando o conhecemos e o amamos. Podemos escolher viver com uma alegria profunda, independentemente do que esteja acontecendo ao nosso redor. Nessa alegria, a nossa vida glorifica a Deus e atrai outras pessoas até ele. A alegria dá vida: é uma arma contra a depressão e a escuridão. E ela é extremamente contagiante. Tome posse dela e declare que ela é sua hoje.

Jesus, quando as coisas estiverem difíceis, ajuda-me a escolher a alegria sempre. Que a alegria que vem de ti seja um testemunho do amor que tens por mim.

5 de outubro

AME COMPLETAMENTE

Sobretudo, amem-se sinceramente uns aos outros, porque o amor perdoa muitíssimos pecados.
1PEDRO 4.8

O amor é uma daquelas coisas que não podemos medir. Ou amamos ou não amamos. Não podemos escolher amar as pessoas só um pouco. É tudo ou nada. Ou nos entregamos e nos comprometemos ou não.

Amar pode ser confuso, difícil e até doloroso. Às vezes, podemos nos sentir totalmente vazias e secas. Amar é entregar a nossa vida, o nosso coração e os desejos em segundo plano pelo bem dos outros. Nós amamos sabendo que existe o risco de sermos rejeitadas. De sermos magoadas e decepcionadas. De sermos maltratadas e feridas. Contudo, amamos completamente porque essa é a única forma de amar — a forma como Jesus nos ama.

Jesus, segue ensinando-me a amar completamente, sem hesitar. Obrigada por me ensinares o que é o amor. Ajuda-me a amar as pessoas como tu amas: profunda e apaixonadamente.

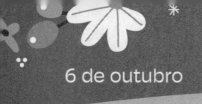

6 de outubro

MONSTRO INSACIÁVEL

Conservem-se livres do amor ao dinheiro e contentem-se com o que vocês têm, porque Deus mesmo disse: "Nunca o deixarei, nunca o abandonarei."
HEBREUS 13.5

O descontentamento pode ser um monstro irracional e insaciável. E, no entanto, às vezes ele faz morada dentro de nós. Nossos olhos nos mostram, rapidamente, tudo o que não temos, e o nosso coração acredita que não temos o suficiente.

A maneira mais fácil de nos livrarmos desse monstro ganancioso é simplesmente parando de alimentá-lo. Em vez de nos concentrarmos no que não temos, deveríamos fazer uma rápida oração agradecendo por tudo o que temos. Em algum momento, aquele desejo incontrolável por mais desaparecerá. Precisamos fazer uma escolha direta de nos contentarmos com o corpo, o emprego, a casa e a família que Deus nos deu. Quanto mais agradecemos, mais leve e menos insatisfeito fica o nosso coração. O contentamento traz paz e nos permite perceber todas as bênçãos invisíveis em nossa vida.

Obrigada, Jesus, por teres me dado uma vida tão linda. Obrigada por tua salvação e por tua paz sem fim. Obrigada, pois tu és, de fato, tudo de que preciso nesta vida.

7 de outubro

O FARDO DA PREOCUPAÇÃO

Busquei o SENHOR, e ele me respondeu; livrou-me de todos os meus temores. Os que olham para ele estão radiantes de alegria; seus rostos jamais mostrarão decepção.
SALMOS 34.4-5

Há muitos motivos para ficarmos ansiosas no dia a dia se permitirmos que o nosso coração siga essa direção. Vivemos em um mundo cheio de sofrimento, violência, dor, incertezas e caos. Podemos, facilmente, nos deixar levar pelas preocupações. Preocupações diárias, como contas vencidas, decisões de trabalho, problemas de relacionamento e decisões futuras poluem a nossa mente. Tudo isso junto pode nos sobrecarregar. Como podemos ter um espírito tranquilo?

Em momentos assim, o Senhor deseja que confiemos exclusivamente nele. Ao fazer isso, podemos tirar os fardos de preocupação de nossos ombros, onde não é o lugar deles. Em vez de assumir a responsabilidade pelos problemas do mundo, Deus quer que os coloquemos aos pés dele. Devemos entregar tudo a ele, abandonar a ansiedade que ameaça nos derrubar e permitir que ele derrame sobre nós a sua paz.

Jesus, tu me convidas a te entregar os meus fardos de preocupação. Obrigada por isso! Sou grata por tua paz bendita que vive em mim.

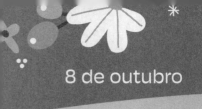

8 de outubro

GRATIDÃO APRENDIDA

Toda boa dádiva e todo dom perfeito vêm do alto, descendo do Pai das luzes, que não muda como sombras inconstantes.
TIAGO 1.17

A gratidão é uma coisa que precisa ser aprendida e, então, praticada diariamente. Não é algo fácil para a maioria de nós. Geralmente, nos concentramos nas coisas que não estão bem em nossa vida. Um espírito de reclamação nos é mais natural do que um espírito de gratidão. Porém, ele rouba a nossa alegria e nos coloca para baixo.

Quando começamos a praticar a gratidão, os nossos olhos se abrem para todas as bênçãos que nos rodeiam. Quando nos damos conta, a nossa lista de reclamações diminui e as razões de gratidão aumentam. O nosso coração fica mais leve, e passamos a perceber como o Senhor provê tudo de que precisamos em nossa vida.

Obrigada, Senhor, pois tu amas me abençoar e me surpreender diariamente. Abre os meus olhos para eu enxergar a tua bondade, e cria em mim um coração grato.

9 de outubro

Nosso exemplo de compaixão

Como pastor ele cuida de seu rebanho, com o braço ajunta os cordeiros e os carrega no colo; conduz com cuidado as ovelhas que amamentam suas crias.
ISAÍAS 40.11

O que toca o nosso coração? Choramos com aqueles que choram? Nós nos compadecemos com a dor das pessoas? Nós nos sentimos movidas a servir? Ou será que estamos tão envolvidas com nossa própria vida que não conseguimos enxergar as necessidades daqueles à nossa volta?

A compaixão é poderosa; ela nos chama à ação. Ela nos leva a sofrer com os que sofrem, a ajudar os que necessitam e a amar os rejeitados. Sem compaixão, o nosso coração endurece. Perdemos a capacidade de ver as pessoas como Deus as vê. Se não temos compaixão, isso pode ser um sinal de que precisamos, desesperadamente, ter Deus em nossa vida. Jesus é movido a nos ajudar quando nos vê sofrendo, e ele corre ao nosso socorro. Ele é a própria definição de compaixão: o nosso maior exemplo.

Obrigada, Jesus, por eu ter um novo dia a cada manhã. Sei que tu me amas e tens compaixão de mim. Obrigada! A tua compaixão me faz ser misericordiosa para com as outras pessoas.

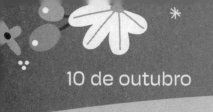

10 de outubro

LOUVE SEMPRE

Tudo o que tem vida louve o SENHOR! Aleluia!
SALMOS 150.6

Nós podemos louvar a Deus e chorar ao mesmo tempo. Parece impossível, mas com o Senhor não é assim. Nosso coração pode estar pesado e, mesmo assim, somos capazes de louvar o nome de Deus em meio às nossas tribulações, porque ele é bom. Ele é bom quando as coisas estão difíceis. Ele é bom quando o nosso futuro parece desolador. Ele é bom quando o resto do mundo não é. Ele é bom o tempo todo.

Com toda certeza, louvar a Deus quando isso é a última coisa que desejamos é, na verdade, a melhor coisa que podemos fazer. Quando louvamos o Senhor, nos aproximamos da sua presença. Podemos louvar a Deus com as nossas ações, vozes e atitudes. O nosso louvor confirma aos nossos espíritos que ele é digno, santo e soberano. Quando o louvamos, declaramos que Jesus é o centro de nossa vida e que ele já venceu todas as nossas batalhas.

Jesus, que eu sempre glorifique e louve o teu nome, independentemente das minhas circunstâncias. Que a minha reação aos tempos difíceis seja falar da tua bondade e fidelidade. Que eu nunca me esqueça de como tu és digno.

11 de outubro

A ALEGRIA DO SENHOR

> O SENHOR agrada-se do seu povo; ele coroa de vitória os oprimidos.
>
> SALMOS 149.4

O amor de um pai por seu filho é tão encantador! Os pais de primeira viagem não conseguem deixar de se maravilhar com seus filhos. Eles exultam de alegria com cada detalhe. Eles não se cansam de segurar, abraçar e beijar suas crianças. Os seus olhos brilham de alegria quando falam sobre o seu bebê. Eles falam coisas boas sobre o filho e esperam o melhor. Eles também se preocupam com todas as necessidades da criança: grande ou pequena.

É assim que o Senhor se sente em relação a você — sua filha. Ele ama tudo em você; ele ama passar tempo ao seu lado e satisfazer cada uma de suas necessidades. Ele iria até os confins da terra para protegê-la. Ele até mesmo entregou a vida do próprio Filho amado por você. Ele é o seu Pai fiel e amoroso, que se alegra com a sua existência.

Deus, o teu amor por mim é tão doce! Fico perplexa ao saber que tu te alegras simplesmente ao olhar para mim. Não sou digna do amor que tu me ofereces tão livremente, mas sou muito grata por ele.

12 de outubro

Promessas cumpridas

Eu irei adiante de você e aplainarei montes; derrubarei portas de bronze e romperei trancas de ferro. Darei a você os tesouros das trevas, riquezas armazenadas em locais secretos, para que você saiba que eu sou o SENHOR, o Deus de Israel, que o convoca pelo nome.
ISAÍAS 45.2-3

O mundo é ótimo em nos oferecer promessas de riqueza, saúde, prosperidade e paz. No entanto, essas promessas não se cumprem e acabam trazendo decepção para a nossa vida. Só existe um que pode nos oferecer promessas de paz completa.

É em meio à nossa desesperança que nos agarramos às promessas de Deus. É nesse lugar de desânimo total que nasce a nossa fome de fé. E o Senhor alimenta, fielmente, a nossa fé com as suas promessas. Ao longo das Escrituras, nós encontramos as suas promessas de proteção, amor sem fim e paz inabalável. Podemos esperar o impossível, sonhar com o inalcançável e enxergar a luz em meio à escuridão total graças às promessas de Deus para a nossa vida.

A minha esperança está em tuas promessas infalíveis, Senhor. Obrigada, pois as tuas promessas me dão força e coragem para cada situação que enfrento.

13 de outubro

Vitória sobre o pecado

Não sobreveio a vocês tentação que não fosse comum aos homens. E Deus é fiel; ele não permitirá que vocês sejam tentados além do que podem suportar. Mas, quando forem tentados, ele mesmo providenciará um escape, para que o possam suportar.

1CORÍNTIOS 10.13

Durante a nossa caminhada com Deus, parece que estamos sempre encontrando obstáculos. Nós pecamos, nos arrependemos, nos levantamos e, então, caímos outra vez. Apesar do nosso desejo verdadeiro de escolher o que é certo e viver vitoriosamente sobre o pecado, nos sentimos presas e escravizadas aos nossos antigos padrões de comportamento.

Talvez a raiva seja o que a fez tropeçar, ou a desonestidade, ou a falta de gentileza. Você vai deitar à noite se sentindo derrotada e desanimada. Talvez você se pergunte o que há de errado com você e por que parece não conseguir fazer o que deseja, não importa o quanto tente. Quando fracassa, o Senhor deseja que você eleve os olhos ao céu. Jesus nos deu a vitória sobre os nossos pecados quando foi pregado naquela cruz. Todos os dias são dias novos. É o presente do Senhor para nós. Aceite esse presente completamente.

Jesus, obrigada por tua obra na cruz. Obrigada, pois tu vês as minhas lutas e os meus fracassos, e ainda assim me chamas de vitoriosa. Obrigada por me encorajares a enxergar cada dia como um novo dia.

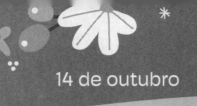

14 de outubro

DESPERDÍCIO DE PREOCUPAÇÃO

Portanto, não se preocupem, dizendo: "Que vamos comer?" ou "Que vamos beber?" ou "Que vamos vestir?" Pois os pagãos é que correm atrás dessas coisas; mas o Pai celestial sabe que vocês precisam delas. Busquem, pois, em primeiro lugar o Reino de Deus e a sua justiça, e todas essas coisas serão acrescentadas a vocês.
MATEUS 6.31-33

Muitas de nós ficamos acordadas à noite nos preocupando com as nossas finanças. Não sabemos se vamos conseguir esticar o salário o mês inteiro, pagar aquela despesa inesperada ou nos livrar de dívidas que só parecem aumentar. Nós nos esgotamos ao nos preocupar com dinheiro, com a casa e com a saúde. Em nome de manter o sucesso financeiro, muitas vezes ficamos esgotadas e doentes.

A nossa preocupação é inútil. Podemos trabalhar muito e ser sensatas com os nossos recursos, mas, no fim das contas, é a Deus que devemos agradecer pela nossa provisão. Ele vê as nossas necessidades e as satisfaz. Se dependermos de nós mesmas para suprir todas as nossas necessidades, impedimos que Deus se manifeste em nossa vida. Só Deus pode nos dar todas as coisas de que precisamos.

Jesus, ajuda-me a manter os meus olhos e coração focados em ti. Ajuda-me a buscar mais de ti e menos do mundo.

15 de outubro

E AGORA?

Mostra-me, SENHOR, os teus caminhos, ensina-me as tuas veredas; guia-me com a tua verdade e ensina-me, pois tu és Deus, meu Salvador, e a minha esperança está em ti o tempo todo.
SALMOS 25.4-5

E agora? Sempre nos perguntamos isso, não é mesmo? Não importa em que fase da vida estejamos, parece que sempre queremos saber o que vem a seguir. Contudo, os nossos caminhos nem sempre são tão claros. Às vezes, o próximo passo parece nebuloso. É difícil decifrar qual é a vontade de Deus. Será que deveríamos investir mais em nossa educação? Em que área? Será que deveríamos nos casar? Fazer aquela viagem missionária? São todas boas perguntas que nem sempre têm respostas claras.

Ao lidarmos com as decisões mais importantes de nossa vida, podemos encontrar sabedoria e direção que vai além de conselheiros, livros de autoajuda e amigas bem-intencionadas. Busque Jesus durante esses momentos. Leia a Palavra de Deus; peça ao Senhor que coloque em seu coração o que está no coração dele. Deixe que ele guie os seus passos. Deus lhe concederá uma paz inimaginável para tomar a próxima decisão.

Jesus, guia os meus passos durante as grandes e pequenas decisões. Tenho certeza de que, se eu estiver debaixo de tua direção, serei capaz de cumprir a tua vontade.

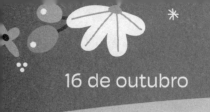

16 de outubro

A Palavra inspirada

Toda a Escritura é inspirada por Deus e útil para o ensino, para a repreensão, para a correção e para a instrução na justiça.
2TIMÓTEO 3.16

A sua Bíblia fica em cima de sua mesinha de cabeceira, toda empoeirada? Às vezes, nós enxergamos a Palavra como antiquada, entediante e cansativa. Na inegável busca por respostas rápidas e entretenimento imediato de nossa cultura, a palavra de Deus pode se perder. Somos apanhadas pela agitação do dia a dia e tentamos viver sem ela.

Mas, como precisamos da Palavra do Senhor para nos direcionar! Ela é o roteiro que nos guia em direção ao coração de Deus e nos ajuda a nos tornarmos mais parecidas com Jesus. Conhecer Deus é conhecer a sua Palavra. Dedicar tempo para ler e meditar na Bíblia vale a pena. Nela, encontramos os ensinamentos, a esperança, a graça e o amor de Deus. A leitura bíblica fortalece o nosso coração. Ela nos inspira a seguir o Senhor, obedecer-lhe e dedicar-lhe a nossa vida. Sem a Palavra, a vida fica confusa e sem esperança.

Jesus, obrigada por tua Palavra, que não apenas me guia, como também me inspira a viver para ti. É um presente precioso! Ajuda-me a escondê-la no fundo do meu coração. Eu sou grata por ela injetar vida e esperança em meu espírito.

17 de outubro

A ÚLTIMA ETAPA

E não nos cansemos de fazer o bem, pois no tempo próprio colheremos, se não desanimarmos.
GÁLATAS 6.9

A última etapa da corrida normalmente é a mais difícil. Os corredores estão exaustos. Nesse estado, eles podem se esquecer do seu propósito inicial. Para que treinar tanto, negando-se conforto e descanso? O fim parece estar tão distante e o prêmio, inalcançável. Eles são tentados a desistir. A mente deles diz que eles devem continuar, mas os músculos gritam em protesto.

Seguir Deus não é sempre o caminho mais fácil. Na verdade, ele nos adverte que a jornada será difícil. No entanto, perseverar para seguir o Senhor vale a pena. O mundo tenta nos convencer do contrário, mas Jesus nos diz que sigamos em frente. Ser forte. Ser firme. Continuar. Não desistir. Deus é o nosso maior incentivador. Apesar do seu cansaço, apesar dos obstáculos, da dor e do sofrimento, saiba que o fim está próximo e é melhor do que você imagina.

Deus, quando eu me sentir tentada a desistir, dá-me forças para continuar. Toma, Senhor, o meu cansaço e o substitui por uma determinação que só pode vir de ti.

18 de outubro

Como nenhum outro

Ele não permitirá que você tropece; o seu protetor se manterá alerta.
SALMOS 121.3

Em quem podemos confiar? Desejamos confiar nas pessoas que fazem parte de nossa vida, mas é desanimador, pois muitas vezes nos decepcionamos com elas. Podemos confiar em Deus. Ele não é como os outros. Podemos buscá-lo, confiar nele e ter certeza de que não nos decepcionaremos, pois Deus é fiel. Quando a palavra das pessoas é frágil e incerta, ele é forte e constante. Quando as pessoas nos deixam na mão, ele está lá. Quando sofremos decepções e traições, ele cura as nossas feridas. Ele é o nosso protetor e defensor constante.

Deus não ignora os gritos de socorro nem os nossos pedidos de misericórdia. Ele está ao nosso lado quando deixamos escorrer cada lágrima. Podemos ter certeza de que ele nunca nos abandonará. Ele é confiável e fiel. O seu amor e compromisso são inabaláveis. Podemos confiar completamente no Senhor. Ele nunca nos decepcionará.

Jesus, em um mundo onde temos cada vez mais dificuldade de confiar nas pessoas, eu sou grata por poder contar sempre com a tua presença constante em minha vida. Obrigada por eu poder confiar totalmente em ti.

19 de outubro

Criada com um propósito

Sabemos que Deus age em todas as coisas para o bem daqueles que o amam, dos que foram chamados de acordo com o seu propósito.
ROMANOS 8.28

Uma vida sem propósito pode parecer desesperadora — insignificante, na melhor das hipóteses. Sem um objetivo ou direção específica, é fácil questionar a nós mesmas. Por que me levanto todas as manhãs? Por que estou trabalhando tanto? A minha vida tem alguma relevância ou significado? Estou fazendo a diferença no mundo? Essas perguntas não têm fim, porque nós fomos criadas com um propósito. Não fomos criadas para vagar pelo mundo sem direção ao longo dos dias. Quando vivemos dessa maneira, temos uma sensação de vazio e solidão.

Fomos criadas, em primeiro lugar, para amar a Deus. É em nosso amor por ele que encontramos a nossa razão para viver. Quando amamos o Senhor, a nossa vida é transformada. Quanto mais fixamos os nossos olhos em Deus, mais desejamos ser um reflexo de Deus. Quanto mais o refletimos, menos vazias nos sentimos. As coisas do mundo perdem o brilho, o egoísmo diminui e encontramos a nossa satisfação, o nosso contentamento e o nosso propósito ao viver para ele.

Jesus, quando eu me sentir perdida, que eu encontre realização e propósito simplesmente em te amar e a servir aos teus propósitos. Que a satisfação da minha vida venha de conhecer o Senhor. Aproxima-me de ti.

20 de outubro

Livre para viver

Foi para a liberdade que Cristo nos libertou. Portanto, permaneçam firmes e não se deixem submeter novamente a um jugo de escravidão.
GÁLATAS 5.1

Apesar de termos recebido liberdade, às vezes, voltamos ao hábito de viver como escravas. Permitimos que aquilo que escravizava o nosso coração volte a fazer isso, nos levando a situações perigosas. Esquecemos que fomos completamente libertas dos padrões antigos de pensamento e dos pecados que nos seduziam. Nós, então, nos martirizamos por frustração, nos perguntamos por que não conseguimos agir da maneira certa. Desejamos viver em liberdade, mas não conseguimos compreender plenamente a dádiva da graça e do perdão.

Temos o poder de nos livrar de toda condenação e toda vergonha que nos assombram. Quando Jesus morreu naquela cruz, ele nos deu uma vida nova. Ele tomou a nossa vergonha sobre si e nos declarou perdoadas e livres. Podemos permanecer firmes, com a certeza de que pertencemos a Jesus. O pecado não nos controla mais. O nosso passado não nos define. Fomos feitas novas criaturas e libertas de todas as correntes. Aceite, com confiança, o amor e a graça que ele oferece hoje.

Jesus, obrigada por me dares uma vida completamente nova em ti. Obrigada por me libertares da vergonha e da condenação, permitindo que eu viva em tua graça.

21 de outubro

O SIM

Pois quantas forem as promessas feitas por Deus, tantas têm em Cristo o "sim". Por isso, por meio dele, o "Amém" é pronunciado por nós para a glória de Deus.
   2CORÍNTIOS 1.20

Todas nós passamos por fases na vida nas quais questionamos se Deus é realmente bom conosco. Porém, provar da bondade do Senhor é tão simples quanto abrir o nosso coração para receber o que ele nos prometeu por meio de Cristo.

Podemos não nos sentir dignas, ou até mesmo não nos sentir prontas, mas se aceitamos a salvação, então também aceitamos as promessas de Deus, a sua bondade e a sua glória eterna.

Deus, eu aceito, neste momento, as tuas promessas para a minha vida. Aceito a tua glória, a tua bondade e a tua graça. Agradeço-te, pois a tua salvação e as tuas promessas são minhas em Cristo Jesus. Peço-te força para continuar a dizer "sim", mesmo quando eu não me sentir digna. Sei que, em Cristo, sou uma nova criatura e digna da tua bondade.

22 de outubro

Faça uma mudança

Não se amoldem ao padrão deste mundo, mas transformem-se pela renovação da sua mente, para que sejam capazes de experimentar e comprovar a boa, agradável e perfeita vontade de Deus.
ROMANOS 12.2

Queremos mudança, mas temos dificuldade para começar ou permanecer na trilha dos nossos objetivos. "Um dia eu..." é o inimigo do "Hoje, eu...", no entanto, enquanto consideramos a mudança mais difícil do que continuar do mesmo jeito, nós vacilamos entre os nossos desejos e o nosso conforto.

É esse o caso, muitas vezes, quando nos entregamos ao Espírito Santo. Ele deseja fazer coisas maiores, mas, embora isso nos atraia, o conforto de não fazer nada parece tranquilizador, seguro e previsível. Descobrimos, finalmente, que o centro da vontade de Deus é, de fato, o lugar mais seguro para a nossa vida. Por saber disso, nos deleitamos no Senhor à medida que ele nos molda e nos inspira. Nós fomos criadas para fazer coisas boas.

Obrigada, Pai, pelas mudanças que estás fazendo em minha vida. Eu gosto de ser transformada por ti, polida como a prata usada para ocasiões especiais. Tu és bom para mim. Que a tua Palavra opere em minha vida da maneira que tu desejas.

23 de outubro

ELE SE IMPORTA COM A SUA VIDA

Assim como cada um de nós tem um corpo com muitos membros e esses membros não exercem todos a mesma função, assim também em Cristo nós, que somos muitos, formamos um corpo, e cada membro está ligado a todos os outros.

ROMANOS 12.4-5

Cada uma de nós tem uma função. Não trabalhamos de maneira igual às outras pessoas porque fomos feitas de outra maneira. Muitas vezes, não concordamos em relação às prioridades — além de habitar em Cristo e viver em amor — porque cada uma de nós foi criada para demonstrar aspectos diferentes da glória de Deus.

Muitas vezes, interpretamos o versículo acima acreditando que significa que devemos tratar bem os cristãos de outras denominações. Mas não é isso o que ele diz. Ele é uma exaltação ao nosso Deus incrivelmente criativo e um incentivo para que cada uma de nós aceite seus dons pessoais e únicos. Os nossos dons são tão pessoais quanto a nossa salvação. Quando finalmente aceitamos a nossa interdependência, nós honramos uns aos outros e operamos em união. Aceitamos a nossa identidade em Cristo e abrimos mão do que não somos. A liberdade para fazer isso é um dos aspectos da verdadeira liberdade em Cristo.

Pai, obrigada pelo extremo cuidado com que tu me criaste. Ajuda-me a reconhecer quais dons tu me deste, que não são valores universais, para todas as pessoas, mas sim a tua assinatura de graça sobre a minha vida. Eu te amo! Obrigada por me criares de maneira tão especial e por permitires que eu visse a tua mão sobre mim. Os teus dons são sempre bons. Ajuda-me a cuidar dos dons que serão derramados sobre a minha vida hoje.

24 de outubro

Peso da preocupação

O coração ansioso deprime o homem, mas uma palavra bondosa o anima.
PROVÉRBIOS 12.25

A preocupação enche a nossa mente de perguntas que podem nunca ter respostas e de possibilidades que podem nunca acontecer. Ficamos cansadas quando os nossos problemas momentâneos roubam a nossa paz. É nesses momentos que as palavras encorajadoras de uma amiga podem se tornar o catalisador para transformar a nossa incerteza em força e a nossa dúvida em fé restaurada.

Ao nos cercarmos de pessoas que falam verdades sobre a nossa vida regularmente, nós, inconscientemente, garantimos a nossa própria paz e alegria futuras.

Deus, quando eu começar a me sentir ansiosa, eu oro para que tu envies alguém para me lembrar das tuas verdades. Ajuda-me também a ser uma amiga encorajadora que leve paz àqueles ao meu redor.

25 de outubro

COMPAIXÃO QUE NUNCA ACABA

Graças ao grande amor do SENHOR é que não somos consumidos, pois as suas misericórdias são inesgotáveis. Renovam-se cada manhã; grande é a sua fidelidade!
LAMENTAÇÕES 3.22-23

Alguém já teve compaixão de você quando precisou? A resposta é sim para toda a humanidade. Deus é compassivo, e a sua compaixão não tem fim. Você pode ter se decepcionado muitas vezes com as pessoas, mas Deus nunca a decepcionará. Não apenas a sua compaixão não falhará, como ela é renovada *todas as manhãs*. Nova compaixão é derramada sobre a sua vida e as suas circunstâncias todos os dias.

A compaixão afirma: "Entendo o que você está passando. Sei que é difícil." Quem tem compaixão não ridiculariza as pessoas nem as acusa de não serem fortes o bastante. Não, a compaixão — ou melhor, o próprio Deus — se coloca ao nosso lado em meio ao sofrimento com a promessa de que ele jamais nos deixará ou nos abandonará em nosso momento de necessidade.

Pai, obrigada, pois em meus momentos de maior fraqueza tu estás ao meu lado. O Senhor tem compaixão para comigo. Obrigada pelo teu amor firme e bondoso.

26 de outubro

Bom e prefeito

Toda boa dádiva e todo dom perfeito vêm do alto, descendo do Pai das luzes, que não muda como sombras inconstantes.
TIAGO 1.17

Dedique os próximos minutos para pensar em todas as coisas boas e belas em sua vida. Você pode estar em uma fase boa, o que torna isso mais fácil, ou talvez em uma fase especialmente difícil.

Peônias em junho, a lua no meio de um céu estrelado, amar e ser amada, tudo isso é dádiva de Deus. O seu Pai é um bom Pai, que dá bons presentes. Isso não muda nunca, mesmo quando as suas circunstâncias mudam.

Senhor, todos os dias tu envias dádivas, me fazendo lembrar que tu és bom e que eu te pertenço. Ajuda-me a ver as tuas dádivas, mesmo em meio a lágrimas. Tu és constante; tu és perfeito. Obrigada por me amar.

27 de outubro

Verdadeiramente maravilhoso

Os céus declaram a glória de Deus; o firmamento proclama a obra das suas mãos. Um dia fala disso a outro dia; uma noite o revela a outra noite.
SALMOS 19.1-2

Temos belezas maravilhosas à nossa volta, tantas que podemos nos acostumar com elas. Quando foi a última vez que você parou para admirar a criatividade impressionante de Deus?

Estude uma flor. Leia sobre o olho humano. Veja o sol nascer ou se pôr. Anote os seus sonhos. Dedique algum tempo para mergulhar na grandiosidade do Criador.

Deus, tu és, verdadeiramente, maravilhoso. Sempre que olho para o céu, vejo algo novo. Se eu prestar atenção, até a vida aqui, nesta terra, revela pequenos milagres e majestades onde quer que eu olhe. Tu fizeste um mundo lindo, e eu sou muito abençoada por viver nele.

28 de outubro

Nenhuma escuridão

Esta é a mensagem que dele ouvimos e transmitimos a vocês: Deus é luz; nele não há treva alguma.
1JOÃO 1.5

Quando estamos na escuridão total, instintivamente, procuramos a luz. Ligamos os nossos celulares, procuramos o interruptor ou acendemos uma vela. Com uma única fonte de luz, a escuridão pode ser vencida, e nós podemos encontrar o nosso caminho.

Esse mesmo princípio pode ser aplicado ao nosso coração. Deus é pura luz e, com ele, podemos vencer qualquer escuridão que enfrentarmos. Não há tentação, vício ou pecado que seja poderoso demais para Deus.

Pai, sei que sempre que eu encontrar escuridão em minha vida, devo te buscar. Tu és totalmente bom e fonte de toda a luz. Eu te entrego as minhas dificuldades e peço a tua ajuda para vencê-las. Eu quero viver na tua luz.

29 de outubro

SIMPLESMENTE DIGA "NÃO"

Portanto, submetam-se a Deus. Resistam ao Diabo, e ele fugirá de vocês.

TIAGO 4.7

Submeter-se a Deus; resistir ao Diabo. Parece tão simples, então, por que a cultura — e a nossa própria vida — tantas vezes faz o oposto? Com que frequência cedemos à tentação e resistimos Àquele que nos guia em direção à melhor vida que poderíamos ter?

Enquanto não submetermos a nossa vida Àquele que só deseja o bem para nós, apenas paz e bondade, estaremos sujeitas àquele que deseja nos destruir. Ele desistirá e irá embora, mas somente quando nos posicionarmos ao lado de Deus e dissermos: "Não!"

Senhor, eu me coloco diante de ti hoje cheia de arrependimento pelas muitas vezes em que escolhi a escuridão no lugar da luz, o caminho fácil, em vez do que era certo. Quero submeter a minha vida a ti, mas preciso da tua ajuda. Fortalece-me, Senhor, e ajuda-me a colocar o inimigo para correr.

30 de outubro

Amor verdadeiro

Desde os tempos antigos ninguém ouviu, nenhum ouvido percebeu, e olho nenhum viu outro Deus, além de ti, que trabalha para aqueles que nele esperam.
ISAÍAS 64.4

Autenticidade. É uma coisa importante, não é mesmo? Nós nos perguntamos se a joia, a bolsa de marca ou a promessa são reais. Já ouvimos a expressão: "É bom demais para ser verdade!" Estamos acostumadas a examinar, minuciosamente, as pessoas e os bens, procurando autenticidade.

Que grande consolo encontramos em nosso Deus: o único e verdadeiro Deus! Todas as suas promessas são verdadeiras; todas as suas dádivas são boas. O seu amor é autêntico e é nosso, basta nos apossarmos dele.

Senhor, tu és Deus. O único, o verdadeiro, o Deus Todo-poderoso. Quem sou eu para que tu ajas em meu favor, para que tu fales sobre a minha vida? Contudo, assim tu o fazes. Que o meu amor por ti seja verdadeiro e os meus louvores, autênticos.

31 de outubro

CANTE!

Ofereçam música a Deus, cantem louvores! Ofereçam música ao nosso Rei, cantem louvores! Pois Deus é o rei de toda a terra; cantem louvores com harmonia e arte.
SALMOS 47.6-7

Podemos não ter uma voz de anjo, mas todas nós podemos cantar, independentemente da qualidade da nossa voz. Deus nos criou com uma voz e com lábios para louvá-lo por todas as coisas que ele fez. O Senhor é o rei da terra e o rei do nosso coração. Ele se deleitará em nossos louvores, mesmo que ele seja o único a fazer isso!

Cante, portanto, louvores a Deus. Cante, porque você sabe que ele é bom. Cante, porque você sabe que ele é cheio de graça. Cante, porque Deus é digno!

Senhor, tu és o rei de toda a terra. Tu és bom para mim. Tu mostraste a tua graça sobre a minha vida. Ensina-me a me deleitar ao cantar louvores ao teu nome. Sei que tu te deleitas em mim quando eu te louvo.

NOVEMBRO

Pois tudo o que Deus criou é bom,
e nada deve ser rejeitado, se for recebido
com ação de graças.

1TIMÓTEO 4.4

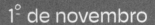

1º de novembro

A LUTA TERÁ FIM

Enraizados e edificados nele, firmados na fé, como foram ensinados, transbordando de gratidão.
COLOSSENSES 2.7

Nas semanas que antecedem o Dia de Ação de Graças, o tema "gratidão" se torna praticamente inevitável. Isso pode ser maravilhoso, fazendo-nos lembrar de todas as coisas boas que temos em nossa vida, mas também pode ser doloroso. E se estivermos enfrentando uma fase na qual não conseguimos sentir gratidão? E se tivermos poucas coisas pelas quais sermos gratas?

Se esse é o seu caso, saiba que você não é a única. Sempre haverá momentos nos quais as lutas parecem mais numerosas do que as bênçãos, em que a gratidão parece um sentimento impossível e a fé, outrora tão familiar, parece nos escapar. Liberte o seu coração de qualquer tipo de culpa que possa estar ameaçando surgir e aprofunde as suas raízes em Jesus. Debruce-se sobre a Palavra de Deus e deixe o amor e a verdade do Senhor serem derramados sobre a sua vida. A sua luta terá fim. As bênçãos virão. Tudo ficará bem.

Senhor, hoje eu oro por aqueles cujo coração está sofrendo e por aqueles que estão cheios de alegria. Que a fé e a gratidão transbordem de um ao outro e que as nossas raízes se entrelacem no rico e fértil solo do teu amor e da tua verdade.

2 de novembro

Permaneça em Cristo

Portanto, assim como vocês receberam Cristo Jesus, o Senhor, continuem a viver nele.
COLOSSENSES 2.6

Aceitar Cristo causa uma transformação maravilhosa. Há, porém, uma plenitude na vida cristã que vai além da salvação. As Escrituras dizem que nós *continuamos a viver nele.* Isso significa que todos os dias nós temos a oportunidade de amadurecer o nosso relacionamento com Deus.

Ao desenvolver o nosso relacionamento com Cristo, experimentamos uma profunda garantia de nossa fé e somos capacitadas a viver uma vida plena. É fácil nos sentirmos gratas por todas as coisas boas que Jesus está realizando em nossa vida.

Senhor Jesus, obrigada por tudo o que eu tenho aprendido por intermédio das Sagradas Escrituras. Lembre-me que devo permanecer em minha fé, seguindo o teu exemplo e ouvindo a tua voz. Sou muito grata pela minha salvação; e ainda mais grata porque tu escolheste ter um relacionamento comigo.

3 de novembro

Satisfeita

O teu amor é melhor do que a vida! Por isso os meus lábios te exaltarão. Enquanto eu viver te bendirei, e em teu nome levantarei as minhas mãos. A minha alma ficará satisfeita como quando tem rico banquete; com lábios jubilosos a minha boca te louvará.
SALMOS 63.3-5

Em nossa vida, há momentos em que realmente precisamos de respostas, de uma revelação ou, simplesmente, desejamos ser abençoadas. O nosso Pai de amor nos diz que precisamos apenas pedir.

O nosso Deus deseja nos abençoar. Você pode não querer pedir coisas por achar que são muitas ou que são específicas demais. Contudo, Deus é poderoso para lidar com os nossos pedidos — ele não nos dará coisas que nos causarão danos ou que possam ser usadas para desejos egoístas. Ele sabe o que é melhor para nós. O amor de Deus é melhor do que qualquer coisa que esta vida possa nos oferecer, e ele sabe exatamente como nos satisfazer.

Senhor, eu preciso de muitas coisas e as desejo. Eu as peço a ti porque sei que tu és um Pai amoroso que deseja responder às minhas orações hoje.

4 de novembro

SEGUIDA PELA GRAÇA

> Sei que a bondade e a fidelidade me acompanharão todos os dias da minha vida, e voltarei à casa do SENHOR enquanto eu viver.
> SALMOS 23.6

Nós deixamos nossas pegadas durante a caminhada da vida. Algumas delas estão gravadas na lama e precisam ser apagadas porque não pertencem ao caminho da justiça.

Deus deseja nos guiar à direção certa. Quando seguirmos o caminho do nosso Pai, a nossa jornada será acompanhada pela bondade, e a sua misericórdia apagará aquelas pegadas em direção aos caminhos errados. A graça do Senhor nos acompanhará por toda a nossa vida. É pela graça que habitaremos na casa do Senhor para sempre!

Pai celestial, eu desejo habitar em tua casa para todo o sempre. Creio que a tua bondade e a tua misericórdia me acompanharão fielmente durante toda a minha vida, com o Senhor ao meu lado. Permite que eu sinta a tua presença neste dia.

5 de novembro

PROVISÃO PARA OS GENEROSOS

Aquele que supre a semente ao que semeia e o pão ao que come, também lhes suprirá e multiplicará a semente e fará crescer os frutos da sua justiça.

2CORÍNTIOS 9.10

O início da generosidade é a provisão. Assim como um fazendeiro precisa de sementes para a colheita, nós também precisamos de algo para semear. Deus nos oferece tudo de que precisamos para nos ajudar a aumentar o seu Reino. Ele aumentará os nossos recursos à medida que plantamos, diligentemente, as sementes da fé.

À medida que Deus aumenta os seus recursos, ele também aumentará a sua colheita, isto é, todo o bem que surgirá do que você semeou. Ele nos dá generosamente, para que façamos o mesmo com as outras pessoas. Seja encorajada a doar a partir daquilo que o Senhor lhe concedeu e seja uma testemunha das bênçãos que serão derramadas em sua vida.

Pai celestial, tu continuas a prover tudo de que preciso para a minha vida. Ajuda-me a semear as minhas sementes de fé para que eu possa testemunhar o crescimento em minha própria vida e na vida daqueles que estão ao meu redor. Faz de mim uma pessoa generosa, para que a tua vontade seja feita assim na terra como no céu.

6 de novembro

Ele se alegra em você

O SENHOR, o seu Deus, está em seu meio, poderoso para salvar. Ele se regozijará em você; com o seu amor a renovará, ele se regozijará em você com brados de alegria.
SOFONIAS 3.17

Os pais, de modo geral, são loucamente orgulhosos de seus filhos. Não parece ser importante qual seja o seu dom específico, os pais sempre encontram algo de que se orgulhar. O amor dos pais não depende daquilo que os seus filhos podem fazer, mas sim de quem eles são. Eles veem um coração lindo e muito potencial.

O nosso Pai celestial sente o mesmo em relação a nós — só que em medida infinitamente maior. Ele não apenas está sempre presente, como também é protetor, orgulhoso e amoroso. Você consegue imaginar o Senhor, hoje, tão feliz por estar perto de você a ponto de cantar e se regozijar de sua vida? Você é uma filha de Deus, e ele a ama.

Pai, às vezes, eu me esqueço de que tu me amas como sou, e não pelo que faço. Tu enxergas o meu coração e te alegras em mim. Dá-me confiança para viver com a certeza de que tenho um Pai celestial que se alegra tanto comigo que ele canta sobre mim!

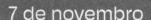

7 de novembro

AS MUITAS MARAVILHAS DE DEUS

SENHOR meu Deus! Quantas maravilhas tens feito! Não se podem relatar os planos que preparaste para nós! Eu queria proclamá-los e anunciá-los, mas são por demais numerosos!
SALMOS 40.5

É bom quando damos a Deus a glória devida por todas as coisas que são boas demais para usarmos apenas as palavras. Nós sabemos, por intermédio da Bíblia, que Deus agiu poderosamente em muitas ocasiões para preservar o seu povo escolhido. Sabemos que Jesus realizou milagres espetaculares. O Espírito Santo se moveu poderosamente sobre a igreja primitiva e continua a mostrar o poder dele até os dias atuais.

Deus não parou depois de criar o mundo; ele continua realizando coisas maravilhosas nesta vida. Você, provavelmente, é capaz de pensar em vários exemplos de grandes coisas que o Senhor fez por você. Imagine quantos cristãos também podem contar histórias como as suas... há muitas delas!

Senhor Deus, eu agradeço pelos inúmeros planos que tu tens reservados para a minha vida. Tu és mais maravilhoso do que consigo expressar, e simplesmente declaro que tu és incrível!

8 de novembro

REFLEXO RADIANTE

O Filho é o resplendor da glória de Deus e a expressão exata do seu ser, sustentando todas as coisas por sua palavra poderosa. Depois de ter realizado a purificação dos pecados, ele se assentou à direita da Majestade nas alturas.
HEBREUS 1.3

Jesus não era um homem comum. Nós sabemos disso, é claro, mas será que compreendemos que ele é o ser divino que possui igualdade com Deus? Quando veio ao mundo, Jesus nos revelou a natureza de Deus. Por ser o resplendor de Deus, ele reflete um Deus que é, ao mesmo tempo, poderoso e amoroso.

Embora fosse divino, Jesus veio ao mundo como homem para que pudesse cumprir a vontade de Deus. Esse seria o maior sacrifício jamais visto pela humanidade, para que os nossos pecados fossem perdoados. Jesus, que está agora sentado à direta de Deus no céu, veio por você. Ele sustenta todo o Universo, e também a nós, com a *sua* Palavra.

Jesus, eu te agradeço, pois tu te humilhaste e vieste em forma humana para que eu pudesse conhecer a plenitude de Deus. Eu te adoro neste dia, pois tu te revelaste como um Deus de santidade e amor.

9 de novembro

Louvor contínuo

Do nascente ao poente, seja louvado o nome do SENHOR!
SALMOS 113.3

Como seria se você fosse uma mulher que louvasse a Deus do momento em que acorda até a hora de dormir, todas as noites? Você não apenas agradaria a Deus ao louvá-lo constantemente, como também teria uma transformação incrível no seu ponto de vista pessoal.

O louvor intencional e contínuo só pode resultar em alegria intencional e contínua. Quando escolho enxergar cada momento como uma oportunidade para ser grata e para adorar, eu encontro, em todos eles, beleza, alegria e satisfação.

Senhor, eu louvo o teu nome por causa do teu amor por mim. Ajuda-me a ser uma mulher que te louva e adora o dia inteiro, todos os dias. Eu oro para que tu cultives em mim uma apreciação pela tua bondade e um desejo de te adorar constantemente.

10 de novembro

O BOM PAI

"E serei o seu Pai, e vocês serão meus filhos e minhas filhas", diz o Senhor todo-poderoso.
2CORÍNTIOS 6.18

Nós podemos confundir, facilmente, a majestade de Deus com distância. Começamos a imaginar o Senhor como alguém que está fora de contato com a nossa vida diária — ausente e desinteressado. No entanto, a verdade é justamente o oposto disso!

Deus é um Pai amoroso e bom, que se interessa pelos nossos mais profundos pensamentos, assim como um pai com seus filhos. Ele nos ama profunda e sensivelmente, como somente um Pai verdadeiramente bom poderia fazer. Quando ajustamos a nossa visão de Deus de alguém distante para alguém profundamente próximo, a nossa intimidade com ele só tende a aumentar.

Obrigada, Deus, pois tu és um Pai bondoso. Obrigada, pois tu me vês como tua filha e te importas muito comigo. Ajuda-me a enxergar o Senhor como o Pai que tu és, e não como um Deus distante que o mundo tenta retratar.

11 de novembro

Bondoso

Contudo, o SENHOR espera o momento de ser bondoso com vocês; ele ainda se levantará para mostrar-lhes compaixão. Pois o SENHOR é Deus de justiça. Como são felizes todos os que nele esperam!
ISAÍAS 30.18

Podemos nos sentir tão sobrecarregadas com nossa vergonha, problemas ou equívocos, que nos esquecemos da verdade mais simples e bela — o nosso Deus deseja nos demonstrar graça de forma profunda. Ele não deseja nos mostrar a sua ira, ou seu castigo. Ele não se levanta para nos mostrar o seu poder e sua terrível grandeza; ele se levanta para nos mostrar sua compaixão.

Quando entramos na presença de Deus com esse ponto de vista, somos humilhadas pelo seu amor, apesar de sua justiça — porque o castigo que merecemos foi superado pela graça que ele deseja nos conceder.

Eu me sinto lisonjeada pelo poder da tua graça por mim, meu Deus. Ajuda-me a esperar por ti e sempre contar com a tua graça e compaixão mais do que com as minhas próprias forças e capacidade de ser boa.

12 de novembro

Entender e aceitar

Nós, porém, não recebemos o espírito do mundo, mas o Espírito procedente de Deus, para que entendamos as coisas que Deus nos tem dado gratuitamente.
1CORÍNTIOS 2.12

A bondade que Deus demonstra para conosco está tão além da nossa capacidade humana para a bondade, que temos dificuldade de compreendê-la. A nossa dificuldade para entender as dádivas de Deus podem acabar prejudicando a nossa capacidade de aceitá-las.

No entanto, quando somos salvas, Deus coloca o seu Espírito dentro de nós — o que nos permite compreender o seu amor, a sua misericórdia e a sua graça. Com o Espírito Santo de Deus em nós, podemos compreender e aceitar completamente o que o Pai nos concedeu.

Pai celestial, obrigada por tua grande misericórdia, amor e bondade para comigo. Eu sou grata, pois, por meio do teu Espírito Santo, posso entender e aceitar todas as tuas boas dádivas.

13 de novembro

A BONDADE NA ESPERA

O SENHOR é bom para com aqueles cuja esperança está nele, para com aqueles que o buscam; é bom esperar tranquilo pela salvação do SENHOR.
LAMENTAÇÕES 3.25-26

Você já viu outras pessoas desfrutando os seus "felizes para sempre", enquanto imaginava quando o seu dia chegaria? Às vezes, parece que todos têm a vida perfeitamente em ordem, enquanto a nossa encontra-se mergulhada no caos.

Já é algo difícil enfrentar uma fase de espera e, pior ainda, quando, além disso, precisamos assistir às outras pessoas nos ultrapassando. Contudo, Deus promete ser bom para aqueles que esperam. Se você escolher buscar o Senhor enquanto espera, ele se revelará de uma maneira mais doce do que faria em qualquer outra situação.

Ajuda-me, Senhor, a enxergar a espera como uma oportunidade abençoada para experimentar a tua bondade. Ensina-me a esperar tranquilamente e cheia de esperança e expectativas em ti.

14 de novembro

Na luz

Pois em ti está a fonte da vida; graças à tua luz, vemos a luz.
SALMOS 36.9

Como você descreveria uma cor a uma pessoa cega? O que é o azul e o que o diferencia do vermelho, do roxo ou do verde? Para entender o que é rosa, é necessário ter visto essa cor.

O mesmo é verdadeiro em relação à bondade, ao amor e à luz. Para reconhecer, precisamos conhecer. E, para conhecê-los, precisamos conhecer o Pai. Ele é a única fonte verdadeira de toda luz e de tudo que é bom.

Pai amado, eu desejo viver na luz! Tu és a fonte do seu calor; todo o poder da luz vem de ti. Tu és a fonte de tudo o que é bom, portanto, o Senhor é tudo de que preciso. Obrigada, meu Deus, pela tua fonte que nunca seca. Eu bebo da tua bondade hoje, enxergando provas da tua luz em toda parte ao meu redor.

15 de novembro

O MELHOR DIA DE TODOS

Melhor é um dia nos teus átrios do que mil noutro lugar; prefiro ficar à porta da casa do meu Deus a habitar nas tendas dos ímpios.
SALMOS 84.10

Lembre-se do melhor dia da sua vida. Você trocaria três anos da sua vida por essa memória preciosa, vamos dizer, vivendo 85 anos, em vez de 88? Agora, amplie a grandeza desse dia maravilhoso para além da sua imaginação; imagine um dia na presença de Deus. Quantos dias comuns isso valeria?

Responda a esta próxima pergunta com atenção: Você preferiria ser pobre, porém cercada por pessoas cheias de amor e integridade; ou rica, e cercada por pessoas que comprometem a moralidade e a bondade como estilo de vida?

Senhor, examina o meu coração. Tenho vivido uma vida que reflete o meu desejo por ti? O que devo mudar? Para onde devo ir? Mostra-me o teu querer.

16 de novembro

Como eu deveria ser

Se agir assim, certamente haverá bom futuro para você, e a sua esperança não falhará.
PROVÉRBIOS 23.18

Deus a criou. Cuidadosamente e intencionalmente, ele a criou. E o Senhor sabia exatamente o que estava fazendo e o porquê de estar fazendo. Até mesmo os desejos do seu coração estão aí com um propósito: para realizar o plano de Deus em sua vida.

Da próxima vez que você duvidar do seu valor, lembre-se dessas palavras. Da próxima vez que você questionar o seu propósito, observe as suas paixões. Que coisas maravilhosas o Eterno preparou com antecedência para você fazer?

Senhor, às vezes eu duvido de mim mesma. Tudo o que consigo enxergar são os meus muitos defeitos e tudo o que consigo sentir é o peso do meu pecado. Obrigada por me lembrares de que, para ti, eu sou exatamente como deveria ser. Eu sou quem criaste e como o fizeste. Guia-me, Pai, para o que tu desejas que eu realize.

17 de novembro

Talentos enterrados

Pois a quem tem, mais será dado, e terá em grande quantidade. Mas a quem não tem, até o que tem lhe será tirado.
MATEUS 25.29

Deus, em seu plano bem executado, dotou os seus filhos com talentos. Em Mateus 25.15, temos uma pequena amostra do propósito do Senhor ao colocar dons especiais em cada uma de nós. Somente Deus decide quantos talentos ele nos confiará. Esses talentos nos são graciosamente entregues, mas não para o nosso benefício próprio; eles devem ser uma bênção para a vida de outras pessoas.

Só de pensar em exercitar os talentos em sua vida, que já é caótica, você se sente sobrecarregada e, por isso, prefere escondê-los? Talentos escondidos não fazem bem a ninguém. Exercitar o seu talento se tornará fonte de vida para você.

Jesus, move a minha vida para frente, mesmo quando, insistentemente, eu tentar ir para trás. Oro pela graça para te servir conforme tu me capacitaste para fazer.

18 de novembro

Espinhos

Para impedir que eu me exaltasse por causa da grandeza dessas revelações, foi-me dado um espinho na carne, um mensageiro de Satanás, para me atormentar. Três vezes roguei ao Senhor que o tirasse de mim.

2CORÍNTIOS 12.7-8

Você gostaria de ouvir uma ótima notícia hoje? Todos os filhos de Deus são profundamente imperfeitos. Além de imperfeitos, todos nós possuímos enormes debilidades. Muitas dessas fraquezas podem ser administradas e outras, pelo poder de Deus, curadas. Mas, tenha certeza: as fraquezas não desaparecerão completamente. Quando uma for vencida, logo encontraremos outra. Elas fazem parte da nossa natureza humana.

Qual é o seu espinho? Em que área você encontra, frequentemente, dificuldade? Paulo, um dos grandes heróis da nossa fé, também lutou contra uma fraqueza debilitante. Deus deseja que permaneçamos fracos para que possamos ser fortes nele. Dessa maneira, somos obrigadas a permanecer humildes, nos agarrando a Deus para conseguir força e consolo.

Obrigada, Deus, pelos espinhos na carne que tu me deste. Embora eu não goste deles, sei que são bons para mim. Eles me mantêm humilde e me ajudam a confiar em ti. Ajuda-me a me agarrar a ti para ter força em todas as áreas da minha vida.

19 de novembro

Floresça onde está plantada

Mas as que caíram em boa terra são os que, com coração bom e generoso, ouvem a palavra, a retêm e dão fruto, com perseverança.
LUCAS 8.15

A maioria de nós deseja deixar uma marca importante em alguma área de nossa vida. É consolador acreditar que a rotina da nossa vida comum é apenas uma preparação para a tarefa realmente importante que está por vir. Você sabe, aquela coisa grande, o alto chamado, a nobre tarefa que está, sem dúvida, logo adiante.

E, então, em um belo dia tranquilo, o Senhor sussurra: "É isso. Você está fazendo exatamente o que eu a chamei para fazer. Faça o seu trabalho, crie os seus filhos, ame ao próximo, sirva as pessoas, busque a mim em primeiro lugar e tudo o que o seu coração deseja será realizado. Seja fiel onde eu a coloquei. Você não precisa realizar grandes coisas por mim. Simplesmente continue assim."

Senhor, eu desejo muito ser relevante. Quero que a minha vida tenha importância. Ajuda-me a entender que não é o que eu faço por ti que importa... é a quem pertenço e quem eu sou. Ajuda-me a ser fiel ao chamado que tu tens para a minha vida neste momento.

20 de novembro

Recomeçando

Aleluia! Deem graças ao SENHOR porque ele é bom; o seu amor dura para sempre.
SALMOS 106.1

Alguma vez você já desejou poder recomeçar? Seria tão bom poder voltar o relógio, reverter uma decisão e fazer tudo diferente! Nós adquirimos tanta sabedoria quando relembramos das coisas! Sim, há algumas coisas que podemos fazer de novo, como tentar mudar a receita, ou desfazer a costura, mas, na maioria das vezes, as decisões importantes não podem ser alteradas.

Exceto quando se trata do reino espiritual. Deus diz que podemos recomeçar todas as manhãs porque as suas misericórdias estão ali. O que quer que tenha dado errado no dia anterior, qualquer escolha ruim que tenhamos feito, podemos começar o dia seguinte totalmente do zero! Não precisamos levar os erros de ontem conosco. A única coisa que precisamos fazer é nos arrepender de nossos pecados, ou perdoar quem precise de perdão — talvez nós mesmas. Com as misericórdias do Senhor sobre nós, podemos começar cada dia do zero!

Senhor, eu sou muito grata, pois o teu amor e as tuas misericórdias não têm fim. Tu as renovas todas as manhãs! Grande é a tua fidelidade!

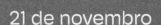

21 de novembro

Alegre

Cantem de alegria e regozijo todos os que desejam ver provada a minha inocência, e sempre repitam: "O SENHOR seja engrandecido! Ele tem prazer no bem-estar do seu servo".
SALMOS 35.27

Apesar desta temporada de ações de graças, pode ser difícil encontrar prazer. Se o espírito das festas não está muito forte, alegre-se na justiça de Deus. *Cante de alegria e regozije-se!* E agarre-se à promessa de que o Senhor tem prazer no seu bem-estar. O prazer de Deus não depende das circunstâncias.

Independentemente da sua situação no dia de hoje, Deus tem prazer em sua vida. Não é um prazer paternalista, como quando um pai ri ao ver seu filho pequeno fazer pirraça. Ao contrário, ele enxerga além de qualquer emoção que estejamos expressando e se concentra nas profundezas de quem ele sabe que somos.

Deus, tu me vês exatamente como sou e, ainda assim, sente prazer em mim. Tu prometes que os meus triunfos passados e lutas atuais levam a um futuro de força em ti. Eu me sinto lisonjeada por te causar prazer, e desejo cantar de alegria, regozijando-me em tua presença!

22 de novembro

Fortaleza

O SENHOR é bom, um refúgio em tempos de angústia. Ele protege os que nele confiam.
NAUM 1.7

Deus não está ao nosso lado apenas quando temos fé e louvamos incessantemente. Mesmo nos dias de angústia, Deus sabe, intimamente, quem são as pessoas que confiam nele, e ele é fortaleza para elas.

Não apenas em meio à catástrofe, mas até mesmo durante os nossos momentos de fraqueza interior, o Senhor é a nossa força e o nosso refúgio. Podemos confiar em Deus e saber que ele é sempre bom.

Obrigada, Senhor, pois tu és uma fonte de força para mim em meio às minhas fraquezas. Tu me fazes lembrar que preciso confiar em ti quando estou perdendo a minha fé. Tu não me esqueces; tu és mais do que o bastante para mim. Nos momentos de maior escuridão na minha vida, tu brilhas a tua face sobre mim.

23 de novembro

Digno

"Tu, Senhor e Deus nosso, és digno de receber a glória, a honra e o poder, porque criaste todas as coisas, e por tua vontade elas existem e foram criadas."

APOCALIPSE 4.11

A adoração é a nossa reação natural à bondade de Deus. Não se trata, simplesmente, de uma reação emocional — a adoração é também o ato de oferecer de volta a Deus a glória que ele merece. Quando paramos para pensar sobre o poder de Deus, a sua majestade e criatividade, não podemos evitar glorificá-lo, pois ele é incrivelmente digno da mais elevada honra.

Ao glorificarmos a Deus em nossa vida diária, as pessoas ao nosso redor verão isso, e algumas delas poderão se juntar a nós, em nosso louvor ao Senhor.

Deus, ajuda-me a louvá-lo como tu mereces. Ajuda-me a te oferecer honra, reconhecimento e adoração. Desejo fixar meus olhos em ti em tudo o que eu fizer, para que, dessa forma, eu possa louvar o teu nome por tudo o que tu fazes.

24 de novembro

O Pai sabe o que é melhor

Esta é a confiança que temos ao nos aproximarmos de Deus: se pedirmos alguma coisa de acordo com a vontade de Deus, ele nos ouvirá. E se sabemos que ele nos ouve em tudo o que pedimos, sabemos que temos o que dele pedimos.
1JOÃO 5.14-15

As nossas orações não são oferecidas a um nada silencioso. Quando oramos, somos ouvidas por um Deus que se importa profundamente com o que apresentamos em nossa oração. Quando compreendemos a profundidade do interesse de Deus, adquirimos confiança para nos aproximarmos com ousadia do trono dele.

Deus é um Pai bondoso que não será influenciado a nos dar qualquer coisa que não seja para o nosso bem. Podemos apresentar, livremente, os nossos pedidos a Deus, com a certeza de que se eles não forem o melhor para a nossa vida, não serão concedidos a nós.

Obrigada, Senhor, pois tu respondes às minhas orações de acordo com a tua vontade perfeita. Ajuda-me a confiar que tu sabes exatamente o que é melhor para mim.

25 de novembro

Coisas boas reservadas

Como é grande a tua bondade, que reservaste para aqueles que te temem, e que, à vista dos homens, concedes àqueles que se refugiam em ti!
SALMOS 31.19

Davi, que desfrutava uma grande amizade com Deus, faz muitas declarações surpreendentes sobre o Senhor. Deus está reservando coisas boas! Que coisas são essas, exatamente? Seria segurança? Talvez paz em meio às tribulações? Seria um coração tranquilo em meio à tempestade? Ou, quem sabe, alegria em meio ao sofrimento? Sim, as coisas boas poderiam ser tudo isso e muito mais.

Existem tantas coisas boas, que Deus precisa reservá-las, para não derramá-las todas sobre nós de uma vez só. Mas há uma ressalva. As coisas boas citadas nesta passagem estão reservadas para um grupo especial de pessoas — aqueles que temem a Deus. Elas pertencem àqueles que o buscam em humildade, porque ele é rei e elas, não. Tenha certeza de que Deus a recompensará mais do que você pode imaginar, pelo amor que você tem por ele.

Ajuda-me, Jesus, a confiar na bondade de Deus como tu fizeste quando viveste nesta terra. Obrigada, pois tu vês a minha fé mesmo quando ela é fraca e reservas coisas boas para a minha vida.

26 de novembro

ÁGUA DA VIDA

Mas quem beber da água que eu lhe der nunca mais terá sede. Ao contrário, a água que eu lhe der se tornará nele uma fonte de água a jorrar para a vida eterna.
JOÃO 4.14

Nós, às vezes, precisamos de algo "extra". As nossas necessidades espirituais nunca são satisfeitas pelas coisas deste mundo. Quando as experiências mundanas atrapalham as nossas oportunidades espirituais, permanecemos sedentas. A nossa vida sai dos trilhos — seja por motivos internos ou por acontecimentos externos —, criando uma grande luta interior. Podemos nos desanimar diante de tais desafios. De onde tiraremos alegria e forças para continuar?

Jesus diz que nos concede vida abundante para *qualquer* área que o inimigo tenha tentado roubar, matar ou destruir. Ele é fiel. A fonte de águas vivas dele não tem fim. Nós devemos buscá-lo, confiando nele para nos preencher com a sua vida eterna.

Jesus, eu te louvo. Tu és bom para mim e me amas. Obrigada! Por favor, derrama o teu "extra" sobre a minha alma sedenta, à medida que derramo a tua santa Palavra sobre a minha vida. Envolve-me em tua presença e ensina-me a permanecer firme em ti, como filha inabalável da tua alegria.

27 de novembro

Falsas expectativas

Nisto conhecemos o que é o amor: Jesus Cristo deu a sua vida por nós, e devemos dar a nossa vida por nossos irmãos.
1JOÃO 3.16

Parte de entregar a vida por alguém inclui abandonar as nossas falsas expectativas. Quando aquilo que está em nossa mente não corresponde à nossa vida, devemos buscar Jesus. Ele nos devolve nosso sentimento de pertencimento e nos concede paz. Recebemos essas duas bênçãos por meio de Cristo, e não de nossos próprios esforços.

Deus coloca os seus desejos dentro do coração dos seus santos. Quando são acesos, esses desejos produzem coisas boas: criatividade, produtividade e caridade para com os outros. Você não é um fracasso. Você é uma possibilidade — uma *possibilidade* de Deus. Florescendo sob a luz de Jesus, como uma flor sob os raios de sol.

Obrigada, Senhor, pois a minha vida não é um erro, mas sim uma expressão singular da tua natureza. Ajuda-me a ser eu mesma e a viver de acordo com quem eu sou, e não segundo as expectativas que criam um jugo desigual.

28 de novembro

NIVELANDO

Confie no SENHOR de todo o seu coração e não se apoie em seu próprio entendimento; reconheça o SENHOR em todos os seus caminhos, e ele endireitará as suas veredas.

PROVÉRBIOS 3.5-6

À medida que aprendemos a viver em submissão ao Espírito Santo, o nosso Pai celestial nos leva a um nível mais profundo de intimidade com ele. Para que isso aconteça, devemos nos tornar vulneráveis e ser verdadeiras com o Senhor. Devemos confiar, continuamente, mais em Deus do que em nossas próprias experiências e opiniões.

Quando confiamos em Deus sem limitações, descobrimos que ele é mais confiável do que qualquer outra pessoa. Somos envolvidas pelo seu amor — o lugar mais seguro em que poderíamos estar. Quando inclinamos nosso coração ao Senhor e fazemos o que ele nos guia a fazer, recebemos o seu consolo e orientação, o que torna os nossos caminhos retos diante de Deus.

Pai celestial, eu venho a ti pedir ajuda para confiar no Senhor, com a certeza de que tu tens o melhor reservado para a minha vida. Cumpre a tua vontade em mim. Entrego o controle em tuas mãos e confio em ti. Tu estás comigo. Eu te amo.

29 de novembro

Guiada

Conduzirei os cegos por caminhos que eles não conheceram, por veredas desconhecidas eu os guiarei; transformarei as trevas em luz diante deles e tornarei retos os lugares acidentados. Essas são as coisas que farei; não os abandonarei.
ISAÍAS 42.16

Quando você sentir que está perdida e que os seus pés não estão firmes em seu caminho, Deus promete guiá-la adiante. Mesmo que você não consiga ver o que está à sua frente e que o caminho pareça difícil e desafiador, Deus a guiará. O caminho que parecia intransitável se tornará suave; e o que parecia impossível se tornará fácil.

Deus promete fazer isso por você e ainda mais — porque ele a ama, e o amor dele nunca acaba nem falha.

Obrigada pela tua promessa de me guiar por mais impossível que pareça a jornada.

30 de novembro

CONFIÁVEL

Pois a palavra do SENHOR é verdadeira; ele é fiel em tudo o que faz.
SALMOS 33.4

Todas nós já experimentamos o sofrimento de alguma forma. Nós nos decepcionamos com sonhos não realizados, relacionamentos rompidos e promessas vazias. Independentemente de quão magoadas ou desgastadas nos sintamos, sempre podemos confiar o nosso coração a Deus. Ele nunca mentirá para nós, nem nos manipulará, nem nos decepcionará. Ele jamais voltará atrás com sua palavra, jamais nos abandonará, jamais deixará de nos amar.

O Senhor é sempre fiel à sua Palavra. Ele é hoje quem sempre foi ao longo dos séculos. O Deus sobre quem lemos nas Escrituras — que nunca se esqueceu de suas alianças e nunca deixou de nos amar — é o mesmo Deus que tem o nosso coração nas mãos hoje.

Obrigada, Senhor, pois em um mundo no qual a confiança é quebrada todos os dias, eu posso sempre confiar perfeitamente em ti. Por favor, cura o meu coração das dores que já sofri, para que eu possa te amar de maneira mais profunda.

DEZEMBRO

Proclamarão o glorioso esplendor da tua majestade, e meditarei nas maravilhas que fazes. Anunciarão o poder dos teus feitos temíveis, e eu falarei das tuas grandes obras. Comemorarão a tua imensa bondade e celebrarão a tua justiça.

SALMOS 145.5-7

1º de dezembro

Rochas não mudam

Confiem para sempre no SENHOR, pois o SENHOR, somente o SENHOR, é a Rocha eterna.
ISAÍAS 26.4

Quando alguém fala sobre a pessoa mais confiável que conhece, ele, muitas vezes, descreve essa pessoa como sendo a sua rocha. São as pessoas constantes em nossa vida; o conselho que elas dão hoje é o mesmo que darão daqui a trinta anos. Os seus princípios — e o seu amor — são inabaláveis.

Uma rocha guardada dentro de uma caixa durante décadas permanecerá exatamente igual anos mais tarde. As rochas não mudam.

Senhor, tu és a rocha eterna. Eu confio a minha vida a ti, Pai, pois sei que o teu compromisso para comigo é inabalável. Estou segura em ti. Tu desejas o mesmo que sempre desejaste; tu és o mesmo de sempre. Tu és constante. Tu és bom. Tu és o próprio amor.

2 de dezembro

O propósito do Senhor para você

O SENHOR cumprirá o seu propósito para comigo! Teu amor, SENHOR, permanece para sempre; não abandones as obras das tuas mãos!
SALMOS 138.8

Você sabia que Deus está mais empenhado em cumprir o propósito que ele tem para a sua vida do que você mesma? Ele está plenamente ciente de que você é a parte mais frágil desse relacionamento com ele. Apesar de termos zelo e paixão, nós, naturalmente, cansamos, sentimos preguiça ou tédio. Isso pode ser desencorajador, mas Deus não é desencorajado facilmente. Afinal, ele é o nosso Criador e sabe exatamente o quanto somos frágeis.

Deus pode cumprir o propósito dele na sua vida porque o amor de Deus por você dura para sempre. Não é um amor fraco. Você é obra preciosa das mãos do Senhor.

Deus, ajuda-me a confiar em ti e a te auxiliar no cumprimento do teu propósito em minha vida. Obrigada por ter me criado com um propósito e por eu não ter sido um erro.

3 de dezembro

Porque sim

Atribuam ao SENHOR a glória que o seu nome merece; adorem o SENHOR no esplendor do seu santuário.
SALMOS 29.2

Não é seu aniversário, mas há um presente na mesa com o seu nome. Você não fez nada particularmente especial nestes últimos dias, mas recebe pelo correio um cartão, dizendo que você é amada. É uma sensação maravilhosa. E é ainda melhor quando você é quem envia essas coisas.

Quando foi a última vez que você adorou a Deus, simplesmente porque ele é o seu Deus? Ele ama receber presentes espontâneos de amor, honra e louvor, assim como nós.

Senhor, eu louvo o teu nome acima de todos os outros. Eu medito sobre a tua santidade e perfeição e me prostro diante de ti. Eu te amo, Deus, por quem tu és e te agradeço porque tu me transformas.

4 de dezembro

Um dom incompreensível

Ora, o salário do homem que trabalha não é considerado como favor, mas como dívida. Todavia, àquele que não trabalha, mas confia em Deus, que justifica o ímpio, sua fé lhe é creditada como justiça.
ROMANOS 4.4-5

Não importa o quanto alguém ame o emprego que possui; se o seu chefe parasse de pagá-lo, ele acabaria abandonando o trabalho. Da mesma forma, se o empregado parasse de trabalhar, o empregador, inevitavelmente, pararia de assinar seus cheques de pagamento. Em um acordo de trabalho, ambas as partes precisam honrar as suas responsabilidades para que as coisas funcionem.

É isso que torna o nosso relacionamento — o nosso acordo mútuo — com Jesus tão surpreendente. A parte dele no acordo foi morrer na cruz para garantir a nossa salvação. A nossa parte é crer no poder dessa obra.

Senhor Jesus, eu jamais serei digna do teu sacrifício. Não importa o quanto eu me esforce, jamais equilibrarei a balança do nosso relacionamento. Hoje, eu te agradeço pelo incompreensível presente da minha salvação.

5 de dezembro

CONTE A SUA HISTÓRIA

Assim o digam os que o SENHOR resgatou, os que livrou das mãos do adversário.
SALMOS 107.2

Qual é a sua história? Quer ela seja complexa demais, a ponto de você não saber sequer por onde começar, quer você a considere muito insignificante, saiba que ela é importante.

Desde o princípio, Deus a tinha em mente. Ele a planejou desde o menor detalhe. Ele a ama desde sempre. A maneira como você descobriu essa verdade maravilhosa, ou a forma como isso pode estar acontecendo agora, é de grande importância. Comece a dizer isso a si mesma e esteja pronta para compartilhar essa verdade quando chegar a hora.

Senhor, quando eu penso em tua história, a minha parece tão insignificante. O fato de tu teres me escolhido para fazer parte dela está muito além da minha capacidade de compreensão. Obrigada pela minha história, Pai. Que eu aprenda a enxergá-la como o Senhor: importante, linda e digna.

6 de dezembro

Agora eu fui encontrada!

"Alegrem-se comigo, pois encontrei minha ovelha perdida."
LUCAS 15.6

Como é agradável quando encontramos algo que pensamos que havíamos perdido! Nós nos alegramos com as pequenas vitórias, como encontrar um recibo perdido, um par de óculos ou até mesmo aquela meia! Existe algo em nossa natureza que nos diz que a perda é algo ruim e que a descoberta é algo bom e digno de comemoração!

A parábola da ovelha perdida deixa extremamente claro que Jesus comemora cada vida que é encontrada nele. Os céus celebram a sua salvação, e, embora você seja uma entre muitos, Jesus faz de tudo para encontrá-la. Tão grande é o amor dele pelos seus.

Jesus, eu te agradeço, pois tu és o meu pastor. Tu vieste me buscar e me salvar. Obrigada! Eu sou grata, pois tu te alegras com a minha salvação. Ajuda-me a conhecer a importância da minha vida em ti e a compartilhar da tua alegria sempre que eu souber da salvação de outras pessoas.

7 de dezembro

CAPAZES DE VER, ERGUIDAS E AMADAS

O SENHOR dá vista aos cegos, o SENHOR levanta os abatidos, o SENHOR ama os justos.
SALMOS 146.8

O nosso Deus ama restaurar a vida da sua criação. Quando Jesus veio ao nosso mundo, curou muitas necessidades físicas. Melhor ainda do que a cura física, Jesus veio restaurar as nossas feridas espirituais. Ele abriu olhos para a verdade, ministrou aos pobres de espírito e restaurou os crentes à justiça.

Como você é abençoada! Ele abriu os seus olhos, ele a levantará quando você estiver abatida e a ama porque você escolheu o caminho da justiça. Que o Deus do encorajamento e da restauração seja a sua força neste dia.

Deus, tu abriste os meus olhos para a verdade; tu perdoaste os meus pecados; e tu me amas. Alguns dias são mais difíceis que outros, e hoje eu preciso que tu restaures, mais uma vez, o meu corpo e a minha alma. Tu me levantaste e me encorajaste no caminho da justiça. Obrigada por isso!

8 de dezembro

Dívida de amor

Não devam nada a ninguém, a não ser o amor de uns pelos outros, pois aquele que ama seu próximo tem cumprido a Lei.
ROMANOS 13.8

Quando uma conta nos chega pelo correio, lembramos que devemos dinheiro em troca de algum serviço prestado a nós. Se demorarmos muito a pagar a dívida, podemos ficar ansiosas e causar problemas para as partes envolvidas. Esse é um dos motivos pelos quais a Bíblia nos diz que não devemos dever nada a ninguém.

No entanto, a Palavra de Deus nos instrui a tratar o amor como uma dívida, no sentido de que devemos sempre amar uns aos outros, mesmo quando esse amor não for merecido! É esse amor extremo que o Senhor nos demonstrou. Que o amor sem fim e incondicional de Deus seja um lembrete de que você precisa se esforçar para amar as pessoas da mesma maneira.

Jesus, tu continuas a me maravilhar com o amor que tens por mim. Sei que não preciso merecer o teu amor e que tu nunca desistirás de mim. Lembra-me, Espírito Santo, de continuar a amar o meu próximo.

9 de dezembro

Uma promessa paciente

O Senhor não demora em cumprir a sua promessa, como julgam alguns. Ao contrário, ele é paciente com vocês, não querendo que ninguém pereça, mas que todos cheguem ao arrependimento.

2PEDRO 3.9

Jesus voltará um dia — ele prometeu que voltaria! Contudo, ate lá, nós vivemos "no meio". O Reino veio, mas não em sua totalidade, e nós ainda esperamos o dia em que a terra e tudo o que há nela sejam restaurados.

A volta de Cristo pode parecer demorada para nós, que estamos esperando, mas se compreendêssemos o amor que Deus tem pela humanidade, seríamos capazes de entender, em parte, por que ele espera até que outros recebam a salvação. Louve a Jesus pelo seu amor e tenha paciência com a sua promessa. Ele voltará!

Jesus, eu não entendo completamente os teus caminhos e por que algumas promessas feitas na tua Palavra ainda não se cumpriram. Dá-me uma paciência divina, para que eu seja capaz de entender o teu amor pela humanidade. Que eu sinta o mesmo em relação àqueles que ainda não conhecem o Senhor. Guia-nos ao arrependimento.

10 de dezembro

CONVENCIDA DO AMOR

Pois estou convencido de que nem morte nem vida, nem anjos nem demônios, nem o presente nem o futuro, nem quaisquer poderes, nem altura nem profundidade, nem qualquer outra coisa na criação será capaz de nos separar do amor de Deus que está em Cristo Jesus, nosso Senhor.
ROMANOS 8.38-39

O nosso relacionamento com Jesus Cristo é eterno. Você pode estar começando a sua jornada com ele, ou pode ter servido a Deus durante toda a sua vida. Qualquer que seja a sua história, você está coberta pela graça do Senhor e jamais poderá ser separada do amor dele.

Jesus Cristo ama imensamente o seu povo. Ele se humilhou e assumiu forma humana por você. Ele sofreu rejeição por amá-la. Ele foi pregado na cruz e morreu no seu lugar. Nada poderia impedir o amor dele por nós. O amor de Deus nos acompanha nas maiores alturas e nos mais profundos vales. Tenha certeza de que nada poderá separá-la do amor que você encontrou em Jesus.

Jesus, obrigada por tudo o que tu suportaste por mim. Obrigada por demonstrares o teu amor por mim ao sacrificar a tua vida. Eu reconheço que, talvez, jamais serei capaz de entender o amor que tens por mim, mas estou certa de que nada me separará desse amor.

11 de dezembro

Amor correspondido

Amo os que me amam, e quem me procura me encontra.
PROVÉRBIOS 8.17

Com Deus, nunca precisamos nos preocupar em sermos aquela pessoa que não tem o amor correspondido. Nós sempre sabemos, com absoluta certeza, que o nosso amor — não importa quão apaixonado — é retribuído com muito mais paixão. Deus ama aqueles que o amam; ele deseja ser procurado por você. Porém, muito mais do que isso, ele deseja ser encontrado por você.

Não pense que quando clama ao Senhor, você está falando com o ar. Ele nos ouve e nos ama. Ele se entrega a nós. Continue amando o Senhor. Continue buscando-o. Ele se entregará a você mais do que você pode imaginar.

Jesus, obrigada por me amares perfeitamente. Obrigada por te entregares completamente a mim. Obrigada por teres criado uma maneira para que eu pudesse entrar na tua glória e ser amada eternamente.

12 de dezembro

AS RIQUEZAS DELE

O meu Deus suprirá todas as necessidades de vocês, de acordo com as suas gloriosas riquezas em Cristo Jesus.
FILIPENSES 4.19

As riquezas do Senhor são encontradas na sua bondade, na sua graça e na sua soberania como rei sobre todas as coisas. Deus é sempre poderoso para nos prover tudo de que necessitamos. Às vezes, podemos sentir que não somos dignas de receber nada de Deus. Às vezes, temos dificuldade para confiar e nos preocupamos com as nossas necessidades.

A boa notícia sobre Jesus Cristo é que ele nos deu acesso ao trono de Deus. Você é filha do rei, e ele lhe oferece todas as riquezas dele. Tudo o que precisa fazer é amá-lo, pedir e confiar na bondade de Deus. Ele promete cuidar de você.

Deus Todo-poderoso, tu és soberano e bom. Obrigada, pois tu desejas cuidar de mim. Sinto que preciso de algumas coisas neste momento, e eu as entrego a ti. Tira de mim o meu fardo, à medida que eu confio cada vez mais no Senhor.

13 de dezembro

Amor verdadeiro

"Com isso todos saberão que vocês são meus discípulos, se vocês se amarem uns aos outros."
JOÃO 13.35

Deus nos ordena que amemos uns aos outros. Contudo, isso não é fácil. Há problemas em todos os relacionamentos humanos. O amor consiste, muitas vezes, de restauração. As pessoas se amam apesar das dificuldades e dos problemas. O amor verdadeiro é paciente o bastante para superar os desafios e buscar soluções. O amor verdadeiro não busca a sua própria satisfação; o amor verdadeiro é generoso.

Quando Deus definiu o amor, ele fez isso com sacrifício, mostrando que não havia espaço para o egoísmo no amor.

Deus, eu desejo ser conhecida como tua seguidora. Ensina-me a amar como tu amas, para que eu possa refletir o teu amor naqueles ao meu redor. Dá-me a força necessária para ser altruísta e dedicada aos meus relacionamentos.

14 de dezembro

Totalmente comprometido

Mas o Senhor é fiel; ele os fortalecerá e os guardará do Maligno.
2TESSALONICENSES 3.3

Amigos fiéis nunca traem. Um cachorro fiel permanece sempre ao nosso lado. Um cônjuge fiel só tem olhos para a pessoa amada.

O Senhor é fiel. Permita que essa impressionante verdade a fortaleça e a sustente quando você precisar enfrentar o inimigo no dia de hoje. Deus nunca nos trairá; o Criador do Universo jamais nos abandona; Jesus nunca escolherá outra pessoa em nosso lugar.

Senhor, quem sou eu, para que tu sejas tão inabalável em teu compromisso comigo? A minha fidelidade vacila de um dia para o outro. Eu vejo as coisas que quero; eu enfrento problemas que preferiria não enfrentar; e o pecado, muitas vezes, me atrai para longe de ti. Hoje, Senhor, eu me comprometo totalmente a ti. Eu me maravilho, mais uma vez, com o teu amor e extraio as minhas forças da tua imensa fidelidade.

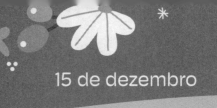

15 de dezembro

AMOR PERMANENTE

Satisfaze-nos pela manhã com o teu amor leal, e todos os nossos dias cantaremos felizes.
SALMOS 90.14

Pense em um amor novo, no qual a novidade e o entusiasmo são quase sufocantes. Quer seja um romance, um novo animal de estimação ou até mesmo uma nova série de exercícios da academia, esse sentimento pode, ou não, criar raízes.

Tenhamos certeza de que criamos raízes em nosso relacionamento com Jesus. A alegria de encontrá-lo deu lugar à alegria mais profunda de conhecê-lo e caminhar ao lado dele a cada dia?

Senhor, o meu coração transborda de gratidão quando reflito sobre tudo o que fizeste por mim. Fortalece a minha fé, Jesus, à medida que vivo dentro do teu poder e amor permanentes. Eu afinco as minhas raízes no meu amor por ti.

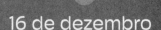

16 de dezembro

Amor firme

Pois como os céus se elevam acima da terra, assim é grande o seu amor para com os que o temem.
SALMOS 103.11

Vamos dedicar alguns momentos para contemplar o amor firme. O amor firme é estável. Ele não se ofende com facilidade. Ele é capaz de suportar fortes tensões emocionais e consegue lidar com a falta de fé. Ele não desiste nem mesmo quando o seu destinatário se esfria.

Assim é o amor firme. E é exatamente dessa forma que Deus descreve o amor dele pelos filhos. O Senhor promete fidelidade e amor leal, mesmo quando não somos fiéis a ele. Se você fugir de Deus, assim que se arrepender, ele estará ali para aceitá-la de volta e derramar o seu amor estável sobre a sua vida. Ele não cobra por isso nem nos lembra nossas fraquezas. Ele simplesmente nos fortalece.

Pai, tu és diferente de mim. Obrigada! Sou grata pelo teu amor puro e estável. Ajuda-me a crer em ti e a confiar no teu amor hoje.

17 de dezembro

OS SEUS OLHOS VERÃO

Seus olhos verão o rei em seu esplendor e vislumbrarão o território em toda a sua extensão.
ISAÍAS 33.17

Nos dias difíceis, em que a nossa fé está fraca, as lágrimas correm soltas e o nosso coração está desanimado; tudo o que desejamos é ver Deus. Pensamos que se tivéssemos a oportunidade de olhar nos olhos dele e fazer as nossas maiores perguntas — e ouvir as suas respostas —, então, poderíamos seguir em frente.

Amiga querida, a realidade do céu está mais próxima do que você imagina. Nós veremos o nosso rei em toda a sua grandeza e beleza. Avistaremos aquele distante Reino dos céus. Nós, um dia, habitaremos ali em paz: com todas as nossas perguntas respondidas e sem lágrima alguma nos olhos.

Obrigada, Deus, por ter me prometido o céu por meio da fé no teu Filho. Obrigada, pois, um dia, eu verei a tua face e viverei em teu Reino. Quando os meus dias forem difíceis, ajuda-me a me lembrar de que daqui a pouco tempo tudo ficará bem e eu estarei com o Senhor.

18 de dezembro

Sem obstáculos

Por intermédio de quem temos livre acesso a Deus em confiança, pela fé nele.
EFÉSIOS 3.12

A salvação nos concede o grande privilégio de podermos nos aproximar de Deus sem obstáculos. Como o pecado não mais nos separa da santa presença divina, nós estamos livres para desnudar a nossa alma diante de Deus, como suas amadas filhas.

Como amantes corajosas e confiantes do Senhor, não há nada que não possamos compartilhar com ele — ou ele conosco. O medo e a vergonha não têm lugar nesse tipo de amor.

Eu te amo, Senhor. Eu louvo o teu nome, porque tu criaste uma maneira para que eu pudesse te amar sem obstáculos. Não quero que o meu medo e a minha vergonha atrapalhem o nosso relacionamento —, então, peço-te que as removas do meu coração. Mostra-me o que significa ser uma filha de Deus corajosa e confiante.

19 de dezembro

Encontrada em uma terra deserta

Numa terra deserta ele o encontrou, numa região árida e de ventos uivantes. Ele o protegeu e dele cuidou; guardou-o como a menina dos seus olhos.

DEUTERONÔMIO 32.10

Você passa por fases na vida durante as quais se sente no escuro? Talvez perdida, ou sem inspiração? Em um deserto metafórico, onde não consegue enxergar sequer um vislumbre de visão ou esperança, Deus pode encontrá-la. Mesmo nos desertos do seu próprio coração, onde você não consegue reunir forças para buscá-lo, ele pode, e vai, encontrá-la.

Espere pelo Senhor, mesmo quando se sentir vazia; espere por ele, e ele virá até você.

Pai, tu estás perto de mim mesmo quando o meu coração está partido e eu não tenho mais forças. Obrigada! Sou grata porque tu me encontras em meio ao deserto e restauras a minha alegria.

20 de dezembro

Lágrimas recolhidas

Registra, tu mesmo, o meu lamento; recolhe as minhas lágrimas em teu odre; acaso não estão anotadas em teu livro?
SALMOS 56.8

A nossa dor está próxima do coração de Deus. Ele deseja nos consolar: acariciar o nosso cabelo, enxugar as nossas lágrimas e sussurrar palavras de conforto em nossos ouvidos. Ele contempla todas as noites nas quais não conseguimos dormir e nos reviramos na cama; ele recolhe as nossas lágrimas. Deus não está ausente durante os nossos sofrimentos, pelo contrário, ele está mais perto do que nunca nesses momentos.

Não tenha medo de se aproximar de Deus com a sua dor. Compartilhe com ele os sentimentos mais profundos do seu coração, sem hesitar. Na presença de Deus, você encontrará consolo, esperança, compaixão e mais amor do que poderia imaginar.

Obrigada, Jesus, por me segurares quando estou triste. Eu preciso ainda mais da tua força durante os momentos difíceis. Por favor, aproxima-te de mim e consola-me na tua presença.

21 de dezembro

PAZ EM JESUS: A DÁDIVA ETERNA

"Glória a Deus nas alturas, e paz na terra aos homens aos quais ele concede o seu favor."
LUCAS 2.14

As árvores de Natal podem ser decorações seculares, mas elas trazem aos cristãos lembranças de um madeiro precioso: a cruz. Jesus veio até nós no dia de Natal com o propósito de trazer paz ao seu povo por meio da cruz do Calvário.

A missão de Cristo era nos redimir de qualquer pensamento, palavra ou comportamento que não correspondesse à nossa semelhança a Deus. Ele destruiu os nossos pecados e silenciou o nosso inimigo, permanentemente, naquela cruz. Ele nos concedeu a vitória. Cada uma de nós carrega a glória dele, como filhas do Deus Altíssimo. Esse é um presente de Natal que podemos abrir todos os dias.

Santo Pai, obrigada por essa dádiva. Por favor, joga fora os enfeites quebrados da minha vida e refaz-me segundo a tua glória. Dá-me paz. Eu declaro que tu és o meu Deus e que obedecerei apenas a ti. Obrigada por me amares com tanta ternura. Eu também te amo, Senhor.

22 de dezembro

A VIDA DE AMOR E ALEGRIA

"Como o Pai me amou, assim eu os amei; permaneçam no meu amor. Se vocês obedecerem aos meus mandamentos, permanecerão no meu amor, assim como tenho obedecido aos mandamentos de meu Pai e em seu amor permaneço. Tenho dito estas palavras para que a minha alegria esteja em vocês e a alegria de vocês seja completa."
JOÃO 15.9-11

A alegria entra em nossa vida por atos de obediência. Além disso, podemos obedecer a Deus por causa da justiça, ele nos recompensa por isso nos batizando com o seu amor! Quando habitamos nesse amor, nos tornamos vasos de alegria, derramando-a nos lugares secos do mundo ao nosso redor. Essa alegria nos consome e se torna a marca da justiça do Senhor.

A força e a coragem surgem no contexto da alegria de Deus. Escolhemos e seguimos os caminhos dele, ganhamos forças para vencer e passamos a viver de maneira sobrenatural. Quando seguimos Aquele que venceu o mundo, nós nos tornamos como ele e vencemos também.

Obrigada, Senhor, pois sei que tu ouves o meu clamor por misericórdia e que me amas. Obrigada! Tu és a minha força e escudo. Ajuda-me a habitar em teu amor.

23 de dezembro

CARIDADE

Se alguém tiver recursos materiais e, vendo seu irmão em necessidade, não se compadecer dele, como pode permanecer nele o amor de Deus? Filhinhos, não amemos de palavra nem de boca, mas em ação e em verdade.
   1JOÃO 3.17-18

A época do Natal está cheia de oportunidades para sermos generosas. Mais do que durante qualquer outra época do ano, as instituições de caridade oferecem serviços comunitários para quem precisa. Como resposta, damos esmolas aos mendigos, colocamos presentes debaixo da árvore de Natal e fazemos orações extras para aqueles que estão em necessidade. Além disso, ainda podemos nos comprometer a regar as plantas dos vizinhos que viajaram, ou receber, para a nossa ceia, aqueles que não têm família. Ser esse tipo de apoio para as almas feridas é a marca de um discípulo de Jesus.

Ninguém quer ficar sozinho ou passar fome no Natal. Ninguém quer dar abraços nos filhos, em vez de presentes, abrigo ou comida caseira. Em tempos de esperança e alegria, o seu amor ativo ultrapassa as circunstâncias dos aflitos.

Senhor, que as minhas mãos e as minhas ofertas abençoem o coração daqueles que estão passando dificuldade durante esta época do ano. Peço que tu te reveles por intermédio de mim. Ajuda-me a ser uma bênção para aqueles que precisam desesperadamente disso.

24 de dezembro

Ele me ensina sobre aceitação

Eu te glorifiquei na terra, completando a obra que me deste para fazer.
   JOÃO 17.4

Quando vivemos em amor, como filhas fiéis, nós vemos os frutos disso em tudo o que fazemos. Levamos vida e alegria, verdade e gentileza. Levamos os nossos dons e ambições. Muitas vezes, isso é recebido com prazer e gratidão. Outras vezes, as pessoas não entendem as nossas intenções. Há, ainda, aquelas vezes em que semeamos fielmente os nossos dons e não vemos nenhum bem nascer disso. Muitas vezes, isso acontece porque os dons que Deus nos dá são uma parte de um legado que não será capaz de ser reconhecido em uma única geração. Você pode estar alimentando os famintos, mas de coração partido, pois não há água suficiente. Você pode estar vestindo os nus, chorando, ao mesmo tempo, pois eles não conseguirão pagar as contas daquele mês.

A questão é esta: você está sendo fiel. Deus está orgulhoso de você. E embora o mundo ao seu redor possa não entender o que você está fazendo, embora você possa não entender o mundo, Jesus tem tudo sob controle. Ele está fazendo coisas lindas em sua vida e por meio dela. Isso é o bastante. Simplesmente continue seguindo o Senhor.

Deus, há tantas coisas no mundo que não compreendo! Algumas delas eu nem quero compreender. Dá-me coragem para te seguir e saber que tudo ficará bem se eu descansar no Senhor.

25 de dezembro

Busque e, então, proclame com ousadia!

Então correram para lá e encontraram Maria e José e o bebê deitado na manjedoura. Depois de o verem, contaram a todos o que lhes fora dito a respeito daquele menino, e todos os que ouviram o que os pastores diziam ficaram admirados.
LUCAS 2.16-18

Quando os pastores ouviram falar sobre Jesus, eles não o incluíram em suas programações; eles correram até ele! Correram o máximo possível. Quem cuidou das ovelhas enquanto isso? Quem sabe! Mas, naquele momento, eles sabiam da importância do advento do Senhor e, portanto, correram para Belém, para vê-lo. Depois de se apressarem para visitá-lo e conhecê-lo, eles correram para contar sobre ele às outras pessoas. Deus não escolheu os líderes do mundo para espalhar a notícia. Ele escolheu mensageiros que seriam fiéis ao compartilhar as Boas-Novas.

Quem é este Deus que temos, que escolhe pescadores e homens do campo para espalhar a sua Palavra? Aleluia! Cristo veio! Conte aos seus amigos! Conte aos seus vizinhos! Conte a todos que encontrar: Jesus é o Senhor, e ele veio em forma humana! Aleluia!

Senhor, obrigada, pois tu vieste trazer beleza em vez de cinzas, alegria em vez de pranto e louvor em vez de tristeza. Eu canto para o mundo com toda a minha alma: "Glória a Deus nas alturas!"

26 de dezembro

Ele se alegra em você

O SENHOR firma os passos de um homem, quando a conduta deste o agrada; ainda que tropece, não cairá, pois o SENHOR o toma pela mão.
SALMOS 37.23-24

Jesus vive em você por escolha. Ele a salvou com facilidade. Ele se alegra simplesmente por estar com você. Não precisamos fazer por merecer o prazer do Senhor em nós. Ele promete acalmar os nossos medos com o amor dele. Ele está tão feliz com a nossa existência, que ele canta e dança sobre nós.

Nós estamos completamente cercadas pelo prazer sem limites que Deus sente por nossa vida.

Obrigada, Jesus, pois tu és o Criador e Redentor da minha alma. Eu sou grata pelo teu prazer e alegria sobre mim. Estou perplexa com a tua bondade.

27 de dezembro

Vestida de acordo com o tempo

A revestir-se do novo homem, criado para ser semelhante a Deus em justiça e em santidade provenientes da verdade.
EFÉSIOS 4.24

Você tem um futuro tão lindo adiante! Que bênção poder impactar as pessoas simplesmente ao ser você mesma: adorável, santa e amada por Deus. Por ser filha de Deus, esta terra não é o seu lar. O seu lar é o céu, onde o tempo espiritual é sempre bom. Quando chove, nós vestimos roupas apropriadas para enfrentar o clima.

A terra não é a nossa casa; a vida aqui é cheia de tempestades. Felizmente, Cristo nos proporcionou uma ampla cobertura para o tempo. Revista-se do novo homem para vencer com Cristo. Ele nos oferece essa vestimenta e se alegra quando a vestimos.

Jesus, obrigada, pois tu me capacitaste a me revestir do novo homem e descartar o antigo. Tu venceste o mundo e permitiste que eu habitasse em segurança contigo. Obrigada, Senhor! Eu caminharei com fé quando as tempestades da vida me atingirem.

28 de dezembro

Bênçãos não merecidas

Certa ocasião Davi perguntou: "Resta ainda alguém da família de Saul a quem eu possa mostrar lealdade, por causa de minha amizade com Jônatas?"
2SAMUEL 9.1

Na história de Davi, nós conhecemos um neto de Saul, chamado Mefibosete. Por causa da crueldade de Saul para com Davi, Mefibosete teria sido um candidato improvável para ajudar Davi. Contudo, Davi era um homem segundo o coração de Deus. Por causa da lealdade ao seu amigo Jônatas, Davi concedeu a Mefibosete um assento regular em sua mesa e fez o mesmo em relação à propriedade inteira de seu avô e a todos os servos de que ele precisava. Davi estendeu o seu favor a alguém que não poderia trazer nenhum benefício e que não podia ser considerado um amigo.

É verdade: Deus é muito bondoso e compassivo para com todas as pessoas, não importa se elas são cristãs ou não. Embora você possa sentir que decepcionou Deus ou que tem pouco a oferecer, Jesus a convida, todos os dias, para se sentar à mesa dele e participar de seu banquete. Ele a convida para estar na presença dele para que você desfrute o amor de Cristo e seu cuidado.

Senhor, tu me amas tanto! Obrigada. Por favor, mostra-me a tua graça e misericórdia e ajuda-me a estendê-las àqueles ao meu redor. Que eu seja sábia em todas as coisas, meu Deus.

29 de dezembro

ETERNAMENTE ABENÇOADA

Aleluia! Como é feliz o homem que teme o SENHOR e tem grande prazer em seus mandamentos!

SALMOS 112.1

As bênçãos de Deus são dádivas entregues como resultado da graça divina sobre nós. Podemos cair nas graças do Senhor da mesma maneira que caímos nas graças das pessoas. Quando o adoramos e vivemos em seu amor, nós obedecemos a ele, naturalmente, de todo o coração. À medida que o nosso coração se junta ao de Deus, a sua graça aumenta.

O Senhor nos mantém estáveis, seguras e vitoriosas quando lhe obedecemos.

Senhor, por favor, ensina o meu coração a te temer e a te honrar em tudo o que eu fizer. Quero conhecer a tua íntima e soberana presença, agarrando-me a ela, para que eu possa ser uma bênção para o Senhor e para todos à minha volta.